福建阳明学研究丛刊

闽中王学研究

张山梁 著

厦门大学出版社
XIAMEN UNIVERSITY PRESS
国家一级出版社
全国百佳图书出版单位

图书在版编目（CIP）数据

闽中王学研究 / 张山梁著. -- 厦门：厦门大学出
版社，2022.12
（福建阳明学研究丛刊）
ISBN 978-7-5615-8896-3

Ⅰ．①闽… Ⅱ．①张… Ⅲ．①王守仁(1472－1528)
－哲学思想－研究 Ⅳ．①B248.25

中国版本图书馆CIP数据核字(2022)第242969号

出 版 人　郑文礼
责任编辑　韩轲轲
出版发行　厦门大学出版社
社　　　址　厦门市软件园二期望海路 39 号
邮政编码　361008
总　　　机　0592 2181111　0592-2181406(传真)
营销中心　0592-2184458　0592-2181365
网　　　址　http://www.xmupress.com
邮　　　箱　xmup@xmupress.com
印　　　刷　厦门集大印刷有限公司

开本　720 mm×1 000 mm　1/16
印张　22
插页　2
字数　235 千字
版次　2022 年 12 月第 1 版
印次　2022 年 12 月第 1 次印刷
定价　78.00 元

厦门大学出版社
微信二维码

厦门大学出版社
微博二维码

谨以此书纪念王阳明先生550周年诞辰

本书出版获得2022年度省级宣传文化事业发展专项资金以及中共漳州市委宣传部、平和县委宣传部的支持

序

　　王阳明,名守仁,后人又称王文成公;明代著名的思想家、文学家、哲学家和军事家,陆王心学之集大成者,精通儒家、道家、佛家。王阳明(心学集大成者)与孔子(儒学创始人)、孟子(儒学集大成者)、朱熹(理学集大成者)并称为孔、孟、朱、王。王学(阳明学),即王阳明的学说思想,是明代影响最大的哲学思想。其学术思想传至日本、朝鲜半岛以及东南亚。其文章博大昌达,行墨间充满俊爽之气,有《王文成公全书》。后世有人赞誉其毕生聚立德、立言、立功于一身。

　　王阳明曾担任过南赣巡抚,对南赣一带山区社会环境的治理做出了重大贡献,故南赣地区成为王阳明"立功"的主要之地。随着近年来国家对于中国传统优秀文化的高度重视,浙江王阳明家乡、贵州的王阳明"悟道"之地,以及江西省赣州一带,都兴起了研究和继承弘扬王阳明文化的热潮。尤其是江西省赣州市,更是把研究、继承、弘扬王阳明文化作为当地振兴文化的重中之重。相比之下,王阳明同样活动过的福建地区,关于王阳明的学术研究以及王阳明文化的继承弘扬,则显得沉寂平淡。

　　出现这样的学术落差,可能跟明代王阳明所担任的这个所谓的"南赣巡抚"有些关系吧?"南赣"一词顾名思义,就是江西省南部。

王阳明既然担任过"南赣巡抚",那么其所管辖的区域自然也在于此。如今江西省各界大力开展王阳明文化的研究、继承和弘扬,理所当然。实际上,我们现在说王阳明担任"南赣巡抚"一职,这只是一种俗称或简称而已。王阳明当时担任职务的全称,应该是"都察院右佥都御史,巡抚南(安)、赣(州)、汀(州)、漳(州)等地",其中还包含福建省境内的汀州和漳州二府。王阳明在任期间,同样为汀、漳一带的社会环境治理做出了诸多举措。如现今的平和县,就是王阳明在任期间力排众议而设立的。

迄今为止,福建省社会各界对于王阳明的学术研究及其文化的继承弘扬工作,虽然不如邻省的江西、浙江、广东等地那般蔚为大观,但是难能可贵的是,在这平淡寂静的氛围之中,漳州市平和县的张山梁先生,则二十年如一日,坚持不懈地默默从事王阳明的历史文化研究,取得了一系列十分可贵的研究成果。尤其是张山梁先生于 2018 年在福建人民出版社出版的《王阳明读本——"三字经"解读本》一书。这本解读本用通俗易懂、朗朗上口的语言,精辟地概述了王阳明的生平事迹。这种有关王阳明历史文化的叙事形式,是从未出现过的。也许,以往的关于王阳明的学术研究及其著述的整理,绝大部分是属于主流的"学院"派形式的。这样的叙事形式,对于推进王阳明历史文化的高深研究,必不可少。但是对于一般读者,则显得艰涩难懂。张山梁先生是一名基层公务人员,他对于基层民众的接受能力和欣赏意趣,无疑比我们这些所谓的"学院派"人员,要了解得多。因此,张山梁先生的《王阳明读本——"三字经"解读本》,是一本适应"草根"层面的普及性读本。它所发挥出来的文

闽中王学研究

化意义和社会影响力,比起我们这些所谓的高深研究成果,或许是"不可以道里计"了!

现在,张山梁先生又将出版《闽中王学研究》一书。全书共分五篇:第一篇"阳明学与福建";第二篇"阳明学与漳州";第三篇"阳明学与平和";第四篇"王阳明研究";第五篇"阳明后学研究"。在这些篇章中,既有比较深入的专题性研究,也有宏观简明的历史文化叙事。张山梁先生在日常生活工作中,有其不可推却的行政公务,他不是一名专业的学术研究人员,但是他关于王阳明历史文化的研究成果,至少在福建省内,可谓出类拔萃!

张山梁先生由于学术研究上的兴趣,近年来也经常出席诸如朱子学、王阳明心学、福建地方历史、江西地方历史等的学术会议与活动。我就是在这些会议活动上认识了张山梁先生,深深为他热心王阳明历史文化的研究、弘扬、普及工作而感到钦佩。《闽中王学研究》行将出版,张山梁先生嘱我为序。我不敢辞,特意缀上以上数言,以记他的坚持之道和我们的相识之由,并祝愿张山梁先生在今后的王阳明研究中,大有收获,更上一层楼!

陈支平

2022 年 6 月于厦门

(陈支平:厦门大学国学院院长、教授,中国明史学会会长)

目　录

第一篇　阳明学与福建　　　　　　　　　　　　　　/ 001 /

　　阳明学与福建地域文化　　　　　　　　　　　　/ 003 /

　　朱王会通：福建阳明学的基本特征　　　　　　　/ 029 /

　　闽地祠祀阳明考　　　　　　　　　　　　　　　/ 051 /

　　力争毫厘间　万里或可勉

　　　　——《王阳明与福建》值得商榷的若干问题　/ 071 /

第二篇　阳明学与漳州　　　　　　　　　　　　　　/ 095 /

　　传承阳明心学　弘扬漳州文化　　　　　　　　　/ 097 /

　　漳州阳明学发展阶段探析　　　　　　　　　　　/ 113 /

　　寓漳阳明后学行迹考　　　　　　　　　　　　　/ 135 /

　　漳州古城阳明文化遗迹考　　　　　　　　　　　/ 150 /

　　阳明学与漳州　　　　　　　　　　　　　　　　/ 166 /

　　阳明学与镇海卫　　　　　　　　　　　　　　　/ 188 /

　　阳明学与南靖　　　　　　　　　　　　　　　　/ 201 /

第三篇　阳明学与平和　　　　　　　　　　　　　　/ 217 /

　　构建阳明平和地域文化的探索与实践　　　　　　/ 219 /

论阳明文化在平和的传承与发展 / 231 /

南胜窑瓷技艺并非王阳明部属所传 / 246 /

第四篇　王阳明研究 / 257 /

王阳明的方志观 / 259 /

王阳明的讲学授课方法 / 266 /

王阳明巡抚南赣汀漳的执政实践与理政思维 / 288 /

第五篇　阳明后学研究 / 297 /

李贽及其《阳明先生道学钞》 / 299 /

从《迪吉录》看颜茂猷的思想倾向 / 307 /

李增功绩及其与王阳明关系考 / 321 /

参考文献 / 336 /

后　记 / 344 /

第一篇 阳明学与福建

阳明学与福建地域文化

福建虽地处东南一隅，然自唐代以降，文献渐盛，传至宋朝，杨时①、罗从彦②、朱熹③等一批大儒君子接踵而出，仁义道德之风不愧于邹鲁，以至"福建是朱学重镇"成为学界共识。然明中期以后，"大江东西以《传习录》相授受，豪杰之士翕然顾化"④，阳明心学亦在八闽大地悄然兴起，打破了"朱学一统八闽"的局面。正如中国明史学会会长陈支平教授所言："王阳明及其阳明之学，是继南宋朱熹及其朱子学之后，对闽南文化的形成和发展产生了重大作用的核心元素之一。"⑤推而广之，完全有理由说：王阳明及其阳明之学，是继南宋朱熹及其朱子学之后，对闽学的形成和发展产生了重大作用的核心元素之一。

---

① 杨时(1053—1135)，字中立，号龟山，南剑西镛州龙池团(今福建省三明市将乐县)人。北宋哲学家、文学家。一生精研理学，特别是他"倡道东南"，对闽中理学的兴起，建有筚路蓝缕之功，被后人尊为"闽学鼻祖"。

② 罗从彦(1072—1135)，字仲素，号豫章先生，出生在南沙剑州，宋朝经学家、诗人，豫章学派创始人，与杨时、李侗、朱熹并称"闽学四贤"。

③ 朱熹(1130—1200)，字元晦，号晦庵，谥文，世称朱文公。祖籍江西婺源，出生于福建尤溪，宋代著名的理学家、思想家、哲学家、教育家，闽学派的代表人物，一生著述甚多，有《四书章句注》《太极图说解》等，世尊称为朱子。

④ (清)沈定均修，(清)吴联薰增纂，陈正统整理：光绪《漳州府志》卷30《人物三》，中华书局，2011年，第1338页。

⑤ 陈支平：《闽南文化普及的有益尝试——张山梁的〈王阳明读本——"三字经"解读本〉》，《闽南文化研究》2018年第3期，第114页。

一、王阳明与福建

王阳明与福建素有渊源,终其一生,曾有"两次半"踏入闽地,不仅留下赫赫事功,也留下过化心迹。在行经事功上,其总制汀州、漳州二府军政达四年之久,且亲履漳南山区征伐靖乱,奏设平和县治,强化了闽粤边界地区的社会治理和人心教化。在学术思想上,心学思想以其良知之精神魅力,冲破藩篱的种种阻隔,得以持续继承、弘扬和发展,深度影响了一大批闽籍士子文人。可以说,王阳明的功、德、言深刻影响了福建的地域文化,阳明学与闽学、阳明学与闽南文化是相互促进、彼此融合、共同发展的。

(一)行经事功

王阳明一生"两次半"入闽经历:第一次是明正德二年(1507),赴谪贵州龙场驿途中,迂道遁迹至武夷山;第二次是明正德十二年(1517),巡抚南赣汀漳等处,率兵入闽靖寇平乱;半次是明正德十四年(1519)六月,奉敕勘处福州三卫所军人哗变,行至丰城听闻宸濠反变,遂返吉安起义兵,赴闽半途而返,故称半次。其行迹大致可概括为:遁迹武夷,进军汀州、驻节上杭、平寇漳南、戡乱赴闽。

1.遁迹武夷

明正德二年(1507)夏天,王阳明因上疏"宥言官、去奸权、章圣德"而被贬谪贵州龙场驿,在赴黔途中,为摆脱阉官集团的尾随追杀,不得已"诡言投江以脱之。因附商船游舟山,偶遇飓风大作,一

日夜至闽界"①,然后奔走山径,迂道遁迹而至武夷山。其间,逗留山中数月之久。后得高僧点拨,遂决策返回,并题诗壁间:

> 险夷原不滞胸中,何异浮云过太空?
> 夜静海涛三万里,月明飞锡下天风。②

而后,取道鄱阳湖而返,并于当年(1507)十二月回到浙江钱塘,然后再次启程赴黔就任龙场驿丞。这是王阳明第一次入闽。

尽管学界对钱德洪编撰的《王阳明年谱》所记载的阳明先生武夷山之行存有些许疑虑,但查阅建宁府、崇安县、武夷山等地方志书,也有"阳明遁迹武夷"的相关记载。《武夷山志》记述:

> 王守仁……正德初,抗疏救言官,忤刘瑾,廷杖,谪贵州龙场驿丞。瑾使人要杀之,乃遁迹迂道至闽,经武夷,流连数月而去。③

《崇安县新志》的描述与《武夷山志》几近相同,记曰:

① (明)王守仁著,吴光、钱明、董平、姚延福编校:《王阳明全集》卷33《年谱三》,上海古籍出版社,2011年,第1353页。
② (明)王守仁著,吴光、钱明、董平、姚延福编校:《王阳明全集》卷33《年谱三》,上海古籍出版社,2011年,第1353~1354页。
③ (清)董天工编,方留章、黄胜科、邱培德、李夷点校,李崇英、黄胜科、邱志娟再校,武夷山市地方志编纂委员会整理:《武夷山志》卷16《名贤上》,方志出版社,2007年,第568页。

王守仁,正德初,抗疏救言官,忤刘瑾,廷杖,谪贵州龙场驿丞。瑾使人要杀之,乃遁迹迂道至武夷,留数月始去。①

《康熙建宁府志》更是明确地指出:

(阳明)先生谪龙场时,逆瑾欲要杀,暂脱迹武夷山中。过化之功为多,士人翕然祀之。②

除了上述地方志的记载外,其后裔王复礼③还因祖上曾"遁迹武夷"之缘,而促成移建王文成公祠于冲佑观前,并结庐于武夷山大王峰下。基于史料记述如此之多,窃以为"遁迹武夷"应以为是也。

2.进军汀州

明正德十二年(1517)正月,王阳明莅赣上任不久,便收到福建参政陈策、佥事胡琏等所呈"前方失利"的紧急军情,鉴于当时闽、粤两省领兵主帅意见不一,以致各路官兵迟顿不进的情况,便当机立断,于当日挑选2000名精兵,自赣州起兵,进军汀州,既督令各路官兵火速进剿,又实地追查失事原因。在《钦奉敕谕切责失机官员通行各属》公文中,明确记述其:

① (民国)刘超然、吴石仙主修,郑丰稔、袁干修纂,武夷山市地方志编纂委员会办公室整理:《崇安县新志》卷30《列传·侨寓》,鹭江出版社,2013年,第745页。

② (清)张琦修,(清)邹山、蔡登龙纂:康熙《建宁府志》卷15《祀典》,上海书店出版社编:《中国方志集成·福建府县志辑》第6,上海书店出版社,2000年,第176页。

③ 王复礼(生卒不详),字需求,号草堂,钱塘人,王阳明六世裔。性孝友,著述颇多,有《武夷九曲志》《王子定论》《家礼辨定》等。

参看各官顿兵不进,致此败衄,显是不奉节制,故违方略,正宜协愤同奋,岂可辄自退阻,倚调狼兵,坐实机会。本院即于当日选兵二千,自赣起程,进军汀州,一面督令各官密照方略,火速进剿,立功自赎,一面查勘失事缘由。①

进军途中,王阳明还留下了《丁丑二月征漳寇进兵长汀道中有感》一诗:

> 将略平生非所长,也提戎马入汀漳。
>
> 数峰斜日旌旗远,一道春风鼓角扬。
>
> 莫倚贰师能出塞,极知充国善平羌。
>
> 疮痍到处曾无补,翻忆钟山旧草堂。②

这是王阳明第二次入闽。

"漳南战役"之后,在班师回赣途中,王阳明还在汀州府逗留数日之久,并随地讲学其间,还将知府唐淳带往赣州随军征战。

有关阳明先生此次入闽,一些谱牒亦有记述。如国家图书馆所藏的光绪庚辰(1880)重修浙江嵊县《剡溪王氏宗谱》卷七《仕宦志》中,记有明代王厚之传记一篇,题为《宁化公志》,记载其担任福建宁化县丞期间的事,有曰:

---

① (明)王守仁著,吴光、钱明、董平、姚延福编校:《王阳明全集》卷16《别录八》,上海古籍出版社,2011年,第599页。

② (明)王守仁著,吴光、钱明、董平、姚延福编校:《王阳明全集》卷20《外集二》,上海古籍出版社,2011年,第821页。

公为民无礼，故讨其词而纳之袖，民辄哗，不得已以词还民，而令以为公喉，反雁罪而听谯矣。幸王文成公莅境，得白。①

可见，阳明先生此次入闽，于国家社稷、于家族士民，都产生重大影响。

3.驻节上杭

明正德十二年（1517），王阳明率兵入闽征漳寇，"亲率诸道锐卒进屯上杭"②，驻节屯兵于当时漳南道③衙所在地的上杭县。其间，王阳明住在察院行台（今福建省上杭县城瓦子街），之后"乘贼怠弛"，赶赴漳州各营督战。平定漳南"山民暴乱"之后，于当年（1517）四月，班师返回上杭驻地，因上杭地区久无降雨，旱情严重，应民众之请而祈雨，"一雨三日，民大悦。有司请名行台之堂，曰'时雨堂'，取王师若时雨之义也；（阳明）先生乃为记"。④ 其间，有感而作《祈雨二首》以及《回军上杭》《闻曰仁买田霅上携同志待予归二首》等不

---

① 转引自朱刚：《王阳明宁化行迹稽疑——以〈刬溪王氏宗谱〉宁化公志为中心》．《人文嵊州》2020 年第 1 期。

② （明）王守仁著，吴光、钱明、董平、姚延福编校：《王阳明全集》卷 33《年谱一》，上海古籍出版社，2011 年，第 1386 页。

③ 根据民国《永定县志》的《新设漳南道记》记载：明洪武二十年（1389），福建分设福宁、建宁二道，福、兴、泉、漳四郡隶福宁道；建、延、邵、汀四郡隶建宁道。然而，福宁、建宁两道所管辖最离远中心的分别是漳州府和汀州府。加上漳州、汀州境域之内，地多高山，林木蓊郁，幽遐鬼诡，艰于往来，导致掌管福宁道的官员，很少到漳州巡视管理；同样，掌管建宁道的官员也很少到汀州。缺失管控的漳州、汀州二府，如手足之痿痹，气之不贯也。以故邻于界者，有司无警肃，或得侵渔于下，百姓无畏悍，时得肆恣于乡。明成化六年（1470），顺天府邱昂奏请添设"漳南道"，专门管理漳州、汀州二郡事务。道衙置于上杭。

④ （明）王守仁著，吴光、钱明、董平、姚延福编校：《王阳明全集》卷 33《年谱一》，上海古籍出版社，2011 年，第 1369 页。

少诗句,描述其驻节上杭的心事。此外,还为上杭城百姓修浮桥、兴教化,对上杭的政治、经济、文化、军事、教育等方面产生了深远的影响。《上杭县志》记曰:

> 正德十二年①,南赣巡抚王守仁征漳寇驻节于此。遇旱而雨,因改清风亭为时雨堂。②

4.平乱漳南

明正德十二年(1517),王阳明率兵入闽,深入闽粤交界的漳南地区③打响了他建立功业的第一仗——漳南战役。历时两个多月的征剿平乱,先后攻破了45座"山寨"(其中福建32座、广东13座),肃清了盘踞于此"掠乡村,虏财物,杀良民",为害一方长达数十年之久的山民暴乱。此外,还采取剿抚并重、恩威并济之策,妥善安置了数千名"山贼"及其贼属,使之安居乐业,得"以绝觊觎之奸,以弭不测之变",杜绝乱乱相承之弊。息兵绥靖之后,王阳明立足于"明德亲民"的经世思想,深入分析边界地区民众沦为"流劫之贼"、社会矛盾激荡四起的原因所在,提出"析划里图,添设新县"的"开其自新之路",探索了"添设县治,以控制贼巢"的长治久安之策,两度上疏奏请朝廷添设"平和县",并将小溪巡检司移置枋头(今平和县芦溪镇漳汀村)。福建平和,因此成为阳明过化之地,也是其"破山

---

① 康熙《上杭县志》原文是"正德十四年",明显错误也。故改之。

② (清)蒋廷铨纂编,唐鉴荣校注,上杭县地方志编纂委员会整理:康熙《上杭县志》卷2《建置志》,鹭江出版社,2014年,第42页。

③ 大致范围在今福建省平和县的九峰镇、长乐乡、秀峰乡、芦溪镇,永定区的湖山乡、湖雷镇,广东省大埔县的大东镇、枫朗镇、百侯镇、西河镇一带。

中贼易,破心中贼难"理念的重要萌发地和先行践履地。

5.戡乱赴闽

明正德十四年(1519)六月,福州三卫军人进贵等胁迫众兵士哗变,王阳明奉命前往戡乱。行至丰城时,得知宁王朱宸濠①举兵造反、直指朝廷政体一事,眼看形势紧急,王阳明当机立断,火速折返吉安调集军马,组织兵力,修理器械、舟楫,准备起兵讨叛;同时向各地发出征讨檄文,揭露宁王的叛逆罪责,号召列郡起兵讨伐。仅用43天时间,王阳明就平息了宁王朱宸濠处心积虑准备十多年之久的叛乱,扶社稷于将倾。

王阳明赴闽戡乱途中,闻变而返,可谓"半次入闽"。此次的赴闽之行,虽是半程而返,但却为其平定宁王叛乱赢得了时间与先机、赢得了主动与胜算,其意义非同一般。

(二)闽籍门人

除了黄宗羲《明儒学案》②所列举的郑善夫③、马明衡④之外,还

---

① 朱宸濠(1479—1520),明代宁王朱权的第四代继承人,明太祖朱元璋五世孙,宁康王朱觐钧庶子,出生于南昌,祖籍安徽凤阳。正德二年(1507),宸濠先后贿赂太监刘瑾等人,恢复已裁撤的护卫,蓄养亡命,劫掠商贾,窝藏盗贼,密谋起兵。又企图以己子入嗣武宗,取得皇位。正德十四年六月十四日(1519年7月10日),借口明武宗正德帝荒淫无道,集兵号十万造反,革正德年号,并发檄各地,指斥朝廷。略九江、破南康,出江西,率舟师下江,攻占安庆。四十三天之后,朱宸濠大败,为王阳明所俘。

② 《明儒学案》是清代黄宗羲创作的一部系统总结和记述明代传统学术思想发展演变及其流派的学术史著作。全书一共62卷。《明儒学案》以王守仁心学发端发展为主线,首篇《师说》提纲挈领全书。全书一共记载了有明一代210位学者。《师说》总纲之后,分别列出了十七个学案,大致依据时间先后推移次序和学术流派传承关系。

③ 郑善夫(1485—1523),字继之,闽县人。明弘治十八年(1505)进士,历任户部主事、礼部主事、礼部员外郎。

④ 马明衡(1491—1557),字子莘,号师山,福建莆田人;明正德十二年(1518)进士,授太常博士。

有不少与阳明交往密切的闽籍官员、士绅,曾在正德、嘉靖年间亲炙于阳明先生门下,成为闽籍阳明门人。如泉州府的邱养浩、王慎中、黄澄、叶宽、林同、郑岳、黄河清,兴化府的林富、林俊、林宽、林应聪、林学道、林以吉、朱洌、王大用、陈国英、陈大章,福州府的黄泗、马森、谢源、郭鳞、黄铭介、黄中,汀州府的童世坚……他们都是阳明门人,通过家学传承、交游结社等方式宣扬、传播良知学,从而使"阳明学"在传统的"朱子学"重镇——福建的影响逐步扩大。

王阳明与这些闽籍门人的交往经历,可从《王阳明全集》中找到蛛丝马迹。如《与马子莘》提道:"莆中故多贤,国英及志道二三同志之外,相与切磋砥砺者,亦复几人?"① 又如在给莆田人林以吉②的书信中讨论圣人之学时,言及:

> 子闽也,将闽是求;而予言子以越之道路,弗之听也。予越也,将越是求;而子言予以闽之道路,弗之听也。夫久溺于流俗,而骤语以求圣人之事,其始也必将有自馁而不敢当;已而旧习牵焉,又必有自眩而不能决;已而外议夺焉,又必有自沮而或以懈。夫馁而求有以胜之,眩而求有以信之,沮而求有以进之,吾见立志之难能也已。志立而学半,四子之言,圣人之学备矣。苟志立而于是乎求焉,其切磋讲明之益,以吉自取之,尚其有穷也哉?③

---

① (明)王守仁著,吴光、钱明、董平、姚延福编校:《王阳明全集》卷6《文录三》,上海古籍出版社,2011年,第243页。

② 林以吉(生卒不详),福建莆田人,王阳明忘年交林俊的侄儿。

③ (明)王守仁著,吴光、钱明、董平、姚延福编校:《王阳明全集》卷7《文录四》,上海古籍出版社,2011年,第254页。

从中可见,王阳明生前有着不少的闽籍门人,并非《明儒学案》及《明史》"闽中学者率以蔡清为宗,至明衡独受业于王守仁。闽中有王氏学,自明衡始"①的论断。正如钱明在《王阳明及其学派论考》所指出的:

> 黄宗羲淡化处理闽中王门是有一定道理的,但不能因此得出福建地区没有阳明学者,因此也不存在"闽中王门"的结论。②

因此,福建地区还有许多值得深入挖掘的闽中阳明门生、后学,而这些都无疑是阳明后学研究中有待开垦的处女地,也是构建福建阳明地域文化的切入点。正是基于这样的认知,近年来,福建有关方面积极推动举办了"王阳明与平和""阳明学与闽南文化""阳明学在福建"等主题学术研讨会,以及"海峡两岸(福建平和)阳明心学高峰论坛",颇受国内外阳明学界的关注与支持。③

二、阳明后学与福建

自明正德以降,一大批亲得王守仁之炙的阳明弟子以及阳明后学入闽担任各种职务,如巡按福建的聂豹、耿定向、许孚远,福建参

① (清)张廷玉等撰:《明史》卷 207《列传第九十五》,中华书局,1974 年,第 5464 页。
② 钱明:《王阳明及其学派论考》,人民出版社,2009 年,第 385 页。
③ 2018 年 5 月,在福建平和县举办"王阳明与平和"学术研讨会;同年 10 月,在平和县举办"首届海峡两岸(福建平和)阳明心学高峰论坛"。2019 年 7 月,在漳州市区举办"阳明学与闽南文化"学术研讨会,并成立朱子学会阳明学专业委员会。2020 年 8 月,在漳州东南花都举办"阳明学在福建"学术研讨会。四次学术会议,收到不少论文,对构建福建阳明地域文化多有阐发。

政黄宗明、张时彻、顾梦圭，福建按察使徐用检、邹善、江以达，福建提学耿定力、徐即登、朱衡，知府李大钦、皇甫濂、施邦曜，郡府推官黄直、黄弘纲、徐阶，知县何春、胡邦翰、王梓，县邑教谕刘邦采、王畿、潘日升，甚至还有谪戍镇海卫的陈九川、李材……等等，数不胜数。这些阳明门人、后学在福建各地履职，随地讲学布道，一时蔚然成风，从学者蜂拥而至，以致深度影响了福建学风，更是影响了一代代的福建人。

（一）讲学传道

不少入闽履职的阳明弟子以及阳明后学，凭借其拥有的特殊政治地位，利用自身的政治影响力，充分调动各种政治、财力、人脉等社会资源，致力于弘扬、传播、发展阳明学，讲授不止，耕耘不辍，影响至深。这里列举几位阳明门人、后学，以窥见一斑。

1.徐用检

阳明再传弟子徐用检[①]，于明万历年间担任福建按察司副使，启发、改变了福建著名学者李贽[②]的学术思想，并成为李贽的重要师友。正如李贽在《阳明先生年谱后语》中自述：

> 余（李贽）自幼倔强难化，不信道，不信仙、释，故见道人则恶，见僧则恶，见道学先生则尤恶……不幸年逾四十，为友人李

---

① 徐用检（1528—1611），字克贤，号鲁源，浙江金华府兰溪人。嘉靖四十一年壬戌（1562）进士。王阳明门人钱德洪的弟子。

② 李贽（1527—1602），字宏甫，号卓吾，别号温陵居士、百泉居士等，福建泉州人。嘉靖三十一年（1552）举人，不应会试。明代官员、思想家、文学家、泰州学派的一代宗师。晚年往来南北两京等地，最后被诬下狱，自刎死于狱中。其重要著作有《藏书》《续藏书》《焚书》《续焚书》《史纲评要》等。

逢阳、徐用检所诱,告我龙溪先生语,示我阳明先生书,乃知得道真人不死,实与真佛、真仙同,虽倔强,不得不信之矣。①

可以说,李贽是被来闽任职的阳明后学徐用检所诱惑、引导,服膺王阳明的良知学,从一名"不信道""见道学先生则尤恶"的倔强者,蜕变而成为一位阳明后学重要人物、"泰州学派"的代表,创立了"存真去假"的"童心"说。

2.李材

阳明再传弟子李材②,于明万历二十一年(1593)入闽,谪戍镇海卫(今福建省龙海市隆教乡镇海村)三年。其间,始终不忘"聚徒讲学",不遗余力地阐发阳明心学要义,以至"学徒益众",其间还定期到漳州龙江书院(今漳州市政府大院内)、南靖安福寺(今南靖县靖城镇区)等地讲学布道,传授不止,以致阳明学在漳郡勃兴振发,吸引八闽学者纷至沓来,成为福建王学传播中心。其《正堂书稿》就收录了李材与潘庭礼、吴道濂、洪启源、林凤翔等几十位漳籍阳明后学的学术问答。之后,李材还到武夷山讲会游学,其门人福建提学副使徐即登还专门修建"见罗书院",供其讲学,广招延平府、建宁府、兴化府的门徒,受学诸生颇具规模,"四方朋来,屡满户外"。③

---

① (明)王守仁著,吴光、钱明、董平、姚延福编校:《王阳明全集》卷41《序说·序跋》,上海古籍出版社,2011年,第1779～1780页。

② 李材(1519—1607),字孟诚,学者别称见罗先生,江西丰城人。嘉靖四十年(1562)进士。王阳明门人邹守益的弟子。

③ (清)董天工编,方留章、黄胜科、邱培德、李夷点校,李崇英、黄胜科、邱志娟再校;武夷山市地方志编纂委员会整理:乾隆《武夷山志》卷14《九曲》,方志出版社,2007年,第499页。

3.许孚远

阳明后学许孚远①,学宗良知,为阳明正传,于万历二十年(1592)担任右佥都御史、巡抚福建,排黜玄虚,躬修务实,不遗余力地传播心学。正如其好友、素有"福建三君子"之称的叶向高②所言:

> 先生(许孚远)在闽,抚政之暇,多延见士大夫及诸生讲明理学。闽人故株守紫阳绪说,不敢为高论,而先生尺尺寸寸,一禀于伦常,其词旨贯穿淹洽,听者忘倦,以是多所感发兴起。先生又创共学书院,置膳田,风教大行矣。③

同时,许孚远的讲学也促使叶向高以兼容并蓄的开放态度形成自己的学术思想,避免走向王学末流的胡同。许孚远还与晋江著名学者何乔远④、连江名士陈第等闽籍学者多有往来,对明中后期福建学风转向"黜虚倡实"的影响颇多。

4.施邦曜

阳明同邑、后学施邦曜⑤,于明天启年间到任漳州知府,执掌漳

① 许孚远(1535—1604),字孟中,号敬庵,浙江德清人,嘉靖四十一年(1562)进士。《明史》载:"二十年(1592)擢右佥都御史,巡抚福建。""孚远笃信良知。"
② 叶向高(1559—1627),字进卿,号台山,福清人。明万历十一年(1583)进士,明代政治家、文学家。谥"文忠"。
③ 郑礼炬:《明代福建文学结聚与文化研究》,人民文学出版社,2015年,第830页。
④ 何乔远(1558—1623),字稚孝,号匪莪,晚号镜山,福建晋江人。明朝方志史学家,著有《闽书》等。
⑤ 施邦曜(1585—1644),字尔韬,号四明,浙江余姚人。万历四十一年(1613)进士。历任顺天武学教授,国子监博士,工部营缮主事,工部员外郎。时奸臣魏忠贤当道,施邦曜不与附和。魏忠贤习难,不成。迁任屯田郎中,后迁任漳州知府,善于断案,辑评《阳明先生集要》。迁任福建副使、左参政,四川按察使,福建左布政使,有政绩。后历任南京光禄寺正卿,北京光禄寺正卿,改任通政使,起用为南京通政使。崇祯十六年(1643)十二月,任左副都御史。殁后赠太子少保,左都御史,谥忠介;清朝赐谥忠愍。

郡八年期间,身体力行阳明心学,力施仁政,遇旱为祷,遇饥煮粥,恤孤怜穷,扶善锄强,治漳之功有如阳明平漳之绩,"四明施公莅吾漳八九年,漳郡之于四明,犹虔、吉之于姚江也"。[①] 当地百姓还为其立生祠,塑像称神膜拜,誉为"施太爷",数百年来香火不灭。[②] 同时,施邦曜既是王阳明思想的积极继承者,又是阳明心学的修正者,对王学末流静坐恍惚、澄心偏向进行修正,强调"道要诸诚意,而工夫尽之致知格物",格物正是修养和事功的统一;针对明末王学末流忽略事功业绩、坠入禅机的弊端,提出改变学风、更新观念,重视富强功利,培养"经济手"的主张;在"宗王而不悖朱"宗旨的指导下,施邦曜去异求同,把二者分歧调和起来。总之,施邦曜对王学的理论修正是比较突出而务实的,吸收融会了朱熹、王阳明和唯物论的一些理论特点,在格致观、知行观、功利观方面,突破了朱王的格局,向唯物论方面迈出了一步。

(二)刊刻著述

明嘉靖年间,《传习录》在闽重刻,闽人丘养浩[③]辑刊《居夷集》刻本;崇祯年间,《阳明先生集要》在漳州首刻刊发,闽人李贽辑刊《阳明先生道学钞》刻本……这些书籍的刊发,使得阳明学的影响力逐渐扩大,形成强大的学术思潮。

明嘉靖三年(1524),时任浙江姚令(余姚知县)、泉州人丘养浩

---

① (明)王守仁著,吴光、钱明、董平、姚延福编校:《王阳明全集》卷40《诰命·祭文·传记》,上海古籍出版社,2011年,第1697页。
② 漳州知府施邦曜生祠位于今福建省龙海区榜山镇梧浦村镇头宫98号。
③ 丘养浩(生卒不详),字以义,号集斋,福建泉州人。明正德十六年(1521)进士,拜监察御史。疏劾近侍陈钦,谪永平(今河北卢龙县)推官,未行,赐还职,授余姚知县,后升南京大理寺丞转大理寺少卿,擢右佥都御史,巡抚四川。官终江西巡抚。

将王阳明被贬谪贵州龙场期间的诗文汇编成《居夷集》，刻于余姚，是现存最早的阳明先生诗文集，刻于阳明先生在世之时。该刻本现存于上海图书馆。

明嘉靖七年（1528），时任监察御史、巡按福建的聂豹与谪戍镇海卫的陈九川，都是阳明门人，相互往来商订，一起重刻《传习录》，让福建民众以更加通俗易懂的形式接受阳明学。陈九川在镇海卫根据当地学生的客观需要，有针对性地重加校正、删复纂要地编辑《传习录》六卷，再由聂豹在福州养正书院刊刻发行，成为当时福建推广阳明学说的重要书籍。正如聂豹在《重刻传习录序》所言：

> 是《录》也，答述异时，杂记于门人之手，故亦有屡见而复出者，间尝与陈友惟浚（九川），重加校正，删复纂要，总为六卷，刻之八闽，以广先生之觉焉。①

很可惜，这部在闽重刻的《传习录》，现已失传。此外，聂豹还在福州重刻王阳明的《大学古本》。

明万历二十八年（1600），泉州人李贽被湖广佥事冯应京逐出麻城，应工部尚书、总理河漕刘东星的邀请，与学生汪本钶等人，抵山东济宁，住在刘东星官署。刘东星还派人向吴明贡借取《王文成公全书》一书，拿到济宁，供其抄录。李贽非常高兴，爱不释手，终日研读，闭户抄录，"每见其于不释手抄写，虽新学小生不能当其勤苦

---

① （明）王守仁著，吴光、钱明、董平、姚延福编校：《王阳明全集》卷41《序说·序跋》，上海古籍出版社，2011年，第1759页。

也"。是年三月廿一日(1600年5月3日),李贽完成了一部当人们"处上、处下、处常、处变之寂,上乘好手"①的"嘉惠后世之君子"大作——《阳明先生道学钞》的编录,流传至今400多年,堪称不朽之文献。《阳明先生道学钞》8卷,收录了116篇王阳明文稿、6篇有关王阳明的奏疏以及其年谱。

明天启、崇祯年间,阳明后学施邦曜担任漳州知府期间,研读《王文成公全书》之余,深感其既有"帙卷多、篇幅大"之弊,又有"携带烦、阅读难"之困,遂将其按理学、文章、经济三帙归类整理,汇编成《阳明先生集要》3编15卷,并于明崇祯八年(1635)授梓于平和知县王立准督刻,书成被誉为"崇祯施氏刻本"。该刻本建立了新的诠释体系和评点内容,是后来多家翻印刻本之底本,与隆庆谢廷杰刻本并列为阳明著作两个极为重要的版本。颜继祖在《序》中肯定了《阳明先生集要》的重要价值,大褒施邦曜的贡献。赞曰:

> 今海内学士大夫,得先生片楮只字,不啻彝鼎,钦而著蔡肃之。吾漳僻在海隅,罕睹全书,闲拾残篇,仅啜一脔,殊为恨事。四明施公敏而好学,公余取先生全集而诠次焉,分理学、经济、文章,凡十五卷,付诸杀青,与世共宝,可谓姚江之功臣,闽南之教主矣。②

———————————

① (明)王守仁著,吴光、钱明、董平、姚延福编校:《王阳明全集》卷41《序说·序跋》,上海古籍出版社,2011年,第1779页。

② (明)王守仁原著,(明)施邦曜辑评,王晓昕、赵平略点校:《阳明先生集要》序4,中华书局,2008年,序言第8页。

《阳明先生集要》将阳明心学的传播发展推到了一个新的巅峰，为阳明学的传播发展做出了贡献。这部初刻于平和的著作，不仅是国人学习研究阳明学的基本资料，同时也对阳明学走向世界有着非凡的意义。美国人亨克（Frederick G. Henke）是向西方介绍推广阳明学的第一人，于1916年出版的《王阳明的哲学》，其主体正是《阳明先生集要·理学编》的英译本。[①] 目前，这部《阳明先生集要》（平和崇祯刻本）仅存于国家图书馆善本部、山东师范大学图书馆；2018年，平和县将其影印500册。

可见，福建在编辑、刊刻阳明学著述方面，颇有斩获，为阳明学在国内外的传播、影响，发挥了独特的作用，做出了不少影响深远的贡献。

三、阳明学影响闽南文化

明中后期，除了一大批阳明门人、后学入闽任职、谪戍、游学，将"王学"传入福建之外，还有一大批闽籍士绅、学子出于对"王学"的尊崇与好学，负笈远走四方，求学于阳明门人、后学，学成归梓，办学堂、招门徒，使得"王学"风靡八闽，点亮"闽中王门"的灵光。单单漳州地区，史料有记载的阳明后学就有三十多名之众。

闽籍阳明后学的佼佼者当属中国近代思想史上第一个杰出人物——李贽[②]，他称赞"阳明先生门徒遍天下"，对"阳明先生书"，

---

① ［美］George L. Israel：《1916年前西方文献中的王阳明》，《第十八届明史国际学术研讨会暨首届阳明文化国际论坛论文集》（下），江西高校出版社，2019年，第17页。

② 日本学者沟口雄三认为中国近代思想史自李卓吾开始。

"不得不信之矣",曾与"王学左派"的泰州学派何心隐等交往,并拜泰州学派创始人王艮之子王襞为师。李贽反对"以孔子之是非为是非"的"离经叛道"思想的源头,正是王阳明"反对传统的儒家学说,对六经持怀疑态度",打破对"经"的迷信,承认主体自主道德选择合理性和必要性等观念。李贽的文学观念与创作同样受到阳明心学的影响,在继承王阳明"圣人之学,不是这等捆缚苦楚的,不是妆做道学的模样"①的基础上,强调"若失却童心,便失却真心,失却真心,便失却真人"②,极力反对封建道德的虚伪性。李贽的这一主张对晚明文坛也具有重要的启蒙作用。

黄道周③对阳明先生的学术事功也是推崇备至。在《阳明先生集要序》《平和县鼎建王文成先生祠碑》等文章中,毫不掩饰地表达了对王阳明的钦慕,发出"不同时兮安得游?登君堂兮不得语,耿徘徊兮中夜"④那种"因所处时代不同而不能步入王阳明门下"的遗憾与感慨。同时,黄道周在讲学时,采取"择其善者而从之"的客观态度,引用了一些陆王心学的思想观点。正是因为黄道周对王阳明事功、学术成就的尊崇以及对其学说的接受,以至于有人将其直接归入王学。尽管这样的观点有些偏执,但也有一定的道理。清代学者

---

① (明)王守仁撰,王晓昕译注:《传习录译注》,中华书局,2018年,第427页。

② (明)李贽:《焚书》卷3《杂述》,清光绪宣统间上海国学保存会排印国粹丛书本,卷3第11页。

③ 黄道周(1585—1646),字幼玄,又字螭若、螭平,号石斋,漳州府漳浦县(今福建省东山县铜陵镇)人,明天启二年(1622)进士,改庶吉士。历官翰林院修撰、詹事府少詹事。南明隆武时,任吏部尚书兼兵部尚书、武英殿大学士(首辅)。因抗清失败被俘。隆武二年(1646)壮烈殉国,隆武帝赐谥"忠烈",追赠文明伯。

④ (明)王守仁著,吴光、钱明、董平、姚延福编校:《王阳明全集》卷40《诰命·祭文·传记》,上海古籍出版社,2011年,第1697页。

闽中王学研究

袁翼的观点似乎更为客观,认为:"石斋湛深经术,私淑阳明而所谓心学者,微有转手。"①

李光地②虽以程朱理学为宗,但在研修朱子学过程中,发现朱子学并非完美无缺,于是对陆王心学的思想因素也积极汲取。他曾推崇说:"王阳明讲'立志',及'人放下时须振起,人高兴时须收住',皆是其自己得力处,言之亲切警动,亦极好。至于说万物一体处……其论甚精。"《四库全书总目提要》这样评价:

> 光地之学,源于朱子,而能心知其意,得所变通,故不拘泥于门户之见。其诂经兼取汉唐之说,其讲学亦酌采陆王之义,而于其是非得失,毫厘千里之介,则辨之甚明,往往一语而决疑似。

可见,李光地是一位"朱王会通"的典型人物,与许多明末清初的闽籍学者一样,善于以海纳百川的胸襟,兼容并包各种流派学说,在维护朱学的尊严的同时,又能充分肯定王学的价值,甚至提出:"致良知之说以辅佐朱子则可,以之攻朱子则同室操戈,是断不可"③的观点。

纵观晚明至民国时期的福建学风,"朱王会通"不失为福建学者有别于其他省份的一大特色。

---

① 陈良武:《王学在闽南的传播及其对黄道周的影响》,《2019年阳明学与闽南文化学术研讨会论文集》,单列本第14页。
② 李光地(1642—1718),字晋卿,号厚庵,别号榕村,福建泉州府安溪(今福建安溪)人,清康熙九年(1670年)进士,历任翰林院编修、翰林学士、兵部右侍郎、直隶巡抚,拜文渊阁大学士兼吏部尚书。
③ 吴震:《颜茂猷思想研究》,东方出版社,2015年,第161页。

林语堂①是近代的文学大师,积极倡导闲适、性灵的文学风格。其实最早提出"闲适"的,并非林语堂,而是阳明后学、"公安三袁"之一的袁宏道②,他认为"世间第一等便宜事,真无过闲适者","闲适人生,做大自在人"。可见,林语堂的闲适、性灵文风,与李贽的童心说、汤显祖的情至说、公安派的性灵说一样,深受到阳明心学的影响。林语堂曾手书箴言"所学非所用,不知亦能行"③,其知行观深深烙上王阳明"知行合一"的印记。不仅如此,林语堂还认为"聪明以为可以做的事,但良知以为不可以做,就不要做,聪明以为不可以做的事,但良知以为可以做,就去做。良知为主,聪明为奴,其人必善良,良知为奴,聪明为主,其人必奸诈……所谓善恶,无非良知,行事凭良知,一切都会好,行事凭聪明,一切都会坏。"④林语堂的这一观点,正是继承了王阳明那种"只凭自己的良知行事,不行掩饰,不取媚于世"的思维风格。不难推断,出生于阳明奏立之县的林语堂,其思想、文风都吸收了阳明心学的精髓。

　　由此可见,阳明学作为中华优秀传统文化的组成部分,同样也对闽南地区的人文思想、社会发展产生重要影响和积极作用。可以

闽中王学研究

---

　　① 林语堂(1895—1976),福建龙溪人,中国现代著名作家、学者、翻译家、语言学家。

　　② 袁宏道(1568—1610),字中郎,一字无学,号石公,又号六休。湖北省公安县人。明万历十九年(1591)进士,历任吴县知县、礼部主事、吏部验封司主事、稽勋郎中、国子博士等职。明代文学反对复古运动主将,既反对前后七子摹拟秦汉古文,亦反对唐顺之、归有光摹拟唐宋古文,认为文章与时代有密切关系。反对"文必秦汉,诗必盛唐"的风气,提出"独抒性灵,不拘格套"的性灵说。袁宏道与其兄袁宗道、弟袁中道并有才名,史称公安三袁,由于三袁是荆州公安县人,其文学流派世称"公安派"或"公安体"。

　　③ 该箴言复印件收藏在平和县坂仔镇的"林语堂文学馆"。

　　④ 林语堂:《爱莫大于死》,《林语堂名著全集》卷18,《拾遗集下》,东北师范大学出版社,1994年,第99页。

说,阳明学改变了闽南人的思维方式,使得追求思想解放、冲破限制束缚成为闽南文化的重要因子,强化了闽南人崇尚实用、追求功利的社会伦理价值取向,推动闽南人形成冒险、务实、多元的人文特性,促进了闽南人由"重农抑商"向"重商经商"思想观念的转变,形成"善观时变、顺势有为,敢冒风险、爱拼会赢,合群团结、豪侠仗义,恋祖爱乡、回馈桑梓"的闽商精神文化。

四、结　论

王阳明与福建颇有渊源,其"两次半"入闽,留下了显赫的功绩,强化了当地的社会治理,也留下过化的心迹,其学说思想在福建冲破了"朱学重镇"的藩篱,得到持续继承、弘扬和发展,既形成"闽中王门"的人文体系,又深刻影响了福建地域文化,形成"朱王会通"的福建学风,同时对闽南地区的人文思想、社会发展产生重要影响和积极作用。

注:本文与福建省闽南文化研究会会长林晓峰合作,发表在《闽台文化研究》2020年第4期(总第64期);并在2020年的浙学与闽学论坛·纪念朱熹诞辰890周年大会暨新安文化学术研讨会、首届东南阳明学高峰论坛上进行学术交流。

阳明学深刻影响福建地域文化①

王阳明一生,曾先后"两次半"踏入闽地:第一次是明正德二年(1507),赴谪龙场途中,迂道至武夷山;第二次是明正德十二年(1517),巡抚南赣,总制汀、漳二府军政,亲履漳南平乱,奏设平和县治;半次是明正德十四年(1519),奉敕赴闽勘处福州叛军,行至半途,听闻宸濠反变而返起兵,故称半次。

其心学在福建也得到广泛继承、弘扬和发展,深刻影响了一大批福建士子文人。可以说,王阳明的功、德、言深刻影响福建地域文化,阳明学与闽学、闽南文化相融合、互促进。

王门学者仕宦福建

明正德以后,一大批亲得王守仁之炙的阳明弟子及其后学入闽任职,随地讲学,传经布道,深度影响福建学风,更是影响了一代代福建人。仅嘉靖年间就有近30位王门学者仕宦福建,万历、崇祯年间则是更多。如巡按聂豹、参政黄宗明、按察使邹善、提学耿定力,还有知府施邦曜、郡府推官黄弘纲、知县何春、县邑教谕刘邦采,乃至谪戍镇海卫的陈九川、李材……他们利用在闽的政治影响力,不忘阐发王学根本,讲授不止,一时蔚然成风,从学者声势浩大,风靡

---

① 本文系根据《阳明学与福建地域文化》一文改写成普及性的理论文章,刊发在《福建日报》《闽南日报》。

八闽大地。

明万历年间任福建按察司副使的阳明再传弟子徐用检,启发、改变了泉州学子李贽的学术,李贽不惜以"被诱惑"而言:"余自幼倔强难化,不信道,不信仙、释,故见道人则恶,见僧则恶,见道学先生则尤恶……不幸年逮四十,为友人李逢阳、徐用检所诱,告我龙溪先生语,示我阳明先生书,乃知得道真人不死,实与真佛、真仙同,虽倔强,不得不信之矣。"

又如谪戍镇海卫的阳明再传弟子李材持续"聚徒讲学",不遗余力地弘扬传播王学要义,以至"学徒益众",还定期到漳州龙江书院、南靖安福寺等地讲学不辍,以致阳明学在漳郡勃兴振发,吸引八闽学者纷至沓来,成为福建王学传播中心。仅《正堂书稿》就收录了李材与潘庭礼、吴道濂等数十位闽籍阳明后学的学术问答。之后,还到武夷山开堂讲课,其门人提学副使徐即登还修建"见罗书院",供其讲学,广招延平、建宁诸府的门徒,受学诸生颇具规模,"四方朋来,屡满户外"。

还有万历年间巡抚福建的许孚远、崇祯年间执宰漳州的施邦曜等诸多阳明后学,学宗良知,力传阳明心学。叶向高赞曰:"(许孚远)先生在闽,抚政之暇,多延见士大夫及诸生讲明理学。闽人故株守紫阳绪说,不敢为高论,而先生尺尺寸寸,一禀于伦常,其词旨贯穿淹洽,听者忘倦,以是多所感发兴起。先生又创共学书院,置膳田,风教大行矣。"

施邦曜则身体力行阳明心学,力施仁政,遇旱为祷,遇饥煮粥,恤孤怜穷,扶善锄强,治漳之功有如阳明平漳之绩,被郡民誉为"施太爷"。

阳明书籍在闽传播

一批阳明学书籍在闽刊刻或由闽人辑刊,推动了阳明学在福建传播发展、发扬光大,甚至传播、影响到海外。

明嘉靖三年(1524),时任余姚知县的泉州人丘养浩,将王阳明谪贬龙场期间的诗文编成《居夷集》,刻于余姚,该书是现存最早的阳明先生诗文集,可谓珍本。

明嘉靖七年(1528),陈九川在镇海卫根据漳州、福建学者的实际,对《传习录》进行校正、删复纂要,编辑成六卷,再经聂豹在福州养正书院重新刊刻发行,成为当时福建推广王学的重要书籍,让民众得以化繁为简、通俗易懂地学好阳明学。

明万历二十八年(1600),被湖广佥事冯应京逐出麻城的李贽等人,应工部尚书刘东星之邀前往山东济宁,入住漕河衙门官署,闭户研读、抄录《王文公全书》,终成一部"嘉惠后世之君子"的不朽文献——《阳明先生道学钞》。

明崇祯初,漳州知府施邦曜深感《王文成公全书》卷帙繁多、篇幅浩大、携带不便、阅读不易,遂将其分门别类,按理学、文章、经济三帙归类整理,辑为《阳明先生集要》三编十五卷,并授梓于平和知县王立准督刻,与《王文成公全书》(隆庆谢氏刻本)并列为王学著作的两个重要版本,为后人翻印阳明著作的基本资料,将阳明学的传播发展推到一个新的巅峰,甚至为阳明学向海外的传播发展做出贡献。美国人亨克于1916年出版的《王阳明的哲学》,正是刻于平和

《阳明先生集要·理学编》的英译本。

在闽重刻《传习录》、在漳首刻《阳明先生集要》，以及闽人辑刊《居夷集》《阳明先生道学钞》……使得阳明学在福建的影响力逐渐扩大，形成强大的学术思潮，深度影响福建地域文化的发展。

闽南文化心学因子

闽南是朱子过化之地，也是阳明学的重要传播地。王阳明及其阳明之学，影响着一大批闽南士子文人，并对闽南文化的形成和发展产生重大作用。正如中国明史学会会长、厦门大学教授陈支平所言："王阳明及其阳明之学，是继南宋朱熹及其朱子学之后，对闽南文化的形成和发展产生了重大作用的核心元素之一。"

中国近代思想史上杰出人物李贽，受王阳明不盲目迷信"经"的启蒙影响，打破僵化思想的禁锢和束缚人性的教条，形成"不以孔子之是非为是非"的观念，提出"童心"学说，将阳明先生的亲民、担当精神与福建人的特质禀赋有机结合，高扬初心意识，成为福建地域宝贵的精神财富。此外，李贽主张男女平等、追求个性解放、提倡自由经商等观念，无一不是受到阳明学的影响。

漳浦人黄道周在《阳明先生集要序》《重建王文成公祠碑记》等文中，毫不掩饰地流露了钦慕阳明之意，发出"不同时兮安得游？登君堂兮不得语，耿徘徊兮中夜"那种"因所处时代不同而不能步入王阳明门下"的遗憾与感慨，并以"择其善者而从之"的态度，在讲学时多有引用陆王心学观点，以至清代学者袁翼认为："石斋（黄道周）湛深经术，私淑阳明而所谓心学者，微有转手。"

清代名臣、安溪人李光地虽学宗程朱，但也积极吸取陆王心学思想。《四库全书总目提要》评曰："光地之学，源于朱子，而能心知其意，得所变通，故不拘泥于门户之见。其诂经兼取汉唐之说，其讲学亦酌采陆王之义，而于其是非得失，毫厘千里之介，则辨之甚明，往往一语而决疑似。"

近代文学大师、漳州人林语堂致力倡导闲适、性灵的文学风格，与李贽的童心说、汤显祖的情至说、公安派的性灵说一样，深受阳明心学影响，甚至认为："聪明以为可以做的事，但良知以为不可以做，就不要做，聪明以为不可以做的事，但良知以为可以做，就去做。良知为主，聪明为奴，其人必善良，良知为奴，聪明为主，其人必奸诈……所谓善恶，无非良知，行事凭良知，一切都会好，行事凭聪明，一切都会坏。"可见，出生于阳明奏立之县的林语堂，其思想、文风吸收了阳明心学的精髓。

阳明学作为中华优秀传统文化的组成部分，同样对闽南地区的人文思想、社会发展产生重要影响和积极作用，潜移默化改变了闽南人的思维方式，使得追求思想解放、冲破限制束缚成为闽南文化的重要因子，强化了闽南人崇尚实用、追求功利的社会伦理价值取向，推动闽南人形成冒险、务实、多元的人文特性，促进了闽南人由"重农抑商"向"重商经商"思想观念的转变，形成"善观时变、顺势有为，敢冒风险、爱拼会赢，合群团结、豪侠仗义，恋祖爱乡、回馈桑梓"的闽商精神文化。

朱王会通：福建阳明学的基本特征

毋庸置疑，福建是朱子学的重地。然而，阳明学在闽并非没有立足之地，更多的则是以"共融互容"之举措，助推"朱王会通"之势，形成具有闽地特色的阳明学。对"朱王会通"这一命题，福建学界早已有所关注，2017 年 11 月，福建省社科院宋明理学研究中心等四家学术机构在武夷山市联合举办"会通朱王，传承理学"学术研讨会，收到 30 多篇论文，其中不乏对"朱王会通"进行研究阐述者。如云南大学李煌明《理一分殊与朱王会通》，从方法、本体、工夫、思维等四个层面，探讨朱王会通①；武夷学院王志阳《论阳明学与朱子学的共同点及其成因》则从礼学观念、注重礼学的现实价值与历史价值、礼学思想相通之源等三个维度，指出朱王都重视推崇礼学的作用②……这些文章大都是从义理层面上探微"朱王会通"。本文则是从践履层面上，以朱、王二人分别在治理管控漳州的具体实践，以及寓闽阳明门人及后学、闽籍阳明后学在构建福建阳明学实践中的折中朱王为重点，阐述"朱王会通"，进而阐明"朱王会通"是福建阳明文化有别于其他地区的重要地域文化特色之一。

---

① 参考张品端主编：《朱王会通：朱熹与王阳明比较研究》，厦门大学出版社，2018年，第 49～75 页。

② 参考张品端主编：《朱王会通：朱熹与王阳明比较研究》，厦门大学出版社，2018年，第 107～127 页。

一、朱王治理管控漳郡的理念会通

朱熹、王阳明分别以漳州知府、巡抚漳州的身份,先后于宋、明时期治理管控漳州。可以说,漳州是全国唯一曾先后被朱、王治理管控的设区市。回望追溯朱、王在漳郡治理管控的实践,寻找彼此共同理念,从而阐明"朱王会通",或许更具有说服力。

朱熹于宋绍熙元年(1190)四月二十四日抵漳就任知府,当即发布州县官牒,次年(1191)四月二十九日卸任离漳。其间,曾颁布实施《漳州晓谕词讼榜》《劝女道还俗榜》《劝谕榜》等文告,以整治民风;颁布《漳州延郡士入学牒》,以整治郡学;颁布《龙岩县劝谕榜》,以整治吏治与风俗。[①] 朱熹知漳的这段经历与业绩,《宋史》亦载:

> 改知漳州。奏除属县无名之赋七百万,减经总制钱四百万。以习俗未知礼,采古丧葬嫁娶之依,揭以示之,命父老解说,以教子弟。土俗崇信释氏,男女聚僧庐为传经会,女不嫁者为庵舍以居,熹悉禁之。[②]

可见,朱熹在治理漳郡之时,十分重视推行礼仪教化社会的治理功能,针对当时漳郡"习俗未知礼""土俗崇信释氏"的社会风气,先后制定了一系列整饬社情民俗的规定,并张榜广而告之,"以教(漳郡)

① 参考南平市对外文化交流协会、武夷山朱熹研究中心、福建省环球标志文化研究中心编:《朱子文化大典》,海风出版社,2011 年,第 814~815 页。

② (元)脱脱等撰:《宋史》卷 429《列传第一百八十八·道学三》,中华书局,1977年,第 12762 页。

子弟"，规劝民众百姓，收到了较好的成效。同时对一些长期存在的恶习，采取"悉禁之"的举措。

王阳明于明正德十二年(1517)一月莅赣上任，正式巡抚包括漳州在内的"八府一州"①，明正德十六年(1521)六月升任南京兵部尚书而离赣，总制管控漳州府的军政事务长达四年多之久。其间，推行牌法、保甲维序、添设县治、安民治贼，力举乡约、束民治乱，大兴社学、教化民俗等一系列管控社会的治理措施，使原本"僻在一隅……地理遥远，政教不及，民众罔知法度"②的穷乡僻壤，变成"百年之盗可散，数邑之民可安"③的美好家园。与朱熹知漳一样，体现了儒家经世致用、关怀天下的治世思想。

（一）束民以礼

宋绍熙元年(1190)八月，朱熹充分运用礼仪的劝谕作用，颁发了《劝谕榜》，其中指出：

一、劝谕保伍，互相劝戒事件，仰同保人互相劝戒。孝顺父母，恭敬长上，和睦宗姻，周恤邻里。各依本分，各修本业，莫作饮博，莫相斗打，莫相论诉，孝子、顺孙、义夫、节妇，事迹显著，即仰具申，当依条格旌赏。

一、禁约保伍，互相纠察事件。常切停水防火，常切觉察盗

---

① 八府一州：是指当时的江西南安府、赣州府，福建汀州府、漳州府，广东潮州府、惠州府、韶州府、南雄府以及湖广郴州。

② （明）王守仁著，(明)李贽编，张山梁、张宏敏点校：《阳明先生道学钞》卷5《先生南赣书卷》，厦门大学出版社，2021年，第119页。

③ （明）王守仁著，(明)李贽编，张山梁、张宏敏点校：《阳明先生道学钞》卷5《先生南赣书卷》，厦门大学出版社，2021年，第119页。

贼,常切禁止斗争;不得贩卖私盐,不得宰杀耕牛,不得赌博财物,不得传习魔教。保内之人互相觉察,知而不纠,并行坐罪。

一、劝谕士民,当知此身本出于父母,而兄弟同出于父母,是以父母、兄弟天性之恩,至深至重。而人之所以爱亲敬长者,皆生于本心之自然,不是强为,无有穷尽。今乃有人不孝、不弟,于父母,则辄违教命,敢缺供承;于兄弟,则轻肆忿争,忍相拒绝。

一、劝谕士民,乡党宗姻,所宜亲睦,或有小忿,宜各深思;更且委曲调和,未可容易论诉。盖得理亦须伤财、废业,况无理不免坐罪遭刑,终必有凶,切当痛戒。①

在这份榜文中,朱熹强调的是同一保内之人应当“互相劝戒”,以求和睦宗姻,周恤邻里;“互相纠察”,以求循规蹈矩,安于职业。劝谕百姓民众应当重孝悌、宜亲睦,相劝戒、互察纠,以求社情民俗之敦厚。

与朱熹治理漳州一样,王阳明也是充分发挥礼仪在社会管控中的指导作用,制定了相关的《告谕》,以求“破心贼”,正人心。明正德十二年(1517),王阳明对“八府一州”颁布了《告谕各府父老子弟》的通告:

今兵荒之余,困苦良甚,其各休养生息,相勉于善。父慈子

---

① (明)罗青霄修纂,陈叔侗点校,福建省地方志编纂委员会整理:万历《漳州府志》卷10《漳州府·文翰志上》,厦门大学出版社,2010年,第288~289页。

孝，兄友弟恭，夫和妇从，长惠幼顺。勤俭以守家业，谦和以处乡里。心要平怒，毋怀险谲；事贵含忍，毋轻门争。①

王阳明强调的是"父慈子孝，兄友弟恭，夫和妇从，长惠幼顺"，"谦和以处乡里……毋轻门争"，这与朱子知漳时所颁布之《劝谕榜》"孝顺父母，恭敬长上，和睦宗姻，周恤邻里"的理念，如出一辙。

面对"漳南战役"之后，安置于河头大洋陂②的投诚于官府数千之众的"新民"，王阳明非常清楚"破山中贼易，破心中贼难"，担心"新民"若教化不及时，则将重蹈之前"乱乱相承"的覆辙，所有平乱成果将功亏一篑。于是，及时颁布《告谕新民》，告诫"新民"应当做到：

> 各安生理，父老教训子弟，头目人等抚缉下人，俱要勤尔农业，守尔门户，爱尔身命，保尔室家，孝顺尔父母，抚养尔子孙，无有为善而不蒙福，无有为恶而不受殃，毋以众暴寡，毋以强凌弱，尔等务兴礼义之习，永为良善之民。子弟群小中或有不遵教诲，出外生事为非者，父老头目即与执送官府，明正典刑，一则彰明尔等为善去恶之诚，一则剪除莨莠，免致延蔓，贻累尔等良善。③

---

① （明）王守仁著，吴光、钱明、董平、姚延福编校：《王阳明全集》卷16《别录八》，上海古籍出版社，2011年，第590～591页。

② 河头大洋陂：今福建省平和县九峰镇区。

③ （明）王守仁著，吴光、钱明、董平、姚延福编校：《王阳明全集》卷16《别录八》，上海古籍出版社，2011年，第598页。

这里，王阳明强调的依然是着力守门户，爱身命，保室家，孝顺父母，抚养子孙，以复兴礼义之俗，厚植人心道德、社会美德，达成"务兴礼义之习，永为良善之民"之愿景。

从这一点上看，无论是朱熹治理漳州，强调"孝顺父母，恭敬长上，和睦宗姻，周恤邻里"，还是王阳明巡抚漳州，劝谕"孝顺尔父母，抚养尔子孙……毋以众暴寡，毋以强凌弱"，都特别重视民众道德、礼义的教化引导和行为规范，并以官府的告谕条文形式，制定实施具有强制性、约束性的相关规章，约民以礼，大力推进民风教化，以求社会大同。

（二）束民以约

婚丧礼仪是古代家礼的一项重要内容。无论是朱熹知漳，还是王阳明巡抚漳州，对此都有较为明确的法度条规进行约束，二者的管理措施则是几近相同。朱熹颁发的《劝谕榜》，明文规定：

> 一、劝谕士民，当知夫妇婚姻人伦之首，媒妁聘问，礼律甚严。而此邦之俗，有所谓管顾者，则本非妻妾而公然同室；有所谓逃叛者，则不待媒娉而潜相奔诱，犯礼违法莫甚于斯。宜亟自新，毋陷刑辟。
>
> 一、劝谕遭丧之家，及时安葬，不得停丧在家，及殡寄寺院。其有日前停寄棺柩、灰函，并限一月安葬，切不须斋僧供佛，广设威仪，但只随家丰俭，早令亡人入土。如违，依条科杖一百。官员不得注官，士人不得应举。乡里亲知来相吊送，但可协力资助，不当责其供饮食备。

一、劝谕男女，不得以修道为名，私创庵宇。今有如此之人，各仰及时婚嫁。①

除此，朱熹还颁发了《晓谕居丧持服遵礼律事》，规定："有居父母之丧者，虽或未能尽遵古制全不出入，亦须服粗布暗衫、粗布黪巾、系麻经、着布鞋、不饮酒、不食肉、不入房室。"②从中可见，朱熹对婚丧之礼仪，有明确、详细的规定，便于属下官员的执法和普通民众的执行。

明正德十三年(1518)十月，王阳明经过漳南、横水、三浰等三场平乱战役之后，清醒认识到"民虽格面，未知格心"，务必"举乡约告谕父老子弟，使相警戒"，以求"和尔邻里，齐尔姻族，德义相劝，过失相规，敦礼让之风，成淳厚之俗"。③于是，向包括漳州府在内的"八府一州"发布《南赣乡约》，指出：

一，男女长成，各宜及时嫁娶。往往女家责聘礼不充，男家责嫁妆不丰，遂致愆期。约长等其各省谕诸人，自今其称家之有无，随时婚嫁。

一，父母丧葬，衣衾棺椁，但尽诚孝，称家有无而行。此外或大作佛事，或盛设宴乐，倾家费财，俱于死者无益。约长等其

---

① (明)罗清霄修纂，陈叔侗点校，福建省地方志编纂委员会整理：万历《漳州府志》卷10《文翰志上》，厦门大学出版社，2010年，第289页。

② (明)罗清霄修纂，陈叔侗点校，福建省地方志编纂委员会整理：万历《漳州府志》卷10《文翰志上》，厦门大学出版社，2010年，第287页。

③ (明)王守仁著，吴光、钱明、董平、姚延福编校：《王阳明全集》卷33《年谱一》，上海古籍出版社，2011年，第1386页。

各省谕约内之人，一遵礼制。有仍蹈前非者，即与纠恶簿内书以不孝。①

从中可见，王阳明在巡抚漳州时，对婚丧礼仪的约束性管控，延续了朱熹知漳的诸多做法，其严厉程度甚至不亚于朱熹，强调必须"一遵礼制"，否则将以"不孝"之名记入"纠恶簿内"，这比朱熹的"如违，依条科杖一百。官员不得注官，士人不得应举"的惩罚规定，有过之而无不及。

二、莅闽履职阳明门人、后学兼顾朱学的会通

阳明先生在世之时，自己"非常清楚，闽中是其学说传播的薄弱地区，而他则很想在朱子学的重要区域传播自己的学说，欲通过与朱学的辩论来扩大自己的影响……阳明对王学进入闽地还是十分关心的，只是由于闽中特殊的思想文化环境，使得王学长期不为闽人所喜爱"。② 然而，随着明中后期一大批阳明门人、后学逐步走上仕途，参与执掌国家机器，"王学不为闽人所喜爱"这一现象，得到一定程度上的改善，以致"嘉靖二十七年（1548）夏言被世宗处死，其后严嵩长期专权，在此期间阳明学派的处境亦开始有所好转，至阳明后学徐阶成为内阁首辅后，学派终于迎来其全盛时代"。③ 在阳明学走入全盛的大背景下，不少阳明门人及其后学莅闽履职，仅收录

① （明）王守仁著，吴光、钱明、董平、姚延福编校：《王阳明全集》卷17《别录九》，上海古籍出版社，2011年，第667页。

② 钱明：《王阳明及其学派论考》，人民出版社，2009年，第382～383页。

③ 焦堃：《阳明心学与明代内阁政治》，中华书局，2021年，第183页。

于《阳明夫子亲传弟子考》^①中，就超过 20 位之多，如巡按聂豹、参政黄宗明、兵备道徐用检、按察金事邹守益，还有漳州知府施邦曜，汀州府推官黄弘纲，诏安知县何春，甚至还有阳明夫子之侄王正思^②……等等，这些阳明门人、后学在闽地各地履职，传承王阳明当年漳南战役"虽调兵对垒，意思安闲，有暇则与诸生讲学，无异平时"^③的作风，随地讲学布道，传播阳明心学，一时蔚然成风，从学者蜂拥而至，深度影响了福建学风。正如光绪《漳州府志》所载：

> 明自成化以前，姚江之说未兴，士皆禀北溪之教，通经明理，躬修实践，循循乎上接乎考亭，无异师异说以汩之，不亦乐善乎。正德以后，大江东西以《传习录》相授受，豪杰之士翕然顾化，漳士亦有舍旧闻而好为新论者。如邱氏原高"昔信理，今信心"之说，陈氏鸣球"吾心无二"之云。^④

入闽履职、谪戍、游学的阳明门人、后学，深知王学入闽传播之艰困，从不自设障碍、固守藩篱地排斥程朱理学，而是采取各种举

① 邹建峰：《阳明夫子亲传弟子考》，中国社会科学出版社，2017 年。该书作者从《中国古籍善本总目》《中国地方志集成》等多种文献中，搜寻究约 300 名阳明夫子亲传弟子的生平、学行、事功、交游、著书立说、文献存世与治学特色等情况。本文在介绍阳明弟子时，多有参考引用，在此特以致谢。

② 王正思（生卒不详），阳明侄子，明嘉靖八年（1529）进士，明嘉靖十六年（1537）任福建建宁知府。

③ （清）黄许桂主修，（清）曾沣水纂辑，福建省地方志编纂委员会整理：道光《平和县志》卷 6《艺文志》，厦门大学出版社，2008 年，第 299 页。

④ （清）沈定均修，（清）吴联薰增纂，陈正统整理：光绪《漳州府志》卷 30《人物三》，中华书局，2011 年，第 1338 页。

措,兼容并蓄,比较互鉴。这里列举阳明门人黄直、何春,以及后学许孚远等三人。

黄直(1489—1559),字以方,号卓峰,江西抚州府金溪人。明嘉靖癸未(1523)进士。明正德十五年(1520),回到家乡的黄直闻知王阳明在赣州讲学,便徒步赶往赣州拜王阳明为师,学宗姚江,成为其著名弟子。

明嘉靖三年至七年(1524—1528)期间,担任漳州府推官,并曾先后代署长泰、漳浦两县的知县。履职期间,黄直励精民事,废尽两邑之内的淫祠,将其拆下之建材用于修筑桥梁、扩建学宫、修葺讲堂斋舍等民生事业上,赢得民众的普遍赞誉。传承阳明先生“随地讲学”的理念,喜欢谈经论道,顺应漳属民众的“崇朱理学”之风尚,抛舍学派门见,分别在长泰、漳浦两地新建了两座“文公祠”,并坚持每月初一、十五两天,亲自给诸生讲习义理,使得长泰、漳浦两县的莘莘学子在文公祠内接受阳明心学的教化熏陶。

黄直在漳州的属县创建两座朱文公祠的事迹,不仅《漳州府志》有所着墨,《漳浦县志》《长泰县志》也分别有较为详细的记述:

> (嘉靖)五年(1526),推官黄直署邑篆,更建明伦堂……于新徙射圃地东筑射圃,于射圃西建文公祠;祠西有讲堂,两旁列斋舍各三十区,以授学徒。[1]
>
> 文公祠……嘉靖四年(1525),推官黄直以旧儒学材更为

---

[1] 漳浦县政协文史资料征集研究委员会编:《漳浦县志》(清康熙志·光绪再续志点校本)卷9《学校志》,金浦新闻发展有限公司承印,2004年,第236~237页。

之,宏其制,匾曰"文公书院"。①

黄直如此用心,以倡朱学载体之外形,传王学要义之内在,"大兴教育,浦泰之第为漳最"②,既始终践行王阳明"亲民明德"的为政思想,重视民众思想教育和民风教化,又让闽地沿袭已久的"崇朱理学"之风得以传承。

在漳履职期间,黄直还登上朱熹解经讲学之地、朱熹高足陈淳故里——漳州名胜云洞岩,览胜思幽,留下《云洞》诗句:

鹤峰秋老芋方熟,云洞溪深蟹正肥;

中有幽人能作主,煨芋烹蟹正相宜。③

用"煨芋烹蟹正相宜"来暗喻朱、陆同宗同源,告知漳郡学子:在朱学重地的漳州依然有王学的发展空间,彼此之间有互补之效,而无相斥之害。

何春(生卒不详),字符之,号长松,江西赣州府雩都人。何春认为阳明学说是"孔孟嫡派,吾辈当北面也",并携带其弟何廷仁往赣州听"闻阳明良知之教,若有所得"④,服膺阳明学。

明嘉靖十年至十三年(1531—1534),何春担任诏安县首任知

① (清)张懋建纂修:乾隆《长泰县志》卷3《学校志》,漳州三川印书馆承印,民国二十一年(1932),学校第7页。

② 邹建锋:《阳明夫子亲传弟子考》,中国社会科学出版社,2017年,第155页。

③ (清)吴宜燮修,(清)黄惠、李畴纂:乾隆《龙溪县志》卷22《艺文》,上海书店出版社编:《中国方志集成·福建府县志辑》第30,上海书店出版社,2000年,第176页。

④ 邹建锋:《阳明夫子亲传弟子考》,中国社会科学出版社,2017年,第100页。

县。任职期间,何春一方面重视学校发展,创办社学,每月的初一、十五日,都亲自召集邑内诸生到明伦堂,阐发传播阳明心学,讲明人心道心之旨,三纲八目之微;同时参照王阳明巡抚南赣所推行的《南赣乡约》做法,以德治教化为先,规范民众的道德行为,化民成俗。另一方面,大力推行朱熹的《家礼》,重视通礼、冠礼、婚礼、丧礼等礼仪的实践性,规范民众日常的家庭礼仪以及人生成长各个阶段的礼事。可以说,阳明门人何春在治理诏安县时,不故步自封,不自画标签,借助朱熹在漳郡诏邑的威望,积极推行朱文公之《家礼》,规范行为,教化民众,收到"当县治新设之初,务欲化干戈为俎豆"的"以德治县"成效,以致"民至今思之"①。从其治县的实践层面上看,何春在履职过程中,以顺应民之乐从的文公《家礼》之便利,推行阳明《乡约》之精义,教化民心,礼布闾里,真正实现了社会治理层面的"朱王会通"。《诏安县志》也有相应记载:

> 何春者,豫章雩都人,王文成公弟子也。嘉靖中,以名孝廉首绾,令符为开创,循良第一,其为政也。行乡约,禁图赖,毁淫祠,教民间习文公《家礼》,每与簿书之暇,诣明伦堂,与诸生论所以为学之要。当县治草创之初,百制未备,春雍容弦歌,次第修举,盖将大明姚江之学,以化民成俗为己任者。②

何春既以"教民间习文公《家礼》"之绩,又以"大明姚江之学,以化民

---

① (明)罗清霄修纂,陈叔侗点校,福建省地方志编纂委员会整理:万历《漳州府志》卷29《诏安县·秩官志》,厦门大学出版社,2010年,第1147页。
② 康熙《诏安县志》卷9《职官·宦绩》,康熙辛未(1691)年刻本,职官第35~36页。

成俗为己任者"之德，载入史册。

许孚远（1535—1604），字孟中，号敬庵，浙江德清人。明嘉靖四十一年（1562）进士。一生精研理学，聚徒讲学，"笃信良知，而恶夫援良知以入佛者"，认为"文成宗旨，原与圣门不异"①，为阳明正传。

许孚远于明万历二十年至二十三年（1592—1595）巡抚福建，历时三年。其间，"兼喜讲学，会江右李见罗②谪戍入闽，雅称同志，日夕讲学"③，又与"尊主朱学"的晋江著名学者何乔远论学，彼此"不分别门户，不支离心性"。④ 正如与之交往深入的闽清人叶向高为其所撰的《墓志铭》所言：

> （敬庵）先生在闽，抚政之暇，多延见士大夫及诸生讲明理学。闽人故株守紫阳绪说，不敢为高论，而先生尺尺寸寸，一禀于伦常，其词旨贯穿淹洽，听者忘倦，以是多所感发兴起。先生又创共学书院，置膳田，捐赀助文公祠，风教大行矣。⑤

抚闽三年，许孚远深知"闽人故株守紫阳绪说"之困局，不是以行政强行推广之令，而是不分别门户，广交学友，以润物化无声之

① （清）张廷玉等撰：《明史》卷283《列传第一百七十一》，中华书局，1974年，第7286页。

② 李见罗（1529—1607），名材，字孟城，江西丰城人。明嘉靖四十一年（1562）进士，素从邹守益讲学。明万历二十一年（1592）四月，谪戍镇海卫，其间，不忘"聚徒讲学"，不遗余力地弘扬传播阳明心学要义，以至"学徒益众"。

③ 郑礼炬：《明代福建文化结聚与文化研究》，人民文学出版社，2015年，第831页。

④ 参考（清）李清馥著，徐公喜、管正平、周明华点校：《闽中理学渊源考》卷75《司徒何镜山先生乔远学派》，凤凰出版社，2011年，第781～783页。

⑤ 郑礼炬：《明代福建文化结聚与文化研究》，人民文学出版社，2015年，第830页。

策,久久为功之计,讲学不辍,传播不息,同时还不忘善待朱学,捐资修建朱文公祠,创书院,置膳田,使阳明心学得以在闽"风教大行"。

此外,阳明弟子聂豹(1487—1563,字文蔚,号双江)于明嘉靖四年(1525)巡按福建,在《漳州玉壶亭留题》诗中有曰"大道忍看群鸟兽,斯民何日复商周①",流露了期待恢复礼教的使命与担当。阳明后学施邦曜知漳州府期间,吸收融会朱熹、王阳明和唯物论的一些理念,政暇之余评辑《四书讲要》《阳明集评》,在格致观、知行观、功利观方面突破朱、王二者格局。清康熙、乾隆年间,阳明后学王梓②、胡邦翰③分别担任崇安知县、平和知县,均在其属地创建合祠,将朱熹、王阳明合祀于内……这些都体现了莅闽履职的阳明门人、后学不以学派为别、不以门户为争,更多的是秉持"宗王而不悖朱"的理念,在"朱王会通"的具体实践上多有着力与付出,颇有建树,值得吾侪乃至后辈学习、效仿。

三、闽籍学人共通互容学风下的朱王会通

明中后期,受到姚江之学大行于东南的影响,一些福建学者翕然顾化,舍朱子之学而好阳明之学,涌现了一批阳明门人及其后学,更有一些学宗程朱的学人,与阳明先生及其后学多有交游往来,建立良好的私人学谊关系,形成了共通互容的独特学风。正如钱明所

---

① 吴可为编校整理:《聂豹集》卷12,凤凰出版社,2007年,第475页。
② 王梓(生卒不详),字琴伯,邠阳(今陕西省武功县)人,岁贡,清康熙四十二年(1703)任崇安知县,有治才。爱民礼士,崇民德之。
③ 胡邦翰(生卒不详),字淳环,浙江余姚人。清乾隆十七年(1752)进士。乾隆二十二年至二十六年(1757—1761)任平和知县,治事敉迹,境内翕然安堵,并劝修文庙,鸠工庀材,躬亲任理。平和人因谓之文成后身。

言"闽中阳明学者,除了马明衡、郑善夫被言及外,几乎是空白的。但事实上,这是不符合明代福建地区学术思想发展之实况的"。①

(一)闽籍朱子后学与阳明私交良好而促进会通

与阳明先生有过交往的闽籍学人自是不乏其人,除了其门人弟子之外,既有其同僚莆田人林俊②、林富③等人,也有一批朱子后学代表性人物,尽管学宗有别,但个人私交之谊却是良好的。如同安人林希元、晋江人张岳等。

林希元(1481—1565),字茂贞(懋贞),号次崖,泉州府同安县(今属厦门市)人,明正德十二年(1517)进士。其学以"六经"为正宗,"四书"为嫡传,继承、捍卫和发展了朱熹的学说。

作为明代福建朱子学主要学者之一的林希元,与王阳明多有书信往来,彼此之间多有学术思想的讨论与磋商。尽管林希元认为"阳明《传习录》,非朱子解《大学》'止于至善'为'事理当然之极'云……阳明之说蒙昧不通,厚诬圣贤,区区已不取"④"阳明说道理垂戾处最多"⑤,但对王阳明一生的功业、人品也充满景仰与尊重,其在《祭王阳明总制文》中,称赞阳明先生"英资盖世,雄智出群。涉

---

① 钱明:《王阳明及其学派论考》,人民出版社,2009 年,第 378 页。

② 林俊(1452—1527),字待用,号见素,莆田县人。成化十四年(1478)进士。成化十八年(1482),王阳明随父王华寓京师百官宅,与林俊比邻而居,两人相识四十多年,为忘年交。在王阳明出仕后,两人多有书信往来,交情日益加深。

③ 林富(1475—1540),字年富,号省吾,兴化府莆田人。弘治十五年(1502)进士。正德元年,王阳明以上疏忤瑾而下狱,林富触时讳也下狱,两人在狱中患难与共,结为知己。在广西平乱之后,王阳明多次上疏举荐林富,委之重任。

④ (明)林希元撰,何丙仲校注,厦门市图书馆编:《林次崖先生文集》卷 5《书》,厦门大学出版社,2015 年,第 173 页。

⑤ (明)林希元撰,何丙仲校注,厦门市图书馆编:《林次崖先生文集》卷 6《书揭帖》,厦门大学出版社,2015 年,第 210 页。

猎三教,迄自成家",而且"公之功业,固当世不敢望而及焉者",认为王阳明乃是"文武通才""一世非常之士"①。此外,林希元与王大用、伦以训等一大批阳明门人亦多有私交之谊,互有往来。

张岳(1492—1552),字维乔,号净峰,福建惠安人,明正德十二年(1517)进士。《明史》称其"博览工文章,经术湛深,不喜王守仁学,以程、朱为宗"②。

尽管张岳极力反对阳明心学,甚至渡江前往浙江谒访王阳明,与其争辩"明德亲民之旨"与"持敬""知行"之义理,双方各执己见,相持不下,但是临别之际,王阳明叹曰:"子亦一时豪杰,可畏也。"③同样,阳明先生并不因张岳反对其学说而疏远,而是对其赞誉有加。

如此这般不受学派异同而影响的良好人际关系及彼此的相互尊重、相互交流,奠定了朱王会通的学术氛围与基础。

(二)闽籍学人兼识朱王而促成会通

尽管福建是朱学重镇,但面海而居的福建学人始终以海纳百川的胸襟和学人之长的眼界,努力吸纳各种优秀文化,兼容并蓄。在王学风行的明代中后期,不少闽籍学者由学宗程朱理学转向王学,更多的是对二者的兼识。最为典型的是黄道周、李廷机等闽南学者。

黄道周(1585—1646),字幼玄,号石斋,福建漳浦人。天启二年(1622)进士。《明史》称其"文章风节高天下,严冷方刚,不谐流俗",

---

① (明)林希元撰,何丙仲校注,厦门市图书馆编:《林次崖先生文集》卷15《祭文》,厦门大学出版社,2015年,第558页。
② (清)张廷玉等撰:《明史》卷200《列传第八十八·张岳》,中华书局,1974年,第5298页。
③ (清)黄任、郭赓武、黄惠、蔡常云修纂:乾隆《泉州府志》卷42《人物志·明列传》,国家图书馆藏清同治庚午(1870)重刊本,明列传第44页。

"学贯古今,所至学者云集"①。

黄道周学风虽偏于朱学,但其早年深受泰州学派薛士彦(1545—1625,字道誉,号钦宇)影响②,加上与时任漳州知府、阳明后学施邦曜多有来往,学术切磋不辍,接受、吸纳了王学思想,从其为平和王文成公祠所作《碑记》中发出"不同时兮安得游?登君堂兮不得语,耿徘徊兮中夜"③的感叹,可知其"因所处时代不同而不能步入王阳明门下"的遗憾与感慨。黄道周对王阳明的人品、事功推崇备至,在《客座私祝》④的题序中称赞王阳明:

> 公之斯文若乾坤元气,春温秋肃,受者皆生,又如千仞壁立,截断众流。天下父兄,苟不愿其子弟为不肖,皆当家一通,塾置一本。此为公手书,凛然正色。⑤

在讲学时,黄道周并不排斥阳明心学,而是"择其善者而从之",

① (清)张廷玉等撰:《明史》卷255《列传第一百四十三·黄道周》,中华书局,1974年,第6595,6601页。

② 长期关注研究黄道周生平的东山县委党校常务副校长张哲民在其《从铜山到漳浦》书中的《黄道周早年从学与师承考略》认为:黄道周师从薛士彦的证据有三:一是黄道周《蔡梅岩碣》文中自述"早闻薛方伯道誉",二是黄道周《龙岩王廷尉碑》文中自述"忆仆少时,及见薛道誉方伯与蔡梅岩侍御,相与甚善",三是清代漳浦人蔡衍鲲《奉山台记》记述"石斋学本钦宇,实渊源于旴江罗明复(德)。"

③ (清)黄道周撰,翟奎凤、郑晨寅、蔡杰整理:《黄道周集》卷25《碑》,中华书局,2017年,第1108页。

④ 嘉靖六年(1527)五月,王阳明被任命为都察院左都御史,提督江西、湖广、两广军务,前往广西处置田州、思恩动乱。临行前,考虑到上门求学者良莠不齐,为提醒来访客人,更为了训诫门人,写就这篇《客座私祝》。目前,该册页纸本藏于浙江省余姚市博物馆。

⑤ 王程强编:《知行合一:王阳明咏良知手迹》,河南美术出版社,2016年,第28页。

引用一些阳明心学的观点。正因其对王阳明事功、学术成就的尊崇以及对其学说的接受，有人将其直接归入王学，认为"石斋湛深经术，私淑阳明而所谓心学者，微有转手"①，其以"微有转手"来表明黄道周"朱王会通"的学风，再恰当不过。

李廷机（1542—1616），字尔张，号九我，晋江浮桥（今泉州市鲤城区）人。明万历十一年（1670）进士。明代大臣，谥号文节。

李廷机虽私淑"非孔、孟之书不读，非程、朱之说不讲"的蔡文庄之教②，学宗朱子，但对阳明心学多有参悟，认为：

> 阳明先生讲"良知"，予初疑之，年来乃悟。凡吾心知善当为，知恶当去，此自然之知，即良知也。知当为而为之，知不当为而不为，则良知致矣。③

可见，李廷机对阳明心学的认知转变是经历了从"疑之"到"乃悟"这一过程的。李廷机在担任礼部尚书期间，积极推动王阳明入祀，其《王文成陈白沙从祀记》一文中，对王阳明及其心学多加赞誉，指出王文成之学是：

> 嚅哜道真，涵咏圣域，一代学士先生之襄然者也。文成用世，悟道于扬阅体验之余……良知之说，似创而非也。自是孟

---

① 参见袁翼：《书〈崇祀录〉后》，《邃怀堂文集》卷2，光绪十三年刻本，第44页。
② 蔡文庄即蔡清，字虚斋。《虚斋先生祠记》载："虚斋先生崛起温陵，首以穷经析理为事，非孔、孟之书不读，非程、朱之说不讲……自明兴以来，尽心朱子之学者，虚斋先生一人而已。"
③ （明）黄文焰纂：《道南一脉诸儒列传》卷17《熙明温陵理学五先生》。

轲氏无为不为，无欲不欲之宗旨也。……先生之学，皆出于圣贤，而非出于胸臆；皆得之蹈履，而非得之讲谈……祀文成以劝夫缙绅者，使人知用世之为学，不必藏而后可以修。①

李廷机充分肯定良知之说以孟子为宗，"阳明之学，出于圣贤，而非出于胸臆"的观点，同时也反映了其自身学风从"学宗朱学"到"学宗王学"融合会通的现象。在祭奠阳明后学、泰州学派李贽的文中，李廷机认为李贽的学问是"真道学，于程、朱何愧？"②更进一步说明其学风不再单纯学宗朱子，而是"朱王会通"。难怪明末泉州朱熹学派的理学传人黄文焰称："在吾乡（泉州）墨守传注，输攻姚学，或疏或牍，明目张胆以主静良知为必可宗，以新会、姚江为决可祀者，（李廷机）一人而已。"③

（三）明清时期闽籍学人对朱王会通的阐述

其实，闽籍学人对"朱王会通"这一命题的讨论早已有之，只是更多的是在讨论"朱王异同"，"会通"一词未及点出而已。可见，福建"朱王会通"的学风传承由来已久。这里引用明代颜茂猷、清代蔡新的观点以证。

颜茂猷（1578—1637），字壮其，又字光衷，号宗璧居士，福建平和人。明崇祯七年（1634）进士。

---

① （明）李廷机著，于英丽点校：《李文节集》卷11《馆课二》，商务印书馆，2019年，第296～297页。
② （明）李廷机著，于英丽点校：《李文节集》卷25《祭文》，商务印书馆，2019年，第588页。
③ （明）黄文焰纂：《道南一脉诸儒列传》卷17《熙明温陵理学五先生》。

颜茂猷出生于朱熹曾担任知府的漳州府治所在地——龙溪县,求学于王阳明奏请设立之县——平和县,深受朱学、王学的共同影响。在他看来,明季的朱学已然"流为义学",而王学的兴起正好可以"救其弊、破其支",正如其在《迪吉录》一书中所言:

> 今不问朱王同异,但求实有入手处,可修可证,又须以二尊师之心为心,然后于读书为无负耳。①

颜茂猷认为学人应当圆融会通,相辅相成,更不可相互诋诽,并提出:"致良知之说以辅佐朱子则可,以之攻朱子则同室操戈,是断不可"②的"折中朱王"观点。

蔡新(1707—1799),字次明,号葛山,别号缉斋,福建省漳浦人。乾隆元年(1736)进士。清代著名学者、《四库全书》馆正总裁。

蔡新在《平和安厚书院记》中,认为朱子理学是"圣学之阶梯",而阳明心学是"救时之药石",并提出了朱子理学、阳明心学之间存在"四个相同"的学术观点:

> 同以圣人为可学,同以省克为实功,同以遏欲存理、戒慎恐惧为入门,同以君臣、父子、夫妇、昆弟、朋友为实境,亦安在其与朱子戾耶。③

① (明)颜茂猷撰:《迪吉录》卷6《公鉴二》,国家图书馆藏明刻本,公鉴二第10页。
② 吴震:《颜茂猷思想研究》,东方出版社,2015年,第161页。
③ 张山梁:《蔡新残碑探微》,《儒学天地》2021年第3期,第61页。

文中还对王阳明多加赞赏，认为"阳明之文章、气节、经济、事功，磊磊明明，尤众所共见者"，甚至进一步假设"阳明生南渡之时，出其擒濠平峡之才，以安邦敌忾，其于伯纪何如也？"认为"朱子亦必将太息泣下，慨慕而不能舍置"。其"朱王会通"的学术观点，可谓一览无遗也。

四、余　论

"朱王会通是福建阳明学的基本特征"之观点，源于 2018 年笔者受武夷学院张品端教授的启发。在 2021 年"第二届东南阳明学高峰论坛"发言时，笔者加以阐述，提出福建省阳明学者在挖掘、研究、发展福建地域阳明文化时，应当找准福建的定位，凸显福建的阳明学特质。浙江是其生长、讲学之地，贵州是其龙场悟道、建立学说之地，江西、广西是其建立事功之地，都有明显的地域特色与定位，而福建有别于他省的阳明地域文化特征则应是：朱王会通。

除了学人认知上的会通外，福建还有祭祀物化上的会通，从对闽地阳明祠遗址的田野考察上看，便可窥见一斑。如阳明门人黄直、后学许孚远在福建任职时，并没有兴建阳明祠，而是创建了三座朱文公祠，此举在他省也是少见的，甚至可以说是没有的。又如在朱学发源地的武夷山，就有五座祭祀阳明先生以及邹守益、李材、葛寅亮等一批阳明后学的祠宇；平和的安厚文祠、南胜书院，以及武夷山的群贤祠，都有一祠共祀朱熹、王阳明的现象。这种在闽地传承已久的祠祀设置，更加凸显出"朱王会通"是福建阳明学的一大特色。

注：本文在 2022 年的"朱子与闽南"文化论坛暨第五届海峡两岸朱熹陈淳学术研讨会上进行学术交流，收录于《阳明心学与中华文化的骨气和底气——2022"阳明心学·龙场论坛"论文集》（贵州人民出版社，2022 年）以及《从朱熹到王阳明——隆重纪念王阳明诞辰 550 周年纪念大会论文集》（下）。

闽中王学研究

闽地祠祀阳明考

祀,国之大事也。崇德报功,必有祀典,历来如此。而对于一个地方而言,祀典既延绵相传,又慎重不滥,正如《礼记·祭法》所云:"法施于民则祀之,以死勤事则祀之,以劳定国则祀之,能御大菑则祀之,能捍大患则祀之。"因此,凡是王阳明生前行经、平乱、过化的地方,百姓纷纷立祠以祀,铭记其捍患平乱之功,感念其施民教化之德。

明正德十二年(1517)十二月,王阳明平横水、桶冈诸寇之后,"班师。师至南康,百姓沿途顶香迎拜。所经州、县、隘、所,各立生祠。远乡之民,各肖像于祖堂,岁时尸祝"。① 应该说,南赣地区② 在王阳明生前为其立生祠以"岁时尸祝",更多的是民间百姓的自发行为,因应了那句"公道自在人心"。王阳明离世之后,浙、赣、粤、湘、黔等地,更是纷纷立祠以祀。据《王阳明全集·年谱附录一》所记载,从嘉靖八年(1529)十一月,王阳明归葬洪溪之后的第二年(1530)五月"门人薛侃建精舍于天真山,祀先生……"③到嘉靖四十

---

① (明)王守仁著,吴光、钱明、董平、姚延福编校:《王阳明全集》卷33《年谱一》,上海古籍出版社,2011年,第1376页。

② 南赣地区:有广义、狭义之分。广义是指当时南赣巡抚的范围,含江西南安府、赣州府,福建汀州府、漳州府,广东潮州府、惠州府、韶州府、南雄府以及湖广郴州。狭义是特指江西的南安府、赣州府,常以"南赣地区"表示。

③ (明)王守仁著,吴光、钱明、董平、姚延福编校:《王阳明全集》卷36《年谱附录一》,上海古籍出版社,2011年,第1467页。

三年(1564)"巡按江西监察御史成守节重修洪都王公仰止祠"①期间的 34 年,就收录了各地修建阳明祠 33 座之多,分布于南方广大地区。可惜的是,其中并无记述闽地所修的阳明祠。然而,事实并非闽地没有修建,只是该年谱没有收录记述而已。经查阅八闽各地的府、县志书,辅以实地考察闽地阳明文化遗址遗存,笔者发现,明中后期以降,福建各地除文庙依规制配祀王阳明②之外,先后还在武夷山、长汀、上杭、平和等地立祠 11 座(其中 9 座特祀、2 座合祀)③,以祀王阳明先生,详见表 1。

表 1　福建省祠祀王阳明先生情况一览表

祠名	地点	修建时间	建祠人	性质	现状	史志记述情况
阳明祠	平和县九峰镇儒学宫西南角	明嘉靖三十三年(1554)	福建按察司金事梁佐令平和知县赵进建造	特祀	今废。遗址无存	《漳州府志》《平和县志》均有载
王文成公祠	平和县九峰镇东郊	明崇祯六年(1633)	平和知县王立准移建。漳州知府施邦曜题匾"正学崇勋"	特祀	今废。遗址简易搭盖,重塑像供祭。碑记尚存	《漳州府志》《平和县志》均有载。黄道周撰《平和县重建王文成先生碑》,《王阳明全集》录
安厚文祠	平和县安厚镇	清乾隆二十四年(1759)	平和知县胡邦翰倡议,乡绅筹资修建	合祀	今废。遗址破败,碑记尚存	《平和县志》有载。何子祥撰《新建炉峰书院记》《安厚文祠碑记》,蔡新作序记之

① (明)王守仁著,吴光、钱明、董平、姚延福编校:《王阳明全集》卷 36《年谱附录一》,上海古籍出版社,2011 年,第 1494 页。

② 明万历十二年(1584),王阳明以"先儒"身份,从祀文庙。

③ 该论文发表之后,笔者整理王阳明与漳州关系史料时,查阅清光绪三年《漳州府志》卷 7 之际,发现载有"南胜防厅衙署之左,日南胜书院。乾隆元年,防厅刘良璧建一座三进讲堂,学舍三十三间。中祀朱子,左右以王阳明先生、黄道周先生配,春秋二祭"的记录。也就是说,南胜书院于清乾隆年间落成,亦以合祠之形式祭祀王阳明,故截至 2022 年 6 月底,福建已发现的阳明祠有 12 座(其中 9 座特祀、3 座合祀)。

续表

祠名	地点	修建时间	建祠人	性质	现状	史志记述情况
怀德堂	上杭县城北旧学址	明嘉靖三十七年（1558）	巡道王时槐建。明崇祯三年（1630），知县陈正中修建	特祀	今废。遗址无存	《汀州府志》《上杭县志》均有载
阳明祠	上杭县察院行台址	清嘉庆年间	邑绅蓝桂倡四乡捐建中厅，祀王文成公	特祀	今废。遗址无存	《上杭县志》有载
王文成祠	长汀县广储门（三元阁）外	明崇祯六年（1633）	长汀知府笪继良修建	特祀	今废。遗址无存	巡抚张钦勒《王文成公庙碑》，载《汀州府志》《长汀县志》
阳明祠	武夷山一线天	不详	不详	特祀	今废。遗址无存	水光石刻记述："甘泉、阳明二先生祠旧在一线天，岁久倾圮。"载《武夷山志》
王文成公祠	武夷山幔亭峰下、西禅岩之麓	明嘉靖三十七年（1558）	建宁司马董燧、知府刘佃倡建，崇安知县戴瑞经办。	特祀	今废。遗址无存	董燧、刘佃赋诗以记，载《武夷山志》。另《康熙建宁府志》卷十五《祀典》亦载
王文成公祠	武夷山接笋峰下、云窝右	明天启六年（1626）	崇邑诸生为葛寅亮建生祠。葛公辞之，改祀文成公。	特祀	今废。遗址无存	葛寅亮专撰《王文成公祠记》，载《武夷山志》
王文成公祠	武夷山冲佑观前	清康熙四十八年（1709）	阳明裔孙王复礼倡建，崇安县令王梓经办	特祀	今废。遗址无存。	王梓撰《重建王文成公祠记》，载《武夷山志》
群贤祠	武夷山冲佑观右侧	清康熙五十年（1711）	崇安县令王梓创建	合祀	今废。遗址无存	王梓撰《创建群贤祠记》，载《武夷山志》

注：上述资料分别从所涉各地志书以及现场摩崖石刻、石碑中收集整理。

一、立祠起缘，过化闽地

纵观王阳明跌宕起伏的一生中，曾先后"两次半"踏入闽地，其行迹大致可概括为：遁迹武夷，进军汀州、驻节上杭、平乱漳南，赴闽戡乱。这些过化之地的官员、民众无不感念其功德，翕然祀之。

（一）遁迹武夷

明正德二年(1507)，王阳明被贬谪龙场，在赴贵州龙场途中，为摆脱阉官刘瑾遣人追杀，遁迹迂道而至武夷山，其间逗留山中数月之久。《王阳明全集·年谱附录一》(以下行文简称《年谱》)载述：

> （正德）二年丁卯，夏，赴谪至钱塘。
>
> 先生至钱塘，瑾遣人随侦。先生度不免，乃诡言投江以脱之。因附商船游舟山，偶遇飓风大作，一日夜至闽界。比登岸，奔山径数十里，夜扣一寺求宿，僧故不纳。趋野庙，倚香案卧，盖虎穴也。夜半，虎绕廊大吼，不敢入。黎明，僧意必毙于虎，将收其囊；见先生方熟睡，呼始醒，惊曰："公非常人也！不然，得无恙乎？"邀至寺。寺有异人，尝识于铁柱宫，约二十年相见海上；至是出诗，有"二十年前曾见君，今来消息我先闻"之句。与论出处，且将远遁。其人曰："汝有亲在，万一瑾怒逮尔父，诬以北走胡，南走粤，何以应之？"因为蓍，得明夷，遂决策返。先生题诗壁间曰："险夷原不滞胸中，何异浮云过太空？夜静海涛三万里，月明飞锡下天风。"因取间道，由武夷而归。时龙山公

官南京吏部尚书,从鄱阳往省。十二月返钱塘,赴龙场驿。①

从《年谱》记载可见,正德二年(1507)的下半年,王阳明隐居于武夷山中数月。《康熙建宁府志》《崇安县新志》《武夷山志》等地方志亦有相关记载。如《崇安县新志》卷十三《列传·侨寓》记:

> 王守仁,正德初,抗疏救言官,忤刘瑾,廷杖谪贵州龙场驿丞。瑾使人要杀之,乃遁迹迂道至武夷,留数月始去。②

而《康熙建宁府志》则是更为明白地指出:"(阳明)先生谪龙场时,逆瑾欲要杀,暂脱迹武夷山中。过化之功为多,士人翕然祀之。"③

(二)进军汀州

明正德十二年(1517)正月,王阳明莅赣上任之后,收到福建参政陈策④、佥事胡琏⑤等所呈急报,"指挥覃桓、县丞纪镛,领兵前去会剿。不意大伞贼徒突出,卑职等奋勇抵战。覃桓、纪镛马陷深泥,

① (明)王守仁著,吴光、钱明、董平、姚延福编校:《王阳明全集》卷36《年谱附录一》,上海古籍出版社,2011年,第1353~1354页。

② (民国)刘超然、吴石仙主修,郑丰稔、袁干修纂,武夷山市地方志编纂委员会办公室整理:《崇安新县志》卷30《列传·侨寓》,鹭江出版社,2013年,第745页。

③ (清)张琦修,(清)邹山、蔡登龙纂:康熙《建宁府志》卷15《祀典》,上海书店出版社编:《中国方志集成·福建府县志辑》第6,上海书店出版社,2000年,第176页。

④ 陈策(生卒不详),苏州无锡(今江苏无锡市)人,成化年间进士,明正德十年(1515),由严州府知府升为福建布政司左参政。

⑤ 胡琏(1469—1542),字重器,又字南津,淮安府沭阳县新河(今江苏省沭阳县)人,明代军事家、政治家。弘治乙丑(1505)科进士。明正德七年(1512)由南京刑部署郎中事主事升为福建按察司佥事督理漳南军快。王阳"漳南战役"进剿詹师富时,胡琏任福建按察司兵备佥事(正五品),是福建方面的主要军事指挥官。

与军人易成等七名、兵快李崇静等八名，俱被贼伤身死"。[①] 鉴于各府官兵迟顿不进，便于当日挑选 2000 名精兵，自赣州起兵，进军汀州，既督令各路官兵火速进剿，又实地追查失事原因。王阳明在之后的行文中，明确记述其"即于当日选兵二千，自赣起程，进军汀州，一面督令各官密照方略，火速进剿，立功自赎，一面查勘失事缘由"。[②] 漳南战役之后，班师回赣途中，王阳明也逗留汀州府数天，并随地讲学其间，还将知府唐淳[③]带往赣州随军征战。

（三）驻节上杭

明正德十二年（1517），南赣巡抚王阳明率兵入闽征漳寇，驻节屯兵上杭，并为上杭城百姓祈时雨、修浮桥、兴教化，留下《回军上杭》《闻曰仁买田雪上携同志待予归二首》等不少诗句。《年谱》有载：

> （正德十二年）二月，平漳寇。
>
> 初，先生道闻漳寇方炽，兼程至赣，即移文三省兵备，克期起兵……于是亲率诸道锐卒进屯上杭，密敕群哨，佯言犒众退师，俟秋再举。……是役仅三月，漳南数十年逋寇悉平。
>
> 四月，班师。
>
> 时三月不雨。至于四月，先生方驻军上杭，祷于行台，得

① （明）王守仁著，吴光、钱明、董平、姚延福编校：《王阳明全集》卷 9《别录一》，上海古籍出版社，2011 年，第 336 页。

② （明）王守仁著，吴光、钱明、董平、姚延福编校：《王阳明全集》卷 16《别录八》，上海古籍出版社，2011 年，第 599 页。

③ 唐淳（生卒不详）：字文厚，广西临桂人，时任汀州知府，征寇有功。

雨,以为未足。及班师,一雨三日,民大悦。有司请名行台之堂,曰"时雨堂",取王师若时雨之义也。[1]先生乃为记。

《上杭县志》亦记曰:

正德十二年,南赣巡抚王守仁征漳寇驻节于此。遇旱而雨,因改清风亭为时雨堂。[2]

(四)平乱漳南

明正德十二年(1517),王阳明受命巡抚南赣汀漳等处,率兵入闽,深入闽粤交界的漳南地区(今福建省平和县)打响"漳南战役",历时两个多月的征战围剿,先后攻破了四十多座山寨,肃清了盘踞在闽粤交界山区数十年之久的以詹师富、温火烧为首的山民暴乱。平靖漳乱之后,王阳明分析了漳南地区民众落草为寇、社会动荡不安的根本原因,提出"析划里图,添设新县"的新思路,探索了"添设县治,以控制贼巢"[3]的长治久安之策,两度上疏奏请朝廷添设"平和县"。平和,因此成为阳明过化之地。正如施邦曜所评,"(阳明)

① (明)王守仁著,吴光、钱明、董平、姚延福编校:《王阳明全集》卷36《年谱附录一》,上海古籍出版社,2011年,第1367～1369页。

② (清)蒋廷铨纂修,唐鉴荣校注,上杭县地方志编纂委员会整理:康熙《上杭县志》卷2《建置志》,鹭江出版社,2014年,第42页。

③ (明)王守仁原著,(明)施邦曜辑评,王晓昕、赵平略点校:《阳明先生集要》经济编卷1,中华书局,2008年,第405～409页。

先生此举,不特可以弥盗,亦可以变俗,允为后事之师"。①《年谱》曰:

（明正德十二年五月）奏设平和县,移枋头巡检司。

先生以贼据险,久为民患,今幸破灭,须为拊背扼吭之策,乃奏请设平和县治于河头,移河头巡检司于枋头。盖以河头为诸巢之咽喉,而枋头又河头之唇齿也。②

二、立祠时间,可分三段

从闽地立祠时间来看,主要集中在明嘉靖、崇祯以及清康乾年间三个阶段。

（一）明嘉靖年间,平和、上杭各修建一座,武夷山修建两座,累计四座

福建省有明确年份记载最早创建阳明祠的是平和"阳明祠"。据明万历癸丑《漳州府志》卷七《祀典志下》记载:"阳明祠,在儒学西南隅,嘉靖三十三年(1554)佥事梁佐命知县赵进建。"③明嘉靖三十三年(1554),也就是王阳明去世25年之后,在其奏请添设的第一个

① （明）王守仁原著,(明)施邦曜辑评,王晓昕、赵平略点校:《阳明先生集要》经济编卷1,中华书局,2008年,第409页。
② （明）王守仁著,吴光、钱明、董平、姚延福编校:《王阳明全集》卷36《年谱附录一》,上海古籍出版社,2011年,第1370页。
③ （明）闵梦得修,政协漳州市委员会整理:万历《漳州府志》卷7《祀典志下》,厦门大学出版社,2012年,第453~454页。

县份——福建平和县,福建按察司佥事梁佐以官方身份要求时任平和知县赵进修建阳明祠。为此,平和县在其县城(今福建省平和县九峰镇)儒学宫的西南角修建一座专祀阳明先生的祠宇。

大约也是这个时间段,武夷山一线天处亦修建一座阳明祠,但何时修建、何人所建、何时塌废,均没有具体详细的文字记载,后人只能从镌刻于一曲溪北水光石上"甘泉、阳明二先生祠旧在一线天,岁久倾圮……嘉靖戊午春正月古旦吾南书"①的摩崖石刻记述中推断:明嘉靖戊午三十七年(1558)春之前,在武夷山一线天处,曾修建一座阳明祠。

而后,到了明嘉靖三十七年(1558),上杭、武夷山各修建一座阳明祠。据《上杭县志》记述:

> 怀德祠,城北旧学址,祀王文成公。明嘉靖三十七年(1558),巡道王时槐建。崇祯三年(1630),知县陈正中修建。②

怀德祠的修建者王时槐早年师事刘文敏,为王阳明再传弟子。其于"嘉靖三十四年乙卯(1555)四月,升福建按察司佥事,整饬兵备,兼分巡漳南道。冬十一月抵任,驻扎汀州上杭县"。③ 在闽任职的三

---

① (清)董天工编,方留章、黄胜科、邱培德、李夷点校,李崇英、黄胜科、邱志娟再校,武夷山市地方志编纂委员会整理:《武夷山志》卷7《一曲下》,方志出版社,2007年,第258页。

② (清)蒋廷铨纂修,唐鉴荣校注,上杭县地方志编纂委员会整理:康熙《上杭县志》卷4《典秩志》,鹭江出版社,2014年,第116页。

③ (明)王时槐撰,钱明、程海霞编校:《王时槐集》之三《王塘南先生自考录》,上海古籍出版社,2015年,第648页。

年期间,为纪念缅怀王阳明的功德而修建特祠——怀德堂,以祀先生。至明崇祯三年(1630),知县陈正中重修阳明祠,之后失修。

明嘉靖三十七年(1558),武夷山在建宁知府刘佃的倡议之下,再修建了一座阳明祠。《康熙建宁府志》卷之十五《祀典》记云:

> 明王阳明先生祠在武夷一曲溪右,嘉靖戊午(1558)知府刘佃请建。①

《武夷山志》的记述,则进一步阐述该祠的修建细节:

> 王文成公祠,向在大王峰下,即金山寺废址也。嘉靖三十七年(1558),建宁司马董公燧,白之郡守刘公佃,详请监司所建,并置田五十石,以供祀事。②

修建于幔亭峰下西禅岩之麓的阳明祠,由建宁府同知董燧与知府刘佃共同倡建,崇安知县戴瑞经略具体修建事宜,刘佃还记其始末,并刻于石,称"甘泉、阳明二先生祠旧在一线天,岁久倾圮",故于此重建。刘佃、董燧二人均赋诗一首描述《建文成公祠》。刘佃诗曰:"洙泗源流一脉长,二贤继起振颓荒。千年浙东钟奇气,万古开闽并绍芳。遗像堂堂九曲水,新祠翼翼向青阳。经营幸赖群贤力,

① (清)张琦修,(清)邹山、蔡登龙纂:康熙《建宁府志》卷15《祀典》,上海书店出版社编:《中国方志集成·福建府县志辑》第6,上海书店出版社,2000年,第176页。
② (清)董天工编,方留章、黄胜科、邱培德、李夷点校,李崇英、黄胜科、邱志娟再校,武夷山市地方志编纂委员会整理:《武夷山志》卷5《一曲上》,方志出版社,2007年,第187页。

再拜先陈一瓣香。"①生动描述了新祠面临九曲,翼翼向阳的威仪与高峻。

(二)崇祯年间,武夷山、平和、长汀各修建一座,累计三座

经过四十载岁月洗礼,无论是平和、上杭,或是武夷山,之前修建的阳明祠大多已是"湫隘卑庳",抑或"岁久倾圮"。因此,重修阳明祠自然是题中之义。重修的形式有原址重建,如上杭的怀德堂于崇祯三年(1630)重修;也有重新选址移建,如平和的王文成公祠于崇祯六年(1633)重建;还有新建,如武夷山、长汀各新修建一座。而武夷山新建的王文成公祠则显得有别于他地。

明天启六年(1626),崇安县诸生在武夷山棘隐庵故址(接笋峰下、云窝右)为福建督学葛寅亮建生祠。葛公坚辞不就,而改祀文成公,还为该祠置田十五亩,以供祀事费用所需,并亲自撰写《王文成公祠记》,以记其事:

> 昔阳明先生之谪龙场也,由间道浮海入闽,因游武夷,有"险夷原不滞胸中,何异浮云过太空"之句。故兹山有先生故迹焉。夫武夷为神仙之居,遗蜕犹在,儒者以为怪诞不道,而讵知通天、地、人曰儒,造化鬼神,应无不了彻,而岂得隅见自封,骇所不经见以为怪。若先生入室禅宗,开坛儒学,世出世法,几于一之,而浮海一咏,聊以露同得丧、齐死生之概焉耳。予每读先

---

① (清)董天工编,方留章、黄胜科、邱培德、李夷点校,李崇英、黄胜科、邱志娟再校,武夷山市地方志编纂委员会整理:《武夷山志》卷5《一曲上》,方志出版社,2007年,第189页。

生书,徘徊向往,愿为执鞭而无从兹。武夷诸生以予天游之生祠改祀纯阳也,后另建祠于接笋峰下,予仍为撤去,改建文成祠。嗟乎,丹山碧水,多为俗士驾所点,惟先生险夷一视,有若仙踪之蝉蜕焉者,以先生居此,诸十三仙侣必翩翩携手入林,而不为北山之移矣。①

如果说武夷山新建王文成祠是葛寅亮将崇邑诸生自发捐资为其修建生祠而改祀文成,体现的是民间自发捐建,官员景仰先生而改祀,那么长汀的王文成公祠则是汀州知府笪继良于明崇祯六年(1633),利用修建城墙所剩余的银两,在广储门(三元阁)外左侧所修建的,更多体现的是官方意志。《长汀县志》记:

> 王文成公祠,旧广储门外左址。崇祯六年(1633),郡守笪继良建,申请修城剩银一百五十六两,买韦豫勋田十七亩。又捐俸买租二十石零,为春秋祭祀修整费,载在祠册。虔院陆问礼有记。郡守笪继良有诗。②

如同长汀王文成公祠一样,平和县在重建王文成公祠中,同样有官府主要官员的介入。明崇祯六年(1633),到任不久的平和知

① (清)董天工编,方留章、黄胜科、邱培德、李夷点校,李崇英、黄胜科、邱志娟再校,武夷山市地方志编纂委员会整理:《武夷山志》卷11《五曲下》,方志出版社,2007年,第398页。
② (民国)黄恺元等修,(民国)邓光瀛等纂:民国《长汀县志》卷21《祠祀志》,长汀城区印刷合作社铅印本,1941年,祠祀志第13页。

县、阳明后学王立准,鉴于"旧祠湫隘卑庳",决定"移建于东郊"①。新祠背郭临流,紧靠县城东门,面临九峰溪,祠深三进,面阔三间,祠中塑王阳明像。整座公祠"堂宇恢宏,栋楹华采……诚一方巨观也",主建者还请"一代完人"黄道周②撰书《平和县鼎建王文成先生祠碑》,载述移建公祠的相关细节:

> 于时,主县治者为天台王公讳立准,莅任甫数月,百废俱举,行保甲治诸盗有声。而四明施公莅吾漳八九年矣。漳郡之于四明,犹虞吉之于姚江也。王公既选胜东郊、负郭临流,为堂宇甚壮,施公从姚江得文成像,遂貌之,并为祠费具备,属予纪事。③

从中可见,时任漳州知府、阳明后学施邦曜在平和王文成公祠移建过程中,从迁建资金筹集,到亲自题匾"正学崇勋",都有其付出。公祠落成后,施邦曜、王立准还捐钱购置数顷祀田。之后,公祠虽有倾圮,但屡有修葺。

---

① (清)黄许桂主编,(清)曾泮水纂辑,福建省地方志编纂委员会整理:道光《平和县志》卷6《艺文志》,厦门大学出版社,2008年,第336页。

② 黄道周(1585—1646),字幼玄,号石斋,漳浦铜山(今东山县铜陵镇)人。天启二年(1622)进士,历官翰林院修撰、詹事府少詹事。南明隆武时,任吏部尚书兼兵部尚书、武英殿大学士(首辅)。隆武二年(1646)壮烈殉国,隆武帝赐谥"忠烈",追赠文明伯。清乾隆年间改谥"忠端"。道光四年(1824),从祀孔庙。明末学者、书画家、文学家、儒学大师。

③ (清)王相修,(清)昌天锦等纂,福建省地方志编纂委员会整理:康熙《平和县志》卷11《艺文志》,福建人民出版社,2016年,第217～218页。

（三）清康乾年间，武夷山修建两座，平和、上杭各修建一座，累计四座

到了清康、乾年间，因之前所修建的公祠大多年久失修，而再实施新一轮较大规模的整修。如上杭的怀德堂在清康熙六十年（1721），由知县马义"捐俸买石姓书馆，换出建厅"，再次重修，但"其左畔原祠仍颓圮未修"；至民国时期，怀德堂已成为废墟。平和的王文成公祠在清康熙二十八年（1689），由知县林翘重修祠宇，并在"祠后闲旷之地，修筑义学十余间"；康熙五十七年（1718），知县王相"捐俸重修"；乾隆十一年（1746），知县周芬斗"捐置祀田……春秋供祀"。1957年，祠塌，址辟为平和县水轮机厂。又如长汀的王文成公祠在清康熙己卯（1699），由郡守王廷抡重修一番。

经历150多年风吹雨打，清康熙四十八年（1709）的武夷山西禅岩之麓阳明祠，已是"圮废六十余年矣"①。王阳明后裔王复礼时奉聘福建而寓居武夷山，建宁府督学杨笃生、巡道陈廷统到崇安巡视整顿，拜访王复礼之后，要求崇安知县王梓在冲佑观（今武夷宫）前，重建王文成公祠，以供后人景仰。王梓最终选择在望仙桥右侧重建，祠成，并作《重建王文成公祠记》以记之曰：

旧祠圮废六十余年矣，梓承乏兹土，怒焉心伤，每过其地，辄思重构。戊子（1708）夏，公六世裔草堂名复礼者，以制、抚两

---

① （清）董天工编，方留章、黄胜科、邱培德、李夷点校，李崇英、黄胜科、邱志娟再校，武夷山市地方志编纂委员会整理：《武夷山志》卷5《一曲上》，方志出版社，2007年，第188页。

台聘请至闽,白之督学观察,欲复是祠。而巡宪泽州陈公,又以阐扬先哲为己任,捐俸首倡。梓因得敬承趋事,数年积愿,一旦获伸,宁非快欤!顾旧基在观西溪口,蔓绝荒凉,不堪经久,今更择望仙桥右建之。①

王梓还题诗《重建祠成兼呈草堂先生》一首,感叹"名山凤籍大儒传,回首沧桑几变迁。祠宇久倾风雨后,勋庸长共日星悬"②,表达了岁月轮回,大儒的精神风范永远与日月星空同在,镌刻在人们心中,那是任何一座祠祀建筑都无法企及的。

再过两年,也就是清康熙五十年(1711),王梓还在冲佑观右侧创建祭祀包括王阳明在内的"群贤祠":

> 群贤祠,冲佑观右。崇安王明府梓新创,以祀宋、元、明诸贤二十九人③,不久倾圮。王嵘重建,今废。④

---

① (清)董天工编,方留章、黄胜科、邱培德、李夷点校,李崇英、黄胜科、邱志娟再校,武夷山市地方志编纂委员会整理:《武夷山志》卷5《一曲上》,方志出版社,2007年,第188~189页。

② (清)董天工编,方留章、黄胜科、邱培德、李夷点校,李崇英、黄胜科、邱志娟再校,武夷山市地方志编纂委员会整理:《武夷山志》卷5《一曲上》,方志出版社,2007年,第189页。

③ 宋、元、明诸贤二十九人:指宋之赵清献、胡文定、刘文靖、朱文公、蔡文正、刘文简、李忠定、杨文靖、赵忠定、李文靖、黄文肃、游文清、真文忠、熊勿轩,元陈石堂、杜清碧,明王文成、罗文毅、罗文恭、湛文简、邹文庄、唐襄文、李见罗、董见龙、王思质、宗方城、徐天目、葛屺瞻、黄石斋。

④ (清)董天工编,方留章、黄胜科、邱培德、李夷点校,李崇英、黄胜科、邱志娟再校,武夷山市地方志编纂委员会整理:《武夷山志》卷5《一曲上》,方志出版社,2007年,第193页。

群贤祠所祀宋、元、明诸贤二十九人,既有宋代朱熹等,也有明代的王阳明及其门生、后学罗洪先、邹守益、李材、葛寅亮、黄道周等人。祠成,王梓作《创建群贤祠记》,以述之。

与闽北武夷山群贤祠相似,在闽南平和亦建有一座合祀祠——安厚文祠,合祀朱熹、王阳明。清乾隆二十三年(1758),经报请平和知县胡邦翰首肯,安厚约当地乡绅赖承可、赖升闻、陈升夏在进士乡贤何子祥①的牵头之下,捐资购地兴建,次年(1759)建成,知县胡邦翰题额"向文书院"。当朝大学士蔡新②作序。二十五年(1760)八月,兵部尚书兼都察院右都御史、总督福建浙江等处地方军务兼理粮饷杨廷璋为祠题匾"道映儒林"。《平和县志》记:

> 向文书院,在安厚约。乾隆二十三年(1758),知县胡邦翰建。中祀宋朱文公、明王文成公,且以为课士之所。③

何子祥亦作《安厚文祠碑记》,勒石镌刻,以记其事。现该碑已断成两截,部分字迹模糊,但其中还是透露一些信息,如:

> 越乾隆丁丑(1757)冬,邑侯胡公来□斯土,治三月,政通人

① 何子祥:字象宣,号蓉林,福建平和何地(今云霄马铺人)。清乾隆十二年(1747)进士。历官浙江浦江、平田知县。
② 蔡新(1707—1799):字次明,号葛山,别号缉斋,福建省漳浦人,清朝大臣。乾隆元年(1736)进士,官至文华殿大学士兼吏部尚书、加授太子太师。嘉庆四年(1799)十二月,卒于家,赠太傅,赐祭葬,谥文恭。
③ (清)黄许桂主编,(清)曾沜水纂辑,福建省地方志编纂委员会整理:道光《平和县志》卷3《学校志》,厦门大学出版社,2008年,第111页。

和,同乡绅士慨然兴曰:是可以集事矣。遂买地捐金,呈请公。公大喜,躬诣相□辄□鸠工,构堂三焉,中堂祀朱夫子,后堂祀文成公,春秋享奠,以慰仰行之思。①

从创建安厚文祠可见,到了清康乾年间,祠祀的功能已然发生转变,不再是单纯的祭祀,更多的是精神教化、文化标志,成为后世学子景仰的模范。无独有偶,上杭县则是利用原有的阳明书院,增祀王阳明。

清康熙五十六年(1717),知县段巘生将义学改建为阳明书院,并撰有碑记,其后又废。清嘉庆年间,由于怀德堂的失修倾塌,邑绅蓝桂②便倡议,并得到知县沈士煋的支持,将阳明书院改为阳明祠,成为邑人尤其是四乡士民祭祀王阳明的重要场所之一。民国《上杭县志》载曰:

> 阳明祠,旧为阳明书院,城乡公地。自中街至冈背,袤数十丈,广十余丈。清嘉庆中,邑绅蓝桂倡四乡捐建中厅,祀王文成公。两庑宏敞,前廊夹以左右二耳房,院落尤宽,外墙两小角门。咸丰十一年(1861),钟宝三扩而大之,中嵌石窗。岁以春冬二仲祭祀……东西两书房,上下对向,各分内外室……道光二十年(1840),蓝桂复倡捐,就碑记后楼建奎光阁与祠,同日致祭。③

① 安厚文祠碑,现存于福建省平和县安厚镇白石村。
② 蓝桂(生卒不详):字孙阶,号一枝,上杭来苏里人,嘉庆十年(1805)进士。
③ 张汉、温钟洛、郭骥飞主修,丘复总编撰:民国《上杭县志》卷19《祠祀志》,上杭启文书局承印,1938年,祠祀志第7页。

三、闽地之祠，特色明显

纵观福建先后所立的 11 座阳明祠，具有明显的地域文化特质，别具特色。主要有：

一是地方官府主导建祠，凸显闽地阳明祠的"官"味。闽地的阳明祠，无论是新建、重建，还是移建、修建，始终是以地方官府作为主导力在推动落实，甚至是上级官员下达指令修建的。如嘉靖年间修建的平和、武夷山阳明祠，分别由福建按察司佥事、建宁府知府同知督建；又如康熙年间修建的武夷山王文成公祠是由建宁府督学、巡道下令修建的。更为甚者的是由知府直接参与其中，如崇祯年间修建的平和、长汀王文成公祠，漳州知府施邦曜、汀州知府笪继良都亲力亲为。即便是乡绅筹资修建的，也都需要得到当地官员的首肯与支持，如平和的安厚文祠、上杭的阳明祠。官府主导建祠的原因，除了对先贤的缅怀景仰之外，还有一个重要原因，就是当地执政者通过立祠这一形式，来提高地域经济的"含文量""软实力"，从而达到"地以人重"①的目的。正如崇安知县王梓在《重建王文成公祠记》所云："崇德报功，勿忘遗爱，一也；地以人传，名山增重，二也。"②可见，闽地阳明祠的修建过程，也是福建各地提升地域文化水平、扩大知名度的过程。

① （清）董天工编，方留章、黄胜科、邱培德、李夷点校，李崇英、黄胜科、邱志娟再校，武夷山市地方志编纂委员会整理：《武夷山志》卷5《一曲上》，方志出版社，2007年，第193页。

② （清）董天工编，方留章、黄胜科、邱培德、李夷点校，李崇英、黄胜科、邱志娟再校，武夷山市地方志编纂委员会整理：《武夷山志》卷5《一曲上》，方志出版社，2007年，第189页。

二是阳明后学推动建祠，凸显闽地阳明祠的"学"味。闽地在创建阳明祠的过程中，可以看到不少阳明后学参与其中的身影。如阳明再传弟子王时槐修建上杭怀德祠，阳明再传弟子董燧责令崇安知县修建阳明祠；还有葛寅亮将诸生为其修建的生祠改祀文成公，施邦曜及"浙中王门"王宗沐之孙王立准共同重建平和王文成公祠，笪继良修建长汀王文成公祠，王梓重建王文成公祠、创建群贤祠，胡邦翰创建安厚文祠……不少阳明后学借助修建阳明祠的机会，致力传播阳明心学，使得良知之学在闽地得以进一步弘扬、发展、光大。如施邦曜在漳州辑评《阳明先生集要》，并交付王立准在平和刊刻；长汀王文成公祠建成后，"笪公（继良）营讲堂于祠之右，每朔望集生儒讲学于其中"。① 武夷山王文成公祠重建后，王梓则"复以余力，选（王文成）公文集刊之"。② 可见，闽地阳明祠的修建过程，也是阳明学在福建的传播、弘扬、发展的过程。

三是朱王共融共建，凸显闽地阳明祠的"融"味。现在学界存在一个看法：福建是朱学重镇，王学少有立足发展空间。其实，通过对闽地祠祀阳明先生情况的考究梳理，不难发现，这个看法是荒谬、错误的，是对"闽中王学"发展的偏见。面海而居的福建人始终以海纳百川的胸襟吸纳各种优秀文化，即使是在朱学发源地的武夷山，也有王学成功传播的时间与空间。在武夷山祀阳明先生的祠就达五座之多，几近全省的一半，不仅如此，还有祭祀罗洪先、邹守益、李

① （民国）黄恺元等修，（民国）邓光瀛等纂：民国《长汀县志》卷21《祠祀志》，长汀城区印刷合作社铅印本，1941年，祠祀志第13页。
② （清）董天工编，方留章、黄胜科、邱培德、李夷点校，李崇英、黄胜科、邱志娟再校，武夷山市地方志编纂委员会整理：《武夷山志》卷5《一曲上》，方志出版社，2007年，第189页。

材、葛寅亮等一批阳明后学的专祠。在平和安厚文祠,更是将宋朱文公、明王文成公合祀一起,譬之一家,认为"俎豆馨香之报,其当合祀也"。[①] 可见,闽地阳明祠的修建过程,也是体现福建朱王会通、共融发展的过程。

四、结　语

福建作为王阳明先生经略、过化之地,在其离世之后,与其他省份一样,在武夷山、长汀、上杭、平和等阳明先生经略之地,先后于明嘉靖、崇祯以及清康乾年间三个较为集中的时间段里,共立祠 11 座(其中 9 座特祀、2 座合祀),以祀先生,铭记其捍患平乱之功,感念其施民教化之德。闽地在修建阳明祠中,体现了地方官府主导、阳明后学推动、朱王共融共建的福建地域特色,也从一个侧面充分说明了福建文化的多元包容。

注:本文发表在《福建江夏学院学报》2020 年第 1 期(总第 51 期),并获得 2020 年漳州市哲学社会科学研究规划课题二等奖。

---

① 《安厚文祠碑记》,现碑已断为两截,字迹模糊,存于福建省平和县安厚镇白石村。

力争毫厘间　万里或可勉

——《王阳明与福建》值得商榷的若干问题

一、缘　起

王阳明一生曾有"两次半"入闽,故与福建颇有渊源。明正德年间,王阳明担任都察院左佥都御史,巡抚南、赣、汀、漳等处地方,总制汀、漳两州军政事务长达四年有余。其间,他曾亲履闽、粤交界的漳南地区,平息"山民暴乱",并奏设平和县,强化地方社会治理和人心教化。明代中后期,阳明心学在八闽大地悄然兴起,成为一时风尚。因此,在当下国内"阳明热"的大背景下,挖掘、厘清、研究王阳明与福建的关系,自然成为热门话题,而编撰出版相关书籍更是其题中之义。

2020 年 11 月,一部由福建省政协文化文史和学习委员会编,周建华、刘枫编著的《王阳明与福建》①正式出版,公开发行。该书的出版发行,对于福建省挖掘、传承、弘扬阳明地域文化具有积极意义,引起国内阳明学界的关注。正如新书首发式的新闻报道所言:

---

①　福建省政协文化文史和学习委员会编,周建华、刘枫编著:《王阳明与福建》:福建人民出版社,2020 年。

《王阳明与福建》是福建阳明学研究的阶段性成果,全书共18章,内容体系分三部分。第一部分写阳明汀漳平叛,雷霆出击,荡平数十年盗贼;奏设平和县和巡检司,强化当地治安,奉行安民乐业之长策。第二部分写阳明心学入闽,由其后学积极传布和弘扬,心学在福建扎根生长,硕果累累。第三部分附上阳明奏疏、公移、诗,把与王阳明和王学相关的福建人、事汇编在一起,展示阳明莅闽、传道建功的生动文字记录。①

作为福建阳明学爱好者,本人对此书的出版发行甚感欣慰。然而,该书在公开发行后不久,有不少国内阳明学界同行时常来电、来微信告知该书的一些学术"硬伤"问题,这引起了我的特别关注。为此,本人认真拜读该书,并加以考究,探微索隐,发现书中的确存在一些瑕疵与谬误,故粗略汇总为若干问题,期待与该书两位编著学者商榷,以期辨明是非,存真去伪。

二、商榷内容

(一)平和建县时的县域及县名之由来

该书《前言》及第四章《初战漳州,设平和县》中,均认为:王阳明析南靖、漳浦县地置县,属漳州府,治所河头大洋陂(今属九峰镇)。县名"平和",取"寇平民和"之意。②

---

① 林蔚:《〈王阳明与福建〉在榕新书首发》,《福建日报》2020年12月28日,第2版。
② 福建省政协文化文史和学习委员会编,周建华、刘枫编著:《王阳明与福建》,福建人民出版社,2020年,前言第5页、第50页。

窃以为此观点有两个误点:一是新添设的平和县,并无析漳浦县之地而置;二是县名"平和",并非取自"寇平民和"之意。

王阳明在平定漳南地区"山民暴乱"之后,先后于明正德十二年五月二十八日(1517年6月26日)、十三年十月十五日(1518年11月17日)两度向朝廷呈交有关添设平和县的奏疏。在最初向朝廷建议《添设清平县治疏》中,王阳明的确采纳了福建按察司兵备佥事胡琏"将南靖县清宁、新安等里,漳浦县二三等都,分割管摄"①的建议,将其写进奏疏之中。但在次年上奏的《再议平和县治疏》中,却又采纳福建布政司转达漳州知府钟湘的意见:"原议漳浦县二都二图、三都十图,地方隔远,民不乐从,今议不必分割"②,尊重州府、民众的意愿,没有将原议的"漳浦县二都、三都"割析给新添设的平和县。在这之后的明嘉靖九年(1530),朝廷"析漳浦县二、三、四、五都为县,名曰诏安"③。因此,该书的"王阳明析南靖、漳浦县地置县"一说,是不准确的。

在《添设清平县治疏》时,王阳明所起的县名并非"平和",而是"清平";次年(1518),王阳明采信漳州知府钟湘"照得县名须因土俗,本职奉委亲历诸巢,询知南靖县河头等乡,俱属平河社,以此议名平和县"④的意见,而"名平和"。可见,平和县名是遵从"以地名

① (明)王守仁著,吴光、钱明、董平、姚延福编校:《王阳明全集》卷9《别录一》,上海古籍出版社,2011年,第354页。

② (明)王守仁著,吴光、钱明、董平、姚延福编校:《王阳明全集》卷11《别录三》,上海古籍出版社,2011年,第424页。

③ (清)沈定均修,(清)吴联薰增纂,陈正统整理:光绪《漳州府志》卷1《建置志》,中华书局,2011年,第5页。

④ (明)王守仁著,吴光、钱明、董平、姚延福编校:《王阳明全集》卷11《别录三》,上海古籍出版社,2011年,第424页。

县"的约定俗成之律，以县治所在地属"平河社"①而得名。

至于"寇平民和"乃由"寇平而人和"演变而来。此语出自王阳明弟子马明衡应平和知县王禄之邀撰写的《平和县碑记》："天子可其奏，谓地广民顽，即若居南靖之半，分理得入，将寇平而人和。"②可见，"寇平民和"是阳明弟子对"平和"县名的理解与诠释，并非"平和"县名的取名之意。因此，该书"县名'平和'，取'寇平民和'之意"一说，疑是编著者的曲解与误读。该书在其他章节中还认为："王阳明奏设平和县，取寓意'寇平人和''平定咸和''平政和民'"③，这些都是如出一辙的揣摩、误解，并不是县名"平和"的取名原意。④

（二）王阳明与平和县衙、城隍庙等的关系

该书《前言》及第四章《初战漳州，设平和县》均认为：多才多艺的王阳明亲自设计了县衙和城隍庙等建筑项目，主持了这批建筑的破土动工仪式——祭告"社土"（土地神）。⑤

对此，窃认为有两个不实之处：一是平和县衙、城隍庙等建筑项目并非王阳明亲自设计；二是王阳明并没有主持平和县衙、城隍庙等建筑项目的破土动工仪式。

据载，王阳明于正德十二年（1517）四月初从漳州撤兵；四月戊

①　平河社，王阳明在之前的《添设清平县治疏》中，称为"平和"。可见，在当时"平和"与"平河"是通用的，并无它意可解读。

②　参考（清）金镛修，（清）游瀛洲纂：康熙《平和县志》卷9，平和县地方志编纂委员会据国家图书馆藏刻本影印。

③　福建省政协文化文史和学习委员会编，周建华、刘枫编著：《王阳明与福建》，福建人民出版社，2020年，第62页。

④　参考张山梁：《平和：寇平而人和？》，《福建史志》2016年第3期，第53～54页。

⑤　福建省政协文化文史和学习委员会编，周建华、刘枫编著：《王阳明与福建》，福建人民出版社，2020年，前言第5页、第50页。

午(十三日)班师回到上杭县。① 之后,再也没有来过漳州地区。《添设清平县治疏》是王阳明回到赣州巡抚衙门之后的五月二十八日拟制,并向朝廷呈报的。有关县城建设规划,王阳明在该疏中只是采纳福建按察司兵备佥事胡琏对漳州府的批语:

> 就于建县地内预行区画街衢井巷,务要均适端方,可以永久无弊;听从愿从新旧人民,各先占地建屋,任便居住;其县治、学校、仓场及一应该设衙门,姑且规留空址,待奏准命下之日,以次建立。②

另从《再议平和县治疏》中的记述可知,动工开建平和县城是在户部答复《添设清平县治疏》具题"奉圣旨:是。这添设县治事宜,各依拟行"③之后的事。此时的王阳明正在江西积极谋划征剿横水、桶冈等地"山贼",自然无暇顾及平和县城建设一事。再说,区区一县治之建设区画,何须劳驾巡抚?因此,该书"多才多艺的他(王阳明)亲自设计了县衙和城隍庙等建筑项目"一说,并非事实。或许是编著者采信了平和当地老百姓一种以讹传讹的"传说"而杜撰罢了。

在《再议平和县治疏》中,王阳明引用了福建布政司转呈漳州知府钟湘的报告:"于正德十二年十二月初九日(1517 年 12 月 21

---

① 王阳明在《时雨堂记》中载明:"四月戊午班师";在《书察院行台壁》也记述:"四月戊午,寇平,旋师。"

② (明)王守仁著,吴光、钱明、董平、姚延福编校:《王阳明全集》卷9《别录一》,上海古籍出版社,2011年,第354~355页。

③ (明)王守仁著,吴光、钱明、董平、姚延福编校:《王阳明全集》卷11《别录三》,上海古籍出版社,2011年,第426页。

日),本职督同各官亲到河头,告祀社土,伐木兴工。"①显然,这里的"本职"是指"漳州府知府钟湘",而非"王阳明"。

那么,开建平和县城的动土之日——十二月初九日那天,王阳明到底在哪里？据明人钱德洪《王阳明年谱》记述:

> (明正德十二年)十二月,班师。师至南康,百姓沿途顶香迎拜。②

今人束景南《王阳明年谱长篇》直截了当地载述:

> (明正德十二年)十二月九日,设茶寮隘,刻平茶寮碑,班师回赣。有奏凯诗咏。③

而王阳明自己在给朝廷上奏的《横水桶冈捷音疏》中,则是明确提道:

> (明正德十二年)十二月初三日……是月(十二月)初九日回军近县,以休息疲劳;候二省夹攻尽绝,然后班师。④

---

① (明)王守仁著,吴光、钱明、董平、姚延福编校:《王阳明全集》卷11《别录三》,上海古籍出版社,2011年,第424页。
② (明)王守仁著,吴光、钱明、董平、姚延福编校:《王阳明全集》卷33《年谱一》,上海古籍出版社,2011年,第1376页。
③ 束景南:《王阳明年谱长编》,上海古籍出版社,2017年,第983页。
④ (明)王守仁著,吴光、钱明、董平、姚延福编校:《王阳明全集》卷10《别录二》,上海古籍出版社,2011年,第387页。

无论是钱德洪的《王阳明年谱》，还是王阳明本人的奏疏，都明确记载：明正德十二年(1517)十二月初九日这一天，王阳明并没有专程赴闽参加平和筑城的相关活动，而是在江西奔波，疲于处理横水、桶冈战役的诸多善后事宜，根本不可能分身前往漳州平和，更不可能参加该书所述的"主持了这批建筑的破土动工仪式——祭告'社土'(土地神)"的仪式。

(三)朝廷改命王阳明"提督军务"的时间

该书第四章《初战漳州，设平和县》认为：

> 王阳明这次(漳南战役)获得大胜还有一个重要原因就是有调兵大权——旗牌。有了旗牌，王阳明就可以不必千里请战，可以根据战场形势，随机训练和调度部队，王阳明提出：赣闽湘粤四省交界处山岭相连，而地分各省，事无统属，彼此推托，只设巡抚一员，"责任不专""军伍无制"，以致盗贼"东追则西窜，南捕则北奔"。为加强军权，请求朝廷给旗牌，提督军务，便宜行事，兵部尚书王琼"使从其请"。[1]

对于该书所持的这一观点，窃以为编著者对"朝廷给旗牌，提督军务"一事，存在时、事颠倒的误区。

在"漳南战役"中，朝廷并未授予王阳明"旗牌"，而是通过总结这次战役的经验教训，王阳明认为要彻底平剿盘踞在闽、赣、粤、湘

---

[1]　福建省政协文化文史和学习委员会编，周建华、刘枫编著：《王阳明与福建》，福建人民出版社，2020年，第45页。

四省边界山区的"山贼",必须解决"任不专,权不重,赏罚不行,以至于偾军败事"的问题,进一步申明赏罚制度,恳请朝廷给予令旗、令牌,使得便宜行事;同时要进一步改革巡抚机制,改变"虽虚拥巡抚之名,而其实号令之所及止于赣州一城,然且尚多抵牾。而南赣地连四省,事无统属,事权不一,责任不专,巡抚只能处于无事开双眼以坐视,有事则空两手以待人"①的尴尬境地,改命提督,授予兵权,才能一举荡平"山贼"。

五月八日,王阳明回到赣州后,乘着"漳南战役"首战胜利的喜悦,当即拟制上奏《闽广捷音疏》《申明赏罚以励人心疏》,向朝廷禀报"漳南战役"的捷报,同时建议皇上能够"念盗贼之日炽,哀民生之日蹙;悯地方荼毒之愈甚,痛百姓冤愤之莫伸;特敕兵部俯采下议,特假臣等令旗令牌,使得便宜行事"②。同日,王阳明还特地修书一封,致札兵部尚书王琼,报告平漳乱战况,同时还恳求"授之以成妙之算,假之以专一之权,明之以赏罚之典",③乞加劝赏。这一请求,得到王琼的鼎力支持,才拥有"旗牌"的调兵大权。据《国榷》记载:"(明正德十二年七月)庚寅④,巡抚南赣汀漳左佥都御史王守仁提督军务,给符帜,俾便宜行事。"⑤

九月十一日,王阳明向所辖"八府一州"的各大小衙门发出通告

---

① (明)王守仁著,吴光、钱明、董平、姚延福编校:《王阳明全集》卷27《续编二》,上海古籍出版社,2011年,第1107页。

② (明)王守仁著,吴光、钱明、董平、姚延福编校:《王阳明全集》卷9《别录一》,上海古籍出版社,2011年,第345页。

③ 束景南:《王阳明年谱长编》,上海古籍出版社,2017年,第943页。

④ 庚寅:明正德十二年七月十六日。

⑤ (明)谈迁著,张宗祥校点:《国榷》卷50《武宗正德十二年》,中华书局,1958年,第3129页。

《钦奉敕谕提督军务新命通行各属》,告知:

> 改命尔(王阳明)提督军务,常在赣州或汀州驻劄,仍往前各处巡安军民,修理城池,禁革奸弊,一应军马钱粮事宜,俱听便宜区画,以足军饷……其管领兵快人等官员,不拘文职武职,若在军前违期,并逗留退缩者,俱听以军法从事……其有贪残畏缩误事者,文职五品以下,武职三品以下,径自拿问发落。①

很明显,朝廷改命王阳明为"提督军务"的时间是:明正德十二年(1517)七月十六日;王阳明通告各府、卫、所、县大小衙门的时间是:明正德十二年(1517)九月十一日。这两个事关王阳明改命提督军务的时间节点,均晚于其"漳南战役"班师回上杭的时间:明正德十二年(1517)四月十三日。也就是说,王阳明是在"漳南战役"之后上疏奏请,并得到朝廷许可,才被改命为"提督军务",也才拥有朝廷所赐予"令旗令牌"之权力。因此,该书认为王阳明在漳南战役"获得大胜还有一个重要原因就是有调兵大权——旗牌"的观点,与史实相距甚远。

(四)王阳明在漳州作战过程中的若干具体史实

该书第四章《初战漳州,设平和县》认为:

---

① (明)王守仁著,吴光、钱明、董平、姚延福编校:《王阳明全集》卷16《别录八》,上海古籍出版社,2011年,第606页。

在平和,王阳明曾碰到许多不如意之事,如第一个小战役,身先士卒,靠前指挥,犯险突进,差点受伤。他及时总结了经验教训,慎重用兵,慎重用事,终于取得漳南之役的全胜。①

该书这段文字所举的例子并非事实。文中所举的"第一个小战役"是指福建官兵救援广东的"大伞之役"②。其时,王阳明并未率兵入闽,何谈"身先士卒,靠前指挥,犯险突进,差点受伤"?所谓的"受伤之人"并非王阳明,而是大溪哨指挥高伟。

《闽广捷音疏》记载:

> 据福建按察司整饬兵备兼管分巡漳南道佥事胡琏呈:……行据大溪哨指挥高伟呈报,统兵约会莲花石官兵攻打象湖山,适遇广东委官指挥王春等领兵亦至彼境大伞地方。卑职与指挥覃桓、县丞纪镛,领兵前去会剿。不意大伞贼徒突出,卑职等奋勇抵战。覃桓、纪镛马陷深泥,与军人易成等七名、兵快李崇静等八名,俱被贼伤身死,卑职亦被戳二枪。③

王阳明在上报《闽广捷音疏》的题头,就开门见山说明该捷报是"据福建按察司整饬兵备兼管分巡漳南道佥事胡琏呈",也就是说,该军情战报信息的来源是胡琏向王阳明呈报的;而胡琏在呈报战果时,

---

① 福建省政协文化文史和学习委员会编,周建华、刘枫编著:《王阳明与福建》,福建人民出版社,2020年,第47页。

② 大伞:今广东省大埔县大东镇镇区。

③ (明)王守仁著,吴光、钱明、董平、姚延福编校:《王阳明全集》卷9《别录一》,上海古籍出版社,2011年,第335~336页。

又明确指出是"据大溪哨指挥高伟呈报",原文引用高伟的战报内容。很明显,此战情信息内容的出处是,胡琏根据大溪哨指挥高伟上报的战况转报给王阳明的。由此看来,此处的"卑职",所指的并非王阳明,而是战况最初呈报人"高伟"的自称。

王阳明不仅在《闽广捷音疏》提及此事,在《案行漳南道守巡官戴罪督兵剿贼》《案行领兵官搜剿余贼》中,也多次提到此事。

《案行漳南道守巡官戴罪督兵剿贼》曰:

> 随据参政陈策等呈:"据镇海卫指挥高伟呈,指挥覃桓,县丞纪镛,被大伞贼众突出,马陷深泥,被伤身死"等因到院……
>
> 今据前因,参照指挥高伟既奉差委督哨,自合与覃桓等相度机宜,协谋并进;若乃孤军轻率,中贼奸计,虽称督兵救援,先亦颇有斩获,终是功微罪大,难以赎准。[①]

《案行领兵官搜剿余贼》又载曰:

> 续据福建布、按二司,守巡漳南道右参政等官艾洪等呈:"据委指挥高伟呈称,督同指挥等官覃桓等领兵克期夹攻,不意大贼众突出,陷入深泥,被伤身死;广东官兵在彼坐视,不行策救。"呈详到院……
>
> 本院即日自漳州起程前来各营督战,仍与各官备历已破诸

① (明)王守仁著,吴光、钱明、董平、姚延福编校:《王阳明全集》卷 16《别录八》,上海古籍出版社,2011 年,第 594 页。

贼巢垒,共议经久之策。钞案。①

王阳明在这两份公移中,分别引用了陈策、艾洪两位官员依据高伟呈报的战情资讯,进行部署征讨事宜。在引用时,王阳明特别注明"据指挥高伟呈"的消息来源渠道。这就进一步说明"第一个小战役"中,差点受伤的是"指挥高伟",而非王阳明。此外,王阳明在《案行领兵官搜剿余贼》中,明确提到"本院即日自漳州起程前来各营督战,仍与各官备历已破诸贼巢垒,共议经久之策"的具体行程路线、时间、任务,也就是说,王阳明启程前往"漳南战役"的前线时间是在发生指挥高伟"被戳二枪"的"第一个小战役"之后,出发点是漳州。

综之,该书认为"在平和,王阳明曾碰到许多不如意之事,如第一个小战役,身先士卒,靠前指挥,犯险突进,差点受伤"的言论,既有张冠李戴之嫌,又有时序颠倒之误。

(五)平和县城隍庙奉祀的神灵身份及其级别

该书第四章《初战漳州,设平和县》认为:

漳汀城隍庙②本为县一级,但因其地理位置的重要,初立县治,王阳明提议提高级别,为府一级建制。至于城隍庙的供

————————————

① (明)王守仁著,吴光、钱明、董平、姚延福编校:《王阳明全集》卷16《别录八》,上海古籍出版社,2011年,第596~597页。

② 漳汀城隍庙:位于福建省平和县芦溪镇漳汀村。

奉，王阳明定了王维。[①]

对于该书的这一观点，窃认为有两个错误：一是时至今日，漳汀城隍庙并无"府级建制"一说，所谓"王阳明提议提高级别，为府一级建制"更是子虚乌有之事；二是"城隍庙供奉的是王维"，并非王阳明所定，而是参照位于九峰的平和城隍庙的民间说词，该说法乃源自1923年平和县县长的一次"扶乩"。

在封建社会，县治所在地除了官署之外，城隍庙是必备的设施。因此，在明正德十二年底至十三年（1517—1518），漳汀巡检司[②]的城隍庙与县治所在地的平和城隍庙一同开建，其神位牌为"敕封显佑伯御城隍尊神、内宫太夫人神位"。应该说，这一神位的摆设，基本符合明代对于城隍之祀的相关规定。《明史·礼三》有记：

> 城隍是保，旷庶是依，则前代崇祀之意有在也。今宜附祭于岳渎诸神之坛，乃命加以封爵。京都为承天鉴国司民昇福明灵王，开封、临濠、太平、和州、滁州皆封为王。其余府为鉴察司民城隍威灵公，秩正二品。州为鉴察司民城隍灵佑侯，秩三品。县为鉴察司民城隍显佑伯，秩四品。衮章冕旒俱有差，命词臣撰制文以颁之。

---

① 福建省政协文化文史和学习委员会编，周建华、刘枫编著：《王阳明与福建》，福建人民出版社，2020年，第53页。

② 漳汀巡检司，系明正德十三年（1518）三月从河头大洋坡的小溪巡检司移至漳汀，并改名为"漳汀巡检司"。《漳浦县志》卷11《兵防志》记载：元置小溪巡检司于南靖县东珀水之阳，明洪武二十年（1387），移漳浦古雷。正统四年（1439），移南靖县河头大洋坡。

三年诏去封号,止称某府某州某县城隍之神。又令各庙屏
去他神。定庙制,高广视官署厅堂。①

目前,漳汀巡检司城隍庙的神位牌标明为"显佑伯",也就说明
其属县级城隍,并无出现"府级建制"的逾制现象。所谓"王阳明提
议提高级别"一说,更是无据可查,只是地方民众为了自我吹嘘、抬
高地位而编造的"故事"而已,不足以采信入书。

从目前存世的文献资料来看,王阳明并没有将漳汀巡检司城隍
庙供奉者定位王维。至于这一说法,乃是近年来随着"阳明热"的产
生,当地百姓参照平和城隍庙的民间传说而以讹传讹的,同样不足
以采信入书。而平和城隍庙有关"供奉者为王维"的民间传说,实源
自 1923 年的一次"扶乩"。传奇故事《平和城隍庙庙史》记云:

> 1923 年,城隍乩童曾兆伦起乩,书云:"吾系王维,大高爷
> 乃高云中也。"当时在场的朱念祖先生(时任平和县长),对此将
> 信将疑:"王维乃唐朝大诗人,怎么会是城隍爷呢?"为了解开这
> 个谜,他决意与城隍爷试一试对联。
>
> ……从此他从怀疑的态度,变为对城隍爷的威灵显赫口服
> 心服,马上手捧长香,朝拜城隍尊神。②

① (清)张廷玉等撰:《明史》卷 49《志第二十五·礼三》,中华书局,1974 年,第 1286
页。

② 曾昭炬主编:《平和城隍庙庙史》,平和县城隍庙理事会印制,2000 年,第 23~24
页。

从中可见,"城隍庙供奉者为王维"这一说法是源起于 1923 年的那次县长"扶乩",而非王阳明定的。退一步讲,假若"城隍庙供奉者为王维"是王阳明定的,那么,当时作为县长的朱念祖先生必是笃信无疑的,怎么会有将信将疑的态度呢? 很明显,所谓"城隍庙供奉者为王维"是并非王阳明所定,而是民间在"扶乩"之后的一个口口相传的故事而已,不可嫁接到王阳明身上而载入史册。更何况《平和城隍庙庙史》编者亦将其以传奇故事叙述,多少表明有戏说的成分,以戏说之故事而书写历史,免不了产生谬误也。

(六)王阳明从漳南班师返赣行至汀州的时间

该书第五章《得胜述怀,军功吾心》认为:

> 明正德十二年(1517)四月七日,王阳明行至汀州,接徐爱来书,告买田雪上待耕,王阳明有诗答之。[①]

该书的这一表述,存在时间上差错,应是"明正德十二年(1517)四月十七日",而非"明正德十二年(1517)四月七日"。

明正德十二年(1517),王阳明从漳南战役前线班师返赣,是先到上杭略做休整,再途经长汀回赣州的。无论是《书察院行台壁》述曰:"四月戊午,寇平,旋师"[②],还是《时雨堂记》记云:"乃四月戊午

① 福建省政协文化文史和学习委员会编,周建华、刘枫编著:《王阳明与福建》,福建人民出版社,2020 年,第 56 页。

② (明)王守仁著,吴光、钱明、董平、姚延福编校:《王阳明全集》卷 24《外集六》,上海古籍出版社,2011 年,第 1010 页。

班师"①,无不表明其从漳南前线回到驻节地上杭的时间是"四月戊午(四月十三日)"。因此,王阳明抵达长汀的时间一定是晚于四月十三日,不可能是"四月七日"。

束景南在编写《王阳明年谱长编》时,参考了嘉靖《汀州府志》的记载:"阳明四月壬戌复过行台……",而认定"十七日,至汀州,徐爱书来,告买田雪上待耕,有诗答之。"②王阳明返赣那年的四月壬戌,正是四月十七日。所以王阳明是于"明正德十二年(1517)四月十七日,行至汀州",并非"四月七日"。

(七)平和县儒学建成时间

该书第六章《寇平民和,风俗化成》认为:

> 县学在县治之南,明正德十四年(1519)设县时,南靖知县施祥建大成殿……③

该书的这一表述,存在一个时间上的差错,平和县学应是"明正德十三年(1518)"建成,而非"明正德十四年(1519)"。

明正德十三年(1518)十月十五日,王阳明在拟制《再议平和县治疏》时,引用了福建布政司的上报材料:

---

① (明)王守仁著,吴光、钱明、董平、姚延福编校:《王阳明全集》卷23《外集五》,上海古籍出版社,2011年,第994页。

② 束景南:《王阳明年谱长编》,上海古籍出版社,2017年,第938页。

③ 福建省政协文化文史和学习委员会编,周建华、刘枫编著:《王阳明与福建》,福建人民出版社,2020年,第62页。

据知县施祥呈报,县堂、衙宇、幕厅、仪门、六房,及明伦堂俱各坚完;惟殿庑、分司、府馆、仓库、城隍、社稷坛,亦因风雨阻滞,次第修举,期在仲冬工完。①

另据清道光《平和县志》记载:"儒学在县治南门内,明正德十三年(1518)议设县时,南靖知县施祥督建。②"显然,平和县县学的建设时间应以督建者施祥的报告为准。因此,作为县学的"明伦堂"已于明正德十三年(1518)上半年完工,而不是该书所描述的"明正德十四年(1519)"。

(八)平和建县时社学的情况

该书在第六章《寇平民和,风俗化成》中,认为:

> 建县时,南靖知县建有二十一所小学,并置租一十五石以益之,后屡有增益。大致有二十四所:崎岭社学……③

该书第六章《寇平民和,风俗化成》的大部分内容是节选摘录清康熙己亥《平和县志》的内容。可惜的是,编著者在摘录过程中,因囫囵吞枣了解志书内容,以致部分内容存在抄错的现象,甚至曲解了志书的本意。《平和县志》原文是:

① (明)王守仁著,吴光、钱明、董平、姚延福编校:《王阳明全集》卷 11《别录三》,上海古籍出版社,2011 年,第 424 页。
② (清)黄许桂主修,(清)曾泮水纂辑,福建省地方志编纂委员会整理:道光《平和县志》卷 3《学校志》,厦门大学出版社,2008 年,第 106 页。
③ 福建省政协文化文史和学习委员会编,周建华、刘枫编著:《王阳明与福建》,福建人民出版社,2020 年,第 65 页。

社学。明社学有二:一曰"扁井",在县治前,旧为医学;一曰"芦溪",在清宁里中圌社。俱知县王禄于嘉靖九年建,并置租三十四石。三十四年,知县赵建复置租一十五石以益之。又有二所在新安里。万历二十二年,知县王伊将本社积租,申详修理学宫,报允。开支田议,归儒学收管,永为修学之资。院道批允。

国朝(清朝)社学久废。康熙五十三年奉巡抚满令,各县乡村设立社学。义学附城,议立者,三乡社。议立者,二十有四:崎岭社学……①

明确指出平和最早的社学建于明嘉靖九年(1530),而非"建县时"所建;建设者是时任平和知县的王禄,而非"南靖知县"。至于"建有二十一所小学",是编著者在摘录《志》书时,将尚未点校旧志中的"明社学有二一曰扁井……"的"二一"理解为"二十一所小学";而"并置租一十五石以益之",乃是断章取义所致。

(九)王阳明是否在上杭屯兵52天

该书第七章《古邑上杭,行台驻节》认为:

王阳明亲自率兵进屯上杭,于正德十二年二月十九日从上杭城关出发,攻破象湖山(今永定湖山乡),一直到"余寇"清剿任务完成,回军上杭,四月戊午班师,王阳明在上杭屯兵时间为

① (清)王相修,(清)昌天锦等纂,福建省地方志编纂委员会整理:康熙《平和县志》卷3《学校志》,福建人民出版社,2016年,第68页。

52 天。[1]

该书的这一表述,前后矛盾。王阳明于明正德十二年(1517)二月十九日从上杭出发前往漳州督战,直到四月十三日班师回到上杭,其间的 52 天,恰恰是王阳明不在上杭的 52 天,怎么能称为"王阳明在上杭屯兵时间"呢?

这一时期,王阳明究竟是在漳州,还是在上杭呢?不妨从王阳明的有关公文中寻找答案。王阳明于明正德十二年(1517)二月二十五日向朝廷上呈《给由疏》,明确"臣系巡抚官员,见在福建漳州等府地方督调官军,夹剿漳、浦等处流贼,未敢擅离"。[2] 在五月二十八日《攻治盗贼二策疏》中提及"案照四月初五日,据南康府呈同前事,彼时本院见在福建漳州督兵未回,未知前贼向往,行查未报"。[3] 可见,二月二十五日,王阳明已在漳州督战;四月初五日,尚未离开漳州前线。这从另一方面也证实了王阳明在这"期间的 52 天"内,并非屯兵上杭,而是一直身处漳州前线督战,未敢擅离职守。

(十)林希元等闽中人士是否为阳明门人或后学

该书第十章《闽海才子,道融姚江》认为:

① 福建省政协文化文史和学习委员会编,周建华、刘枫编著:《王阳明与福建》,福建人民出版社,2020 年,第 72 页。

② (明)王守仁著,吴光、钱明、董平、姚延福编校:《王阳明全集》卷9《别录一》,上海古籍出版社,2011 年,第 332 页。

③ (明)王守仁著,吴光、钱明、董平、姚延福编校:《王阳明全集》卷9《别录一》,上海古籍出版社,2011 年,第 346 页。

此时林希元只是王阳明的道友，后逐渐成为王阳明的信徒。①

林希元(1481—1565)，字懋贞(一作茂贞)，号次崖，泉州府同安县人。明正德十二年(1517)进士，授南京大理寺评事。该书将林希元视为"闽籍阳明信徒"，窃以为是错误的。

该书编著者的这一观点是在采纳钱明所著《王阳明及其学派论考》中"林希元至少可视为阳明的道友和政治上的同情者"②的基础上，再加以一些猜测，但这并不符合史实。事实上，林希元虽与王阳明、阳明门生弟子多有交往，更有学问切磋，尝学《传习录》，甚至不吝称赞王阳明是"一世非常之士矣"③，但其在给马宗孔④的信中明确表示自己不喜欢阳明良知新说，而欲承程朱之续：

忆阳明《传习录》，非朱子解《大学》"止于至善"为"事理当然之极"云。"至善"是心之理，曰"事理当然之极"，是义外也，兄之说或缘于此。夫阳明之说蒙昧不通，厚诬圣贤，区区已不取。今兄之说又似并其立言之意而失之。必如其说，当改物外求心，曰认心为物云耳。盖阳明谓"至善"之理在心，若曰"事理

① 福建省政协文化文史和学习委员会编，周建华、刘枫编著：《王阳明与福建》，福建人民出版社，2020年，第119页。

② 钱明：《王阳明及其学派论考》，人民出版社，2009年，第398页。

③ (明)林希元撰，何丙仲校注，厦门市图书馆编：《林次崖先生文集》卷15《祭文》，厦门大学出版社，2015年，第558页。

④ 马宗孔(生卒不详)，即马津，徐州人，明正德十二年(1517)进士。从王阳明讲良知之学。

当然之极"是义外，是非朱子认心理为外物也。阳明之说既谬，而兄又失之，所以益远而不可通也。阳明之说亦精辩之，万物之理皆具于心，必求诸物，物通则心通矣。故曰"致知在格物，物格而后知至"。"至善"是"事理当然之极"，此理则具于心，非外物也。孟子曰"万物皆备于我"，子思曰"中者，天下之大本"，皆可证也。阳明以朱子"事理当然之极"之语，是认吾心之理为外物，非厚诬乎！今以曾子之释"至善"言之，曰"为人君止于仁，为人臣止于敬"。夫君臣、父子之类皆物也，释"至善"而语此，必如阳明之说，则曾子之释非义外乎？似此之类，不能尽书，皆可以证阳明之说之谬也。①

显然，该书将认为"阳明之说蒙昧不通，厚诬圣贤，区区已不取"的林希元，列为"逐渐成为王阳明的信徒"，谬也！误也！除了林希元，该书还将一些并非阳明门人、后学的人物也列入其中，如将被贬谪到镇海卫的丰熙②、邵经邦③，编入"门人后学，过化八闽"名录之内④；将学宗朱子的泉州人李廷机⑤列入"门人后学，流寓上杭"名单之中⑥。

① （明）林希元撰，何丙仲校注，厦门市图书馆编：《林次崖先生文集》卷15《祭文》，厦门大学出版社，2015年，第173～174页。
② 丰熙（1468—1538），字原学，浙江鄞县人。明弘治十二年（1499）进士。授翰林院编修。世宗即位，升翰林学士。因兴献王"大礼"议起，丰熙多次力争哭谏，帝怒，下诏狱，后遣戍福建镇海卫，卒于戍所。
③ 邵经邦，字仲德，仁和（今浙江杭州）人。明正德十六年（1521）进士，授工部主事。明嘉靖八年（1529）因日食上疏言事。帝怒，贬戍福建镇海卫，闭门读书，居三十七年卒。
④ 福建省政协文化文史和学习委员会编，周建华、刘枫编著：《王阳明与福建》，福建人民出版社，2020年，第156页。
⑤ 李廷机（1542—1616），字尔张，号九我，福建泉州人。明万历十一年（1583）进士。
⑥ 福建省政协文化文史和学习委员会编，周建华、刘枫编著：《王阳明与福建》，福建人民出版社，2020年，第79页。

三、余　论

　　阳明地域文化是指王阳明及其门人、后学在一定的地域范围内长期形成的历史遗存、文化形态、社会习俗、生产生活方式等。地域文化在于它具有明显的地域性,一地有一地独具的特色,才彰显地域文化的多姿多彩。也正因为如此,明末清初思想家黄宗羲便用地域名来划分王学门派,在其所著的《明儒学案》中就曾把阳明以后的王门分成七派,即浙中、江右、南中、楚中、北方、粤闽和泰州。[①]《王阳明与福建》是一部具有明显地域色彩的阳明文化书籍,记述反映的是王阳明及其门人、后学在福建这一特定区域活动的轨迹,并对福建社会、经济、文化等各方面产生的影响进行探究。但该书并未全景式展现王阳明“两次半”入闽活动的跌宕起伏,且对一些门人、后学的介绍,没有突出其在闽阶段的活动历程和学术发展。如介绍阳明后学徐用检[②],着墨虽不少,但也只用“母丧服后补福建兵备”[③]一句带过,而忽视了他启发、改变了福建著名学者李贽的学术思想,并成为李贽的重要师友。如此编著,较难让读者感受福建地域的阳明文化特质与魅力。

　　福建省政协文化文史和学习委员会作为该书的主编单位,借用外力外智编写福建阳明地域文化书籍,其出发点是好的。但由于受

---

　　① 钱明:《王阳明及其学派论考》,人民出版社,2009 年,第 274 页。

　　② 徐用检(1528—1611),字克贤,号鲁源,浙江金华府兰溪人。嘉靖四十一年壬戌(1562)进士。王阳明门人钱德洪的弟子。

　　③ 福建省政协文化文史和学习委员会编,周建华、刘枫编著:《王阳明与福建》,福建人民出版社,2020 年,第 175 页。

到经费、路途等客观因素的制约,编著者对漳州、汀州的一些地方史实、民间传说无法身临其境进行必要的田野考察、实地甄别,又未能较好地开展地方史志文献资料的相互比对佐证,更多是借鉴采信当地的一些文学作品、民间传说,甚至是从网络上摘录一些文章进行编撰,以致出现"漳汀城隍庙……王阳明提议提高级别,为府一级建制。至于城隍庙的供奉,王阳明定了王维"等不实观点。从这点上看,开展地域阳明文化研究,田野考察、实地访谈是一个非常重要的方法、手段,不可轻视,特别是在网络资讯发达的今天,更需引起各位学人的高度重视。同时,作为该书的组织者,福建省政协文化文史和学习委员会如若多倾听省内一些专家学者的意见,如厦门大学陈支平教授、武夷学院张品端教授、龙岩学院张佑周教授等人的不同见解,或许可以避免该书出现的一些常识性误区。

综上所述,该书虽有一些瑕疵纰漏,但其编著出版的意义却是积极的,有力地推动了福建阳明学的发展,促进了"首届东南阳明学高峰论坛"在福州召开。"力争毫厘间,万里或可勉。"①商榷是为了革弊端正,更是为了完善提升。期待该书再版之际,可以适当加以修正,以广大福建阳明地域文化,嘉惠学人。

注:本文发表在《闽台文化研究》2021 年第 2 期(总第 66 期)。

---

① (明)王守仁著,吴光、钱明、董平、姚延福编校:《王阳明全集》卷 19《外集一》,上海古籍出版社,2011 年,第 750 页。

第二篇　阳明学与漳州

传承阳明心学　弘扬漳州文化

　　漳州从自唐垂拱二年（686）建州至今，已有 1300 多年，被评为国家级历史文化名城。漳州，既是一座美丽的城市，"四时花不谢，八节果飘香"；又是一座幸运的城市，与紫阳、阳明二圣关系密切，文化底蕴深厚。

　　宋绍熙元年（1190），时年 61 岁的朱熹履新漳州知府，任职一年零六天。知漳期间，朱熹大力弘扬理学，德治善政，兴学教化，刊刻《四书集注》①，对漳州人的思想意识产生极为深远的影响。漳州，不仅是朱熹的过化之地，也是王阳明的过化之地。明正德年间，王阳明率兵入闽平乱，奏请添设平和县治，建立学校，移风易俗，对漳州特别是平和县产生深远的影响。正如中国明史学会会长陈支平所说："王阳明及其阳明之学，是继南宋朱熹及其朱子学之后，对闽南文化的形成和发展产生了重大作用的核心元素之一。换言之，朱子学和阳明学，已经演化成闽南文化的一个重要思想源泉和组成部分。"②

---

　　①　《朱子文化大典》（海风出版社，2011 年，第 57 页）载述："朱熹在漳州，是其刊刻图书最多的一个时期，刻书的地点均在漳州府学（即郡斋）。刻印的图书有《大学》《论语》《中庸》和《孟子》即所谓'四书'；《书》《诗》《易》和《春秋》即所谓'四经'，以及《近思录》等。"

　　②　陈支平：《闽南文化普及的有益尝试——张山梁的〈王阳明读本——"三字经"解读本〉》，《闽南文化研究》2018 年第 3 期，第 114 页。

一、王阳明在漳州的治理

明正德十一年（1516 年）九月，王阳明任都察院左佥都御史，巡抚南、赣、汀、漳等处，并于正德十二年（1517 年）正月十六日抵赣开府上任，正式巡抚包括漳州在内的"八府一州"①，直到明正德十六年（1521 年）六月十六日升任南京兵部尚书，是月二十日离赣，结束了他巡抚漳州等地四年多的任期。

巡抚南、赣、汀、漳等处期间，王阳明曾于明正德十二年（1517）一月底至四月初，约两个多月时间，亲率两千名精兵入闽平漳寇，打响他建立功业的第一仗——漳南战役，攻破了盘踞在漳州南部闽粤交界山区②数十年之久的四十多座山寨，肃清了以福建詹师富、广东温火烧为首的山民暴乱，取得了巡抚南赣的首战胜利，并上疏奏设平和县。因此，平和县成为王阳明立功的第一站；也可以说，在当时巡抚的"八府一州"中，漳州府是王阳明立功的第一站。

1. 推行牌法，靖寇维序

明正德年间，在闽粤交界的漳南连绵山区，多股"山贼"③占山为王，倚仗天险建立了大大小小四十多座"山寨"贼巢，并与赣、粤等

---

① 八府一州：是指当时的江西南安府、赣州府，福建汀州府、漳州府，广东潮州府、惠州府、韶州府、南雄府以及湖广郴州。

② 大致范围在今福建省平和县的九峰镇、长乐乡、秀峰乡、芦溪镇，南靖县南坑乡，永定区的湖山乡、湖雷镇，广东省大埔县的大东镇、枫朗镇、百侯镇、西河镇一带区域。

③ "山贼"并非"农民起义者"，也非"土匪强盗"，确切地说是"亦贼亦农"的百姓，大多原本是善良的社会底层民众，然而，当他们因生计所迫占山为王、落草为寇之后，不但扰乱了整个社会秩序，也影响了其他百姓的生活。从这个意义说，"山贼"的骚然出现，是社会矛盾长期积累的集中爆发，既是朝廷的不幸，更是民众的悲哀。

地"山贼"结成联盟,互为犄角,使得"三省骚然"①。王阳明到任伊始,首先就在漳南地区大力推行"十家牌法"②,登记身份信息,严管百姓行动,革弊除奸,防止通贼,切断"山贼"与民众之间的各种往来,以群防群治之策靖寇平乱。"十家牌法"可以说是"连坐法"的延续,通过近乎军事化的管理模式治理社会,为民众生产生活提供一个安定祥和的外部环境,对维护乡村社会稳定发挥了积极作用。

2.添设县治,安民治贼

王阳明漳南征寇平乱之后,针对漳南地区"极临边境,盗贼易生"③的现实,抽丝剥茧地分析了当时民众落草为寇、社会动荡不安的原因,并"亲行访询父老,诹咨道路"④,提出"析划里图,添设新县"的思路,探索了一条"添设县治,以控制贼巢,建立学校,以移风

---

① 明正德年间,朝廷政治危机频发,加上宦官刘瑾专权,吏治不举,以致社会管理疏松,流于形式,社会之间的各种矛盾日渐尖锐,从而导致山民暴乱此起彼伏。在这样的社会大背景之下,在赣、闽、湘、粤四省交界连绵成片的深林险谷山区的各地,先后掀起多股规模较大、影响甚远的山民暴乱。他们各自依据天险举旗占山为王,每当官军扑来,暴乱的山民如鸟散入深林,周旋于山谷之中;大军一走,旧态复萌,且愈演愈烈,互为犄角,东追西窜,南捕北奔,彼此呼应,形成与朝廷分庭抗礼之势。其中又以江西南安的谢志珊、蓝天凤占领横水、左溪、桶冈等地,广东的池仲容占据浰头三寨,福建漳州的詹师富占据象湖山等几股"山贼"势力较大,且结成联盟,活跃在赣、闽、粤三省交界,拟官僭号,攻城略地,震动朝野,使得千里皆乱,"三省骚然"数载。

② 十家牌法:正德十二年(1517)正月下旬,也就是王阳明就任南赣巡抚后的不久,就颁发《十家牌法告谕各府父老子弟》,正式推行"十家牌法"新政。对于推行"十家牌法",福建籍的明代著名哲学家李贽是这样评价的:"今人行之,则为扰民生事;先生行之,则为富国强兵。"

③ (明)王守仁原著,(明)施邦曜辑评,王晓昕、赵平略点校:《阳明先生集要》经济编卷1,中华书局,2008年,第406页。

④ (明)王守仁原著,(明)施邦曜辑评,王晓昕、赵平略点校:《阳明先生集要》经济编卷1,中华书局,2008年,第407页。

易俗"①的长治久安理政之路,两度上疏奏请朝廷,添设"平和县"。事实证明,王阳明顺应民情,以"明德亲民"的理政举措,添设县治,既使民众"欢欣鼓舞,如获重生",又让"山贼"失去藏身之所、盗抢之机,"捣其巢穴,擒其首恶,妖氛为之扫荡,地方为之底宁"②,曾经的荒蛮之地,风俗为之一变,礼制深入人心。正如阳明后学施邦曜所评:"(阳明)先生(奏请添设平和县)此举,不特可以弥盗,亦可以变俗,允为后事之师。"③

3.力举乡约,束民治乱

王阳明深刻意识到漳南地区山民暴乱的一个重要原因,是民众没有得到良好的德性熏染。于是,他在包括漳州府在内的"八府一州"范围内,不遗余力地全面推行《南赣乡约》④的理政新措,将"明德亲民""知行合一""致良知"等思想贯穿其中。借由实施《南赣乡约》,立乡约,规范日常行为和道德思想,化民成俗;建乡政,规范乡约组织体系,维系秩序,开创乡村自治新模式;办乡学,推行儒家仁爱为本的德治思想,将教育与政治贯通起来,对治理民乱、重构秩序、纯化民俗都产生了积极的作用。这些乡村治理的实践与思想至今仍然影响着漳州的社会治理思维。可以说,王阳明对明代中后期

① (明)王守仁原著,(明)施邦曜辑评,王晓昕、赵平略点校:《阳明先生集要》经济编卷1,中华书局,2008年,第406页。

② (明)王守仁原著,(明)施邦曜辑评,王晓昕、赵平略点校:《阳明先生集要》经济编卷2,中华书局,2008年,第469页。

③ (明)王守仁原著,(明)施邦曜辑评,王晓昕、赵平略点校:《阳明先生集要》经济编卷1,中华书局,2008年,第409页。

④ 正德十三年(1518)十月,王阳明针对农村治理混乱的现象,制定颁发推行《南赣乡约》(一共有十六条乡规),目的是通过推行乡约,进一步规范乡村民众的道德行为,促进农民弃恶扬善,保障农村社会秩序的安定,从而进一步巩固基层政权。

漳州的繁荣发展奠定了良好基础。

4.大兴社学,教化民俗

在平乱靖寇过程中,王阳明切身体悟到"破山中贼易,破心中贼难"①,认为山民之所以"浸复归据旧巢,乱乱相承,皆原于此"②,是因为当时的书院、社学、乡馆没有发挥教化易俗的作用,未能引导社会形成良好的风尚风俗。于是,在征剿"山贼"战斗正酣之时,就下发《兴举社学牌》《颁行社学教条》③等告示,强调着重培养学生的道德品行,要求兴办创建各类社学、书院,以此"勤勤开悔,务在兴起圣贤之学,一洗习染之陋"④;选择"教读"(教师),必须"学术明正,行止端方者",同时要求家长应"隆师重教,教训子弟,毋得因仍旧染,习为偷薄,自取愆咎"⑤。在王阳明兴"社学"、重"教读"的影响下,明代时期的漳州文化又一次空前发展,出现了"俗多读书,男子生六岁以上则亲师。虽细民,读书与士大夫齿"的良好风尚。特别是其奏立的平和县,更是"久沫朱紫阳、王文成之化",形成了"士好读书,尚气节,不婺声华……无论贫富,岁首延师受业,虽乡村数家聚处,

---

① (明)王守仁著,吴光、钱明、董平、姚延福编校:《王阳明全集》卷4《文录一》,上海古籍出版社,2011年,第188页。

② (明)王守仁著,吴光、钱明、董平、姚延福编校:《王阳明全集》卷9《别录一》,上海古籍出版社,2011年,第355页。

③ 据《王阳明年谱》载述:正德十三年(1518)四月,立社学。先生谓民风不善,由于教化未明。今幸盗贼稍平,民困渐息,一应移风易俗之事,虽未能尽举,姑且就其浅近易行者,开导训诲。即行告谕,发所属各县父老子弟,互相诫勉,兴立社学,延师教子,歌诗习礼。

④ (明)王守仁著,吴光、钱明、董平、姚延福编校:《王阳明全集》卷18《别录十八》,上海古籍出版社,2011年,第703页。

⑤ (明)王守仁著,吴光、钱明、董平、姚延福编校:《王阳明全集》卷17《别录十七》,上海古籍出版社,2011年,第670页。

亦各有师"①的崇儒景象,成为"弦诵文物,著于郡治""人为诗书,家成邹鲁"②之地。

5.严格问政,影响后世

王阳明巡抚期间的所有施政决策、问政理念、治理方法覆盖当时的漳南道(下辖漳州、汀州两府)全境,并在漳州府留下深深的阳明问政风格,影响着漳州的长久发展。在《王阳明全集》中,收录了王阳明巡抚南赣汀漳期间的各类奏疏、公移147篇,其中专门针对漳南道、漳州府的就有15篇之多,可见王阳明对重构稳定当时的漳州社会秩序的用心和重视。如在《批漳南道给由呈》中指出:领辖漳州、汀州两府的漳南道佥事胡琏"才器充达,执履坚方,始因军机重务,以致考满过期,今盗贼既靖,合准给由",并责令述职考核完毕后,应"即便作急回任,勿为桑梓之迟,有孤闾阎之望"。③从中可见,漳南道、漳州府的主要官员任期履历、政绩考核是否合格称职,都由王阳明亲自评议、核准。如果王阳明没有熟悉洞察漳州府各级官员的履职情况、绩效评议、道德操守,是不可能做出如此评定的。

对漳州来说,因王阳明的漳南平乱、奏请设县,让"县治僻在一隅……地里遥远,政教不及,民众罔知法度"④的盗贼强梁之区,变

---

① (清)黄许桂主修,(清)曾萍水纂辑,福建省地方志编纂委员会整理:道光《平和县志》卷10《风俗志》,厦门大学出版社,2008年,第453页。
② (清)黄许桂主修,(清)曾萍水纂辑,福建省地方志编纂委员会整理:道光《平和县志》卷6《艺文志》,厦门大学出版社,2008年,第319页。
③ (明)王守仁著,吴光、钱明、董平、姚延福编校:《王阳明全集》卷30《续编五》,上海古籍出版社,2011年,第1188页。
④ (明)王守仁原著,(明)施邦曜辑评,王晓昕、赵平略点校:《阳明先生集要》经济编卷1,中华书局,2008年,第405页。

成"百年之盗可散,数邑之民可安"的礼义冠裳之地。同时通过实施建学校、易风俗、强教化等安民政策,收到"盗将不解自散,行且化为善良"①的"散盗安民"功效。然而,对王阳明来说,"漳南战役"一仗,在军事上,检验了其军事理论在实战中的运用效果,进一步完善选练民兵机制,调整指挥系统,打造一支堪称"嫡系"的部队,无论是南赣剿寇、还是平定宁王,都有漳州镇海卫的将士身影,特别是"行十家牌法""选练民兵""预整操练"等措施,更是成为其日后立功的不二法宝;在政治上,推进巡抚制度改革,申明赏罚制度,让朝廷改命提督,授予兵权,给予令旗令牌,使得便宜行事;在社会管理上,置县立治,巩固地方政权,强化基层治理,建校立学,注重民众教化,强化民心引导,走出了一条长治久安之路;在理学发展上,开始体悟"破心中贼难"之所在,兴倡礼义之习,做足"正人心"功夫,萌发"致良知"的学说,逐步完成了心学体系的最终建构。②

二、阳明学在漳州的传承发展

作为阳明先生过化之地的漳州,向来是朱子学说的重镇,但这并不意味着王学在漳州地区湮没无闻。相反,阳明学在漳州广为流传,并在传承中得到持续发展。

1.多径传播,根植闽南

王阳明一生始终以讲学为"首务",即使军务繁忙也坚持随时随

---

① (明)王守仁原著,(明)施邦曜辑评,王晓昕、赵平略点校:《阳明先生集要》经济编卷1,中华书局,2008年,第408页。
② 参考张山梁:《心灯点亮平和》,中国文史出版社,2016年,第117页。

地讲学传道。尽管史料没有明确记载王阳明在漳州讲学、讲会的记载,但王阳明及其门人、后学曾在漳州讲学、传道,却是一个不争的事实。阳明学传播到闽南地区的主要途径有五个:一是王阳明正德十二年(1517)率兵入闽平乱,通过军中讲学、随地教化的方式,传播自己的思想学说。这从闽西南的多种地方志中载有不少当地士大夫由朱子改宗阳明等事例中,可窥知一斑。[①] 二是因地缘文缘联系,闽地士子文人时常进入王学重地江西、王门后学传人众多的潮州游学,在与赣、粤王门学者的交往中接受王学熏陶。如漳籍理学家、"一代完人"黄道周早年多次游学广东,接触和了解王学,其学问深受岭南学风的影响。三是通过王门后学、阳明后人莅闽履职,推动阳明学在漳传播、弘扬。如曾任漳州知府的施邦曜是阳明同邑、后学,曾被谪戍镇海卫的陈九川是江右王门代表人物、李材是阳明再传弟子,曾任平和知县的王立准是浙中王门王宗沐之孙、王孙枢是王阳明五世孙,这些官员任职期间,都以官方行为强势传播、弘扬阳明学。如陈九川尽管身处"遥远、困苦、瘴海烟雾之中"的镇海卫,但一直不忘"崇理学,御教化而春秋俎豆"[②]。又如李材在谪戍镇海卫期间,始终聚徒讲学,且在讲学中不机械性硬搬硬套王阳明的讲学方法,而是在传承中发展,以"大学知止知本"为宗,强调"随地体认天理""正心修身"[③],以摆脱放诞虚矫之弊,给当时的镇海卫,乃至漳州、福建带来一股清新的学风。四是闽中王门、闽籍阳明后学

---

① 参考钱明:《王阳明及其学派论考》,人民出版社,2009年,第378页。
② 黄剑岚主编,黄超云校注:《镇海卫志校注·艺文志》,中州古籍出版社,1993年,第136页。
③ 黄剑岚主编,黄超云校注:《镇海卫志校注·人物志》,中州古籍出版社,1993年,第115页。

时常在漳邑大地,借助儒学、书院、义学等场所讲学、讲会,传播阳明心学,布施传道,教化民众,开启心钥。如闽中王门的马明衡[①]、郑善夫[②],阳明后学李贽[③]等。五是王阳明长达四年多的巡抚漳州期间的经世济民思想、政策,直接影响漳州政治、经济、文化发展,同时也成为王学思想在漳最直接而又最有效的传播途径。然而,这一王学在漳的传播途径一直被人们所忽略。

2.辑刊文著,远播海外

明崇祯年间,施邦曜知漳州府期间,针对当时阳明学著作主要版本——隆庆谢氏刻本《王文成公全书》[④],存在帙卷繁多、篇幅浩大、携带不便、阅读不易等问题,在精读、评点、批注的基础上,将其进行分门别类,条分缕析,按理学、文章、经济三帙归类整理,数易其稿,汇编成《阳明先生集要》三编(其中《理学编》四卷介绍阳明的哲学、《经济编》七卷介绍阳明的事功成就、《文章编》四卷介绍阳明的文学成就),并授梓平和知县王立准督刻,于明崇祯七年(1634)秋肇工开刻,崇祯八年(1635)夏末竣工。这部初刻于平和的《阳明先生集要》崇祯施氏刻本,成为后来多家翻刻的底本,与隆庆谢氏刻本并称为阳明著作两个极为重要的版本,是研究阳明学术的人不可不知、不可不查的基本资料,为阳明学的传播发展做出积极贡献。特别是美国学者亨克于1916年出版《王阳明的哲学》,将阳明学的著

---

① 马明衡(1491—1557),字子莘,福建莆田人。
② 郑善夫(1485—1523),字继之,号少谷,福建福州人。
③ 李贽(1527—1602),字宏甫,号卓吾,别号温陵居士、百泉居士,福建泉州人。
④ 明隆庆六年(1572),御史谢廷杰巡按浙江,汇集钱德洪所编传习录、文录、笔录、外集、续编、年谱、世德集以及阳明门人、友人、朝廷官员撰写的论年谱书、奏折、祭文、行状、墓志铭等,整合而成《王文成公全书》,三十八卷,称隆庆谢氏刻本。

作向欧美等西方国家传播。而亨克所译之阳明著作的中文底本，就是这部辑刊于漳州的《阳明先生集要》之《理学编》。可见，漳州在阳明学的传播上，具有其独特贡献和学术地位。正如阳明后学曹惟才在《阳明先生集要》的序文中所赞叹的："此清漳一块土何幸，宋有紫阳，而明又有（阳明）先生也。则从此之聿新，不独漳之山水灵也，凡诵紫阳而仰先生者，皆良知灵也。"①

同时，这部明显有调和朱、王倾向的《阳明先生集要》巨作，做到"忠于文成，且使吾漳再见紫阳"②，直接影响了包括黄道周在内的许多漳州学人对待朱、王之学的态度。可见，王门学人居官闽南的活动，也促进了王学在闽南的传播。

3.传播不辍，影响深远

漳州是王阳明人生的重要一站，也是其思想传播的要地。王阳明在漳州的事迹及其阳明后学在漳州的思想文化传续，是其"真三不朽"生平和阳明学说形成的重要环节，对明清以降的漳州思想文化影响深远。如明嘉靖年间任宁波教授的平和人李世浩，虽未亲炙于阳明门下，但在宁波任职期间结交了不少阳明门人，深受阳明心学熏陶，致仕归乡后，建聚贤堂，宣讲阳明、甘泉之学，不负其所学。又如漳籍理学家、"一代完人"黄道周自幼诵读朱子学著作，其学术一向被认为"以致知为宗而止宿于至善，确守朱熹之道脉而独溯宗

---

① （明）王守仁原著，（明）施邦曜辑评，王晓昕、赵平略点校：《阳明先生集要》附录《曹惟才序》，中华书局，2008年，第1012页。

② （明）王守仁原著，（明）施邦曜辑评，王晓昕、赵平略点校：《阳明先生集要》序2，中华书局，2008年，第5页。

传"①,同时他又感怀于阳明的文章、事功,对阳明学采取"择其善者而从之"的选择性接受的态度。其在《平和县鼎建王文成先生祠碑》②《阳明先生集要三篇序》③《榕坛问业》④等著述中对阳明学的评论,其"朱王异同"之主张,既有学术思想史的意义,更体现了漳州地域特色。蜚声中外的漳州籍文学家林语堂先生曾手书一句箴言:"所学非所用,不知亦能行。"前半句是说儒者大多所学非所用,后半句"不知亦能行"则出自王阳明"知行合一"说中的"未有知而不行者。知而不行,只是未知"⑤之意而延伸的"知而不行,是为不知;行而不知,可以致知"。可见,林语堂的知行观也深受王阳明的影响,强调"人须在事上磨"⑥。

三、新时代传承阳明心学,弘扬漳州文化的思考

步入新时代,站在历史的新起点,传承阳明心学对于弘扬中华优秀传统文化,具有非常重要的理论和现实意义。正如习近平总书

---

① (明)黄道周撰,翟奎凤、郑晨寅、蔡杰整理:《黄道周集》卷首《道光五年二月十六日礼部奏》,中华书局,2019年,第11页。

② 明崇祯六年(1633),王立准就任平和知县不久,便以建于嘉靖年间的阳明祠"旧祠湫隘卑庳"为由,鉴于"溯文成之原,宏文成之业。以上正鹅湖,下锄鹿苑,使天下之小慧闲悦者无以自托,是则亦文成之发轫借为收实也"之目的,"移建于东郊",祠三进,面阔三间,并请黄道周撰书《碑记》,碑文收录于《王阳明全集》。目前,该碑已断成两截,存于平和县文化馆。

③ 明崇祯八年(1635)秋七月,黄道周为漳州知府施邦曜所辑评的《阳明先生集要》三编作序。序文收录于《王阳明全集》。

④ 《榕坛问业》,共十八卷,明代黄道周撰,系将其讲学的部分语录汇编而成。

⑤ (明)王守仁著,吴光、钱明、董平、姚延福编校:《王阳明全集》卷1《语录一》,上海古籍出版社,2011年,第4页。

⑥ (明)王守仁著,吴光、钱明、董平、姚延福编校:《王阳明全集》卷1《语录一》,上海古籍出版社,2011年,第14页。

记所说:"王阳明的心学正是中国传统文化中的精华,也是增强中国人文化自信的切入点之一。"①特别是对阳明先生过化之地的漳州来说,传承阳明学具有其独特的优势和意义,要秉持以学术为基础、以历史为背景、以人民为中心、以创新为化古的理念,融入漳州地域特色文化,厚植阳明文化优势,吸收其"心即理""知行合一""致良知"等宝贵精神财富,躬身实践。

1.发掘阳明心学的内在价值,提升共产党人党性修养

知行合一是中华民族重要的哲学智慧,也是推进马克思主义中国化的宝贵资源。王阳明提出"知行合一",认为"知是行之始,行是知之成"。② 知中有行,行中有知,有真知必有笃行,有笃行必有真知。习近平总书记多次强调知行合一,指出:"知是基础、是前提,行是重点、是关键,必须以知促行、以行促知,做到知行合一。"③我们要按照习近平总书记关于"把超越时空、超越国度、富有永恒魅力、具有当代价值的优秀文化精神弘扬起来"④的要求,积极发掘"天人合一""内圣外王""致良知""知行合一"的传统文化的内在价值,赋予其时代内涵及党性修养的特色,拓展和提升党性修养的精神境界。要结合弘扬新时代漳州培育的谷文昌创业精神、漳州110服务精神等一大批先进典型,传承王阳明"经世致用、知行合一、躬行实

① 2011年5月9日,时任国家副主席的习近平同志到贵州调研,在贵州大学中国文化书院与师生座谈时的讲话。

② (明)王守仁著,吴光、钱明、董平、姚延福编校:《王阳明全集》卷1《语录一》,上海古籍出版社,2011年,第5页。

③ 2014年1月,习近平总书记在中央党的群众路线教育实践活动第一批总结暨第二批部署会上的讲话。

④ 2014年9月24日,习近平总书记在纪念孔子诞辰2565周年国际学术研讨会暨国际儒学联合会第五届会员大会开幕式上的讲话。

践"的治世精神,弘扬"内心净化、志向高远"的精神品格,加强党性修养,改进工作作风,在立根固本上下功夫,有效防止歪风邪气近身附体,坚定信仰、牢记宗旨,不忘初心、牢记使命。

2.汲取阳明心学智慧,加强和创新社会治理

500多年前,王阳明在漳州探索了平乱置县、敷文教化、亲民明德的思想和方法,对漳州的民风教化、社会治理、文化发展等起到了非常重要作用。这些治理民乱、重构秩序、纯化民俗的举措,对今天我们探索乡村治理、推动乡村振兴具有借鉴意义。如王阳明奏立的平和县,通过搭建"阳明传习堂"这一社科平台,在机关,开展党员干部传统文化教育培训,引导机关党员干部厚植"崇德明礼、向善知行"理念,培育"清廉为民、知行合一"的机关文化;在乡村,借鉴王阳明乡村治理的做法,用社会主义核心价值观占领农村文化阵地,倡导"良知"新风文明,引导农村社会形成"崇德明礼、向善知行"的新风尚;在学校,借鉴王阳明"兴社学、建书院、教化启迪民众"的做法,编印阳明文化、传统文化通俗读本,培育"志向高远、品学兼优"的校园文化。这些都是很可喜的现象。希望有更多的主政者能够汲取阳明学智慧,营造躬身笃行、遵德守礼、崇德向善的社会新风,推动社会和谐发展。

3.以阳明文化为媒,促进两岸文化交流和认同

两岸文化同根同脉,阳明文化也是两岸共同的文化资源。王阳明的圣人光辉、心学价值在台湾一样得到推崇。发掘利用阳明学的文化资源,加强两岸阳明文化交流是沟通两岸人民感情,加深台湾人民对祖国大陆的认同感、促进两岸同胞心灵契合、争取台湾民心的又一重要方式。可举办两岸阳明文化交流研讨会,通过主题演讲、对话交流等形式,从不同角度、不同层面探讨阳明文化的时代价值与世界意义。举办两岸青年阳明文化研习营,推进两岸青年进修阳明文化,一同追寻阳明思想,共筑文化交流"桥梁"。尤其漳州是台湾同胞的重要祖籍地,现有2300多万台湾人中,约有800万人的"根"在漳州。可见,漳台之间一脉相承的血缘关系之密切深厚,文化同根的文缘关系之源远流长。要借助漳台文化交流平台,以阳明文化为媒,通过漳台两地阳明学专家、学者的共同研讨、传播、践行和分享,开展漳州阳明遗址、遗存的田野考察,让阳明学成为漳台文化交流的一座新桥梁,促进漳台两地文化的深层次交流。

4.整合漳州文化资源,打造地域文化名片

漳州自唐代建州以来,历经1300多年的发展,文化资源丰富、积淀深厚,形成了多元化的漳州地域文化。近年来,漳州对阳明心学的成功发掘和有力弘扬,让我们看到漳州还有许多宝贵的传统文化宝藏等待发掘阐扬,例如朱熹、陈淳①、黄道周、王志道②、张惟方③、林

---

① 陈淳(1159—1223),字安卿,亦称北溪先生,南宋理学家。漳州龙溪(今漳州市龙文区)人。朱熹晚年的得意门生,理学思想的重要继承者和阐发者。著作有《北溪全集》。

② 王志道(1574—1646),字而宏,号东里,福建漳浦人。明万历四十一年(1613)进士,官至副都御史。曾给施邦曜的《阳明先生集要》作序。

③ 张惟方(生卒不详),字崇仁,号近初,福建平和人。明万历十一年(1583)进士,官至湖广按察副使。与温陵李廷机、福清叶向高,理学气节相尚,称为"福建三君子"。

震①、蔡世远②、蓝鼎元③、蔡新④、林偕春⑤、潘振承⑥、林语堂、许地山⑦、杨骚⑧等一大批历史文化名人，以及漳绒、漳茶、水仙花等漳州物产文化和月港、漳州窑海丝文化等等。我们要把传统文化作为一种内在原生动力，融会贯通，进一步传承、弘扬其中的优良质素，古为今用，把这些优秀文化打造成为漳州地域文化的一个个知名品牌。

四、结　论

漳州与王阳明有着千丝万缕的联系，是其建立事功第一站，更是其心学思想的传播地与实践地。可以说是"阳明先生过化之地"，阳明学已演化成闽南文化的一个重要思想源泉和组成部分。当今，

---

① 林震(1388—1448)，字敦声，又字起龙，福建长泰人。明宣德五年(1430)殿试一甲第一名，是漳州府历史上唯一的状元，官至翰林院修撰兼国史编修。

② 蔡世远(1682—1733)，字闻之，号梁村，学者称之为"梁山先生"，福建漳浦人。清康熙四十八年(1709)进士。受聘主持鳌峰书院时，为福建培养人才。后奉诏入京，授为翰林院编修，直上书房，侍诸皇子读书。

③ 蓝鼎元(1680—1733)，字玉霖，号鹿州，福建漳浦人。清代知名学者和经世之才，被誉为"筹台宗匠"，对台湾历史有很大影响。

④ 蔡新(1707—1799)，字次明，号葛山，福建漳浦人。清乾隆元年(1736)进士。官至文华殿大学士兼吏部尚书、加太子太师。

⑤ 林偕春(1537—1604)，字元孚，号警庸，晚年自号白云居士，福建云霄人。明嘉靖四十四年(1565)进士，官至湖广布政司右参议。

⑥ 潘振承(1714—1788)，字逊贤，号文岩，福建漳州台商投资区角美镇人。青年自闽入粤，从事海外贸易，之后成为广州十三行的商总(即行商首领)，被《法国杂志》评为十八世纪"世界首富"。

⑦ 许地山(1894—1941)，名赞堃，字地山，笔名落华生。现代著名小说家、散文家、"五四"时期新文学运动先驱者之一。在梵文、宗教方面亦有研究硕果。一生著作颇多。

⑧ 杨骚(1900—1957)，福建漳州人，著名诗人、作家，中国左翼作家联盟成员，中国诗歌会发起人之一。1938年加入"中华全国文艺界抗敌协会"，1939年参加"作家战地访问团"到抗日前线访问，被誉为"抗战诗星"。

我们必须坚持古为今用,善于将阳明文化优势与融入漳州地域特色文化、与发展现实文化有机结合起来,做到在传承中发展,在发展中传承,努力实现"以文化人"的时代任务。

注:本文与福建省闽南文化研究会会长林晓峰合作,发表在《闽台文化研究》2019 年第 3 期(总第 59 期)。

漳州阳明学发展阶段探析

漳州自唐垂拱年间置府建州至今,已有 1300 多年的悠久历史,是紫阳、阳明二圣过化之地,文化底蕴深厚。

明正德十一年(1516)九月,王阳明任都察院左佥都御史,巡抚南、赣、汀、漳等处,次年(1517)正月十六日莅赣上任,巡抚包括漳州在内的"八府一州"。其间,曾亲率两千名精兵入闽平漳乱,打响了他巡抚南赣的第一仗——漳南战役,肃清了发生在闽粤交界山区数十年之久的山民暴乱。之后,两度上疏奏请朝廷,提出"添设县治,以控制贼巢,建立学校,以移风易俗"①的长治久安之策,建议添设平和县,创办学校教育,对漳州地区产生深远影响。

自宋以降,漳州就是朱学重地,但这并不意味阳明学在漳州地区湮没无闻,也不代表漳州地区未受过阳明学的影响。完全有理由说,阳明学在漳州地区始终得到一定程度传播,甚至一度成为社会主流意识。究其原因,除了王阳明本人在巡抚南赣期间的平乱、施政、教化之外,另一个重要原因是一批莅漳任职、或贬谪到漳的阳明门人、后学在漳州地区所付出的艰辛努力,使得阳明学得以冲破朱学藩篱的万重阻隔,传播四方,发扬光大,泽被后世。

黄宗羲在《明儒学案》中,虽有"闽粤王门学案"一卷,但却以"闽

---

① （明）王守仁原著,(明)施邦曜辑评,王晓昕、赵平略点校:《阳明先生集要》经济编卷 1,中华书局,2008 年,第 406 页。

中自子莘以外无著者焉"①一笔带过，更无记述"闽中王门"的发展。其实，王阳明门人、后学在漳州、福建讲学传道却是毋庸置疑的。单从漳州地区的情况就可窥见一斑。从明嘉靖三年(1524)到崇祯十七年(1644)的120年间，已知的就有数十位阳明门人、后学或任职、或谪戍而寓漳。他们尽管身居官场高位，却始终不忘阐发王学之根本，充分利用自身的政治影响力，致力传播阳明学，讲授不止，耕耘不辍，影响不断。无论是在漳州府任职的黄直、施邦曜，还是在属县担任知县的何春、王立准，或是谪戍镇海卫的陈九川、李材，都拥有一般平民百姓所没有的特殊社会资源，这对于明代中后期漳州地区的阳明学发展起到极大推动作用，既改变了漳州地区的文化生态，也促进了漳州地区的文化繁荣进步。正如光绪《漳州府志》所记：

> 明自成化以前，姚江之说未兴，士皆禀北溪之教，通经明理，躬修实践，循循乎上接乎考亭，无异师异说以汩之，不亦乐善乎。正德以后，大江东西以《传习录》相授受，豪杰之士翕然顾化，漳士亦有舍旧闻而好为新论者。如邱氏原高"昔信理，今信心"之说，陈氏鸣球"吾心无二"之云。②

梳理明代中后期漳州地区阳明学发展历程，可把其分为明嘉靖、万历、崇祯年间三个发展阶段，且各有特色凸显。

① (清)黄宗羲著，沈芝盈点校：《明儒学案》卷30《闽粤王门学案》，中华书局，1995年，第655页。

② (清)沈定均修，(清)吴联薰增纂，陈正统整理：光绪《漳州府志》卷30《人物三》，中华书局，2011年，第1338页。

一、明嘉靖年间的阳明门人担纲讲学传播，
开创漳郡阳明学的传播先河

明嘉靖年间，一大批亲炙阳明的弟子门人入闽莅漳任职，如聂豹巡按福建、黄直任漳州府推官、何春任诏安县首任知县、王时槐分巡漳南道，加上马明衡游学漳州、陈九川谪戍镇海卫，使得阳明门人在漳州地区的讲学传道一时蔚然成风，拉开了"漳士舍旧闻而好新论"的帷幕。

1.黄直

黄直(1500—1579)，字以方，金溪人，嘉靖癸未(1523)进士，受业于王守仁。

嘉靖三年至七年(1524—1528)，黄直任漳州府推官，其间"尝署长泰、漳浦两县，扩学宫，置射圃，立文公祠，建讲堂斋舍，经费皆取之淫祠，而劳不逮民。每朔望莅学，与诸生讲义理，日中乃退"。①《长泰县志》载其功迹曰：

> (嘉靖)四年署县，抚恤贫穷，惩革奸滑。劝课农，雪冤狱，每朔望，莅学与诸生讲论，日中乃退。斥毁淫祠，拓建庙学，壮丽伟观，有功于教化甚大。②

---

① （清）沈定均修，（清）吴联薰增纂，陈正统整理：光绪《漳州府志》卷25《宦绩二》，中华书局，2011年，第1190页。

② （清）张懋建修，（清）赖翰颙总辑，长泰县地方志编纂委员会：乾隆《长泰县志》（庚午版·重印本）卷7《秩官志》，漳州市芗城区振兴印刷有限公司承印，2008年，第117页。

《漳浦县志》也有"（嘉靖）五年（1526），推官黄直署邑篆……以授学徒"①的相关记载。可见，无论是担任长泰署县，还是履职漳浦，黄直都重视思想教育和民风教化，拆毁淫祠、鬼祠，扩建学校，坚持每月初一、十五两天的上午时间，搁置政务，亲自到学宫向庠生、秀才讲学授课，直到正午，让长泰、漳浦两邑学子接受阳明学的教化熏陶。这与王阳明在赣州期间，亲自到濂溪书院授课讲学的做法如出一辙。②

2.马明衡

马明衡（1491—1557），字子莘，号师山，福建莆田人。《明史》记："闽中学者率以蔡清为宗，至明衡独受业于王守仁。闽中有王氏学，自明衡始。"③

马明衡自明嘉靖三年（1524）因"大礼仪"被罢黜为民后，长期赋闲莆田老家。其间，他借助同门学友黄直任职漳州之便，经常出入漳州一带讲学，传播阳明学。嘉靖年间，马明衡在撰写《平和县碑记》时，既描述了阳明先生的奏设肇创平和之功，又对"平和"县名进行阐发：

又惧非长久之道，覆详诸司，佥议设县。疏上，天子可其

---

① 漳浦县政协文史资料征集研究委员会编：《漳浦县志》（清康熙志·光绪再续志点校本）卷9《学校志》，全浦新闻发展有限公司承印，2004年，第236～237页。

② 《崇义县刘氏四修族谱》》"刘镁"条目载：明正德十三年（1518），阳明公召诸生讲学濂溪书院，与堂弟铿同赴赣集讲堂听受月余，自是学业益进。

③ （清）张廷玉等撰：《明史》卷207《列传第九十五》，中华书局，1974年，第5464页。

奏,谓地旷民顽,即若析南靖之半,分理得入,将寇平而人和。①

嘉靖五年(1526),还为漳浦县撰写《重建明伦堂记》②,以"学其如圣人者、去其不如圣人者,务存吾心之天理而去人欲之谓也","志也者,天地之所以不息也,人心之所以不死也"③等观点,阐释良知、立志等思想,传播阳明学。

3.陈九川

陈九川(1494—1562),字惟浚,号明水,江西临川人,江右王门重要代表人物。《明史》曰:"从王守仁游……狱成,九川戍镇海卫,邦俦等削籍有差。久之,遇赦放还,卒。"④

陈九川谪戍镇海卫三年期间,尽管身处"遥远、困苦、瘴海烟雾之中"⑤,但始终不忘"崇理学,御教化而春秋俎豆"⑥,将阳明学在荒野的海疆点亮,照耀着卫国守疆将士及其眷属的前路,让教化不及的海疆军民依然可以享受"文章在传播,昭昭乎不可泯者也"的文化

---

① (清)罗清霄修纂,福建省地方志编纂委员会整理:万历《漳州府志》卷28《平和县·文翰志》,厦门大学出版社,2010年,第1121页。

② 漳浦县政协文史资料征集研究委员会编:《漳浦县志》(清康熙志·光绪再续志点校本)卷9《学校志》,金浦新闻发展有限公司承印,2004年出版。该志卷9《学校志》记载:嘉靖五年(1526),推官黄直署邑篆,更建明伦堂,规制宏伟,其木石取诸毁东岳庙,有莆田马鸣衡记。

③ (明)马思聪、马明衡、马朝龙撰,王传龙、何柳惠编校:《莆田马氏三代集》,武汉大学出版社,2018年,第55页。

④ (清)张廷玉等撰:《明史》卷189《列传第七十七》,中华书局,1974年,第5023页。

⑤ 黄剑岚主编,黄超云校注:《镇海卫志校注·艺文志》,中州古籍出版社,1993年,第136页。

⑥ 黄剑岚主编,黄超云校注:《镇海卫志校注·艺文志》,中州古籍出版社,1993年,第136页。

氛围。① 还与聂豹一起,针对漳州、福建民众的客观需要,辑编重刻《传习录》,让八闽民众以更加通俗易懂的形式接受阳明学。正如聂豹在《重刻传习录序》所言:

> 是《录》也,答述异时,杂记于门人之手,故亦有屡见而复出者,间尝与陈友惟浚(九川),重加校正,删复纂要,总为六卷,刻之八闽,以广先生之觉焉。②

镇海卫军民感念其"扶舆正气""笃佑忠良",即使身处"海濒,也操志益励,苦节弥贞",特建祠祀之,"以慰卫人仰止之望"③。可见,陈九川在被谪戍镇海卫期间的讲学传道,深得民众之心,赢得了百姓的感念与缅怀。

4.聂豹

聂豹(1487—1563),字文蔚,号双江,江西永丰人,明正德十二年(1517)进士。《明史》载曰:"豹初好王守仁良知之说,与辨难,心益服。后闻守仁殁,为位哭,以弟子自处。"④

聂豹巡按福建期间,正值陈九川谪戍镇海卫,与其颇有往来,因此多次往返漳州,并在漳郡宣讲"良知之学",对当时阳明学在漳州的传播发展起到推波助澜的作用。正如其所述:"时余以御史按闽,

① 黄剑岚主编,黄超云校注:《镇海卫志校注·艺文志》,中州古籍出版社,1993年,第136页。

② 吴可为编校整理:《聂豹集》卷3《序一》,凤凰出版社,2007年,第46页。

③ 黄剑岚主编,黄超云校注:《镇海卫志校注·艺文志》,中州古籍出版社,1993年,第136页。

④ (清)张廷玉等撰:《明史》卷202《列传第九十》,中华书局,1974年,第5337页。

(九川)先生自忘其为迁客,余亦忘之,往来商订,互有裨益。"聂豹还留下多首游历漳州的诗句,在诗中也表达了面对"嚣讼民非"的漳州社情,深感"推行大道教化民众"的艰辛与不易,流露了"期待恢复礼教"的使命与担当。

5.何春

何春(生卒不详),字元之,江西于都人,明弘治甲子(1504)举人,是王阳明于都"王门五子"①之一。王阳明在赣州时,何春时常聆听先生讲授良知之学。

明嘉靖十年(1531),何春出任诏安首任知县,面对百废待兴的一个新添置县份,积极推行被阳明先生实践证明切实可行的《南赣乡约》,移风易俗,强化社会治理。在政务之余,效仿阳明先生"召诸生讲学"的做法,在县治明伦堂,传授阳明学,推行乡约,化民成俗,深得民众拥戴。

　　　　嘉靖十年知诏安县,春尝师事王阳明先生,学以圣贤为的。其牧民不拘于簿书期会间,政暇诣明伦堂,与诸生讲论,示以为学趋向。教民行乡约,习文公家礼。毁淫祠,禁图赖。当县治新设之初,务欲化干戈俎豆。在任未久,改知含山,行李萧然,民至今思之。②

明嘉靖时期,这些入闽莅漳任职的阳明弟子,为其他弟子在漳

---

① 于都王门五子:何廷仁、黄弘纲、何春、管登、袁庆麟。
② (清)罗青霄修纂,福建省地方志编纂委员会整理:万历《漳州府志》卷29《诏安县·秩官志》,厦门大学出版社,2010年,第1146~1147页。

讲学传道提供了良好的环境,既推动了李世浩、林楚、陈鸣球等一批漳籍阳明后学传播王学的积极性,也促进了一大批漳士外出追问王学,拓展视野。如漳浦人邱原高得知阳明弟子安福邹守益、吉水罗洪先在赣讲学,不远千里,徒步赶赴安吉府,刻苦学习,思索探微,领悟阳明学的要义,颇有心得。学成之后,回到家乡漳浦,与同志学友切磋研磨学问,倡明王学之道。

二、明万历年间的李材及漳籍后学讲授不辍,促成漳郡阳明学的勃兴振发

明隆庆元年(1567),朝廷"诏赠新建侯,谥文成",[①]认为王阳明是"绍尧、孔之心传,微言式阐;倡周、程之道术,来学攸宗",[②]加上明万历十二年(1584)从祀文庙,使得王阳明及其心学在明隆庆、万历年间不再是"伪学",甚至成为社会主流意识,这给漳州阳明学的发展带来了一个新机遇。其间,被贬戍镇海卫的阳明再传弟子李材与当时号称"漳州五贤"[③]等诸生,时常在漳州龙江书院[④]正学堂讲学授道,使得"姚江致良知之说"在漳州成为一时风尚,风靡八闽,以

① (明)王守仁著,吴光、钱明、董平、姚延福编校:《王阳明全集》卷36《年谱附录一》,上海古籍出版社,2011年,第1495页。

② (明)王守仁著,吴光、钱明、董平、姚延福编校:《王阳明全集》卷36《年谱附录一》,上海古籍出版社,2011年,第1496页。

③ 漳州五贤:指漳州施仁、潘鸣时、高则贤、潘桂芳、周一阳等五位学人。

④ 龙江书院,属漳州府义学书院。据光绪《漳州府志》记载:在府治西北登高山(今漳州市区芝山)上,旧为临漳台。宋朱文公守漳州时筑室讲学,未果,后守危稹乃创为之,以成公志。宋季毁于兵,遗址归浮屠氏。明知府王文、陈洪谟相继重修,遗址犹未尽复。嘉靖三十年(1551),知府孙裕辟新路,立碑路口。三十五年(1556)知县蔡亨嘉毁僧房,自井东以上,辟为五经书院。院东旧有道原堂,后为朱子祠,今为芝山书院。

致"闽士负笈至者,无虑数百人"①之众。

1.李材

李材(1529—1607),字孟诚,号见罗,江西丰城人,素从阳明弟子邹守益讲学。据《明史》记载:

> 至(万历)二十一年四月,始命戍镇海卫。
>
> 材所至,辄聚徒讲学,学者称见罗先生。系狱时,就问者不绝。至戍所,学徒益众。许孚远方巡福建,日相过从,材以此忘羁旅。②

谪戍期间,正值镇海卫所商议建立讲堂,拟聘李材讲学,以革除"士官多为浮浪子弟,终日无所事事,武备流于形式"的弊端。李材欣然接受,并以师道自居,做到师严道尊,严于约束,在讲学中传承发展阳明学,以"大学知止知本"为宗,强调"随地体认天理""正心修身",以摆脱放诞虚矫之弊,给当时的镇海卫,乃至漳州、福建带来一股清新的学风。

李材谪戍镇海卫期间,恰逢阳明后学许孚远③巡抚福建,与李材"日相过从",让其有一个良好的传授氛围与愉悦的讲学心情。这

---

① (清)吴宜燮修,(清)黄惠、李畴纂:乾隆《龙溪县志》卷16《人物志》,上海书店出版社编:《中国方志集成·福建府县志辑》第30,上海书店出版社,2000年,第218页。

② (清)张廷玉等撰:《明史》卷227《列传第一百十五》,中华书局,1974年,第5958页。

③ 许孚远(1535—1604),字孟中,号敬庵,浙江德清人,嘉靖四十一年(1562)进士。《明史》载:"二十年(1592)擢右佥都御史,巡抚福建。""孚远笃信良知。"有鉴于许孚远在漳州的行迹尚未掌握,所以本文没有单独列出介绍。

也许是李材在闽讲学成果颇丰的一个重要原因。其在镇海卫谪戍、讲学经历，当地史志多有记载：

> 李见素材戍镇海时，遇操习期必戴胄、执戈，赴教场供职。时升平日久，卫官皆纨绔膏粱，久废武备，苦之，乃群议立讲堂，延李讲学。李以师道自处，乃已。①

> 至漳，自都邑大夫，下逮子衿，咸执弟子礼焉。于巡抚敬庵许公、督学匡岳徐公称师友。改修道原堂为讲学书院，所传语录甚多，无非反复开明"修身为本"也。②

2015 年 8 月初，在漳州市政府大院内发现一块立于明代漳郡正学堂③的残碑，故名曰"正学堂碑"，碑文主要阐述李材修身为本的思想。④ 立碑诸生中，既有漳籍阳明后学潘时鸣的儿子潘庭礼、门生吴道濂，还有洪启源⑤、林凤翔⑥等一大批在《正学堂稿》中体现的门生。由此推断，立碑者不乏入宗王门的漳籍学子。此碑成为明中晚期阳明学在漳州地区传播最为直接、有力的文物证据。

---

① 黄剑岚主编，黄超云校注：《镇海卫志校注·人物志》，中州古籍出版社，1993 年，第 114 页。

② （清）沈定均修，（清）吴联薰增纂，陈正统整理：光绪《漳州府志》卷 50《纪遗下》，中华书局，2011 年，第 2163 页。

③ 正学堂，位于今漳州市区的芝山。历代称谓不一，或曰龙江书院、芝山书院，或曰道原堂、正学堂。

④ 参见郑晨寅：《从"正学堂碑"看阳明学在漳州的传播》，《阳明学与闽南文化学术研讨会论文集》，2019 年 6 月，第 44～48 页。

⑤ 洪启源，字懋仁，龙溪人。在李材《正学堂稿》中有《王馈兼金百镒章答洪懋仁问》等篇答问。

⑥ 林凤翔，字而德，镇海卫人。在李材《正学堂稿》中有《答林而德书》等篇答问。

2.潘鸣时

潘鸣时（生卒不详），字征平，海澄人。少年之时，就有大志向，在龙岭岩读书时，得到王阳明所著《传习录》善本，细读深究之后，欣然领会，颇有收获。负笈赶往绍兴，拜谒王龙溪、钱绪山，学习探讨"良知之学"，深有体悟，认为"天下事皆起于心"。学成归来，召聚门徒讲习讨论，寒暑不辍，不遗余力地传播"良知之学"。

潘鸣时不仅讲习传播阳明心学，还付之于行动。学习借鉴王阳明的社会治理模式，在本乡推行"举乡约、积义仓、练乡兵"等措施，以防不测。当时，五寨发生草寇扰民之乱，潘鸣时出动所练的乡兵征讨草寇，将其擒获，同时亲自到山寨讲明道理，安抚逆党，使之归顺朝廷。此举深得当时执政者的欣赏与器重。明隆庆二年（1568），潘鸣时领恩贡入太学，归来之后，听其讲习的门徒日益增多。去世后，漳籍门生吴道濂、苏攀等为其建祠，祀于南山寺潜云室。明万历三十八年（1610），漳州郡守闵梦得同意其门生的申请，春、秋两季以府学官临其祭，仍以吴道濂、苏攀配祀，二生循习师训，皆敦行君子也。①

3.施仁

施仁（生卒不详），字近甫，龙溪人。博洽善属文，每月定时在龙江书院开课教授，以"姚江致良知之说"为讲学内容。当时知府要求所有地方官员、府学生员每月至少要到龙江书院学习修课一次，施仁等"漳州五贤"借此机会大肆阐明、传播阳明学，一时风靡八闽大

① （清）沈定均修，（清）吴联薰增纂，陈正统整理：光绪《漳州府志》卷30《人物三》，中华书局，2011年，第1337页。

地,以致全省不少学者慕名而来,负笈临漳求学,学生人数,每每都有数百之众,其中又以争相聆听施仁讲课教导而开启者为多。

之后,因母丧丁忧在家。一有空余时间,就与诸生讲论不辍,于义利之介斤斤如也。特别是晚年,更加注重讲学,坐榻左右均为经史,或是见闻的善言善事之类,与友人谈论,只有讨论天道,再无其他可言者。其从子施三畏,也好古力行,家庭间自为师友。当时,在漳州就有"一门两道学"的赞誉。

4.潘桂芳

潘桂芳(生卒不详),字佳植,龙溪人。十六岁时,到潮州拜阳明亲传弟子薛侃为师,学习阳明心学。薛侃向其讲授《研几录》[①]。学成归漳,与从兄潘鸣时共同细绎参订阳明学。明嘉靖四十三年(1564)应贡之后,担任钱塘、泰宁县学博士,始终不忘昌明圣学,以励学成德为己任。致仕回漳后,继续讲学,时常到龙江书院传授"良知之说"。深得宗伯林士章的赏识与器重,潘桂芳成为其了林汝诏的老师。

可见,在明嘉万年间[②],漳州地区崇尚"姚江致良知之说"成为一时风尚,龙江书院成为传播阳明学的主要场所。授课老师除了"漳州五贤"外,还有周一阳、侯任[③]等漳籍阳明后学,听课者达数百之众。

---

① 《研几录》,明薛侃撰,其门人郑三极所编。

② 嘉万年间:指明代嘉靖、隆庆、万历三个朝代。

③ 侯任(生卒不详),字志尹,龙溪人。因为家境贫乏,以收门徒授课文为生计,供养家人,成为漳州文化名人。明嘉靖己未(1559)倭寇入侵漳州时被抓,倭寇素闻其名,不忍加害。侯任与当时的漳州知名学者潘鸣时、施仁经常有往来,一起讲学。

三、明崇祯年间的阳明后学互动，推动漳郡阳明学的持续发展

明崇祯年间，施邦曜、王立准等一批浙籍阳明后学莅漳任职，以"知行合一"的自觉，践履"明德亲民"的理念，做到崇实黜虚，经世致用，既赢得了漳郡民众的信任与尊崇，又让阳明学得以扩充传播，影响了一大批漳籍官员的思想意识，使得阳明学在漳传播又有新发展，并走上一个新高度。

1.施邦曜

施邦曜（1585—1644），字尔韬，号四明，浙江余姚人。《明史》载曰："邦曜少好王守仁之学，以理学、文章、经济三分其书而读之，慕义无穷。"①

施邦曜担任漳州知府期间，"遇饥煮粥，遇旱布祷，恤孤怜寡，扶善锄强，一切行政区画方略都按当年阳明平漳寇时的举措办理，政绩突出，故漳州有'前后两个文成'之誉"。②《漳州府志》甚至将其赞为"媲之紫阳"：

> 四明守漳，超伦轶类先辈，媲之紫阳，入为纳言，捐躯殉国，其古志士仁人之流矣！③

---

① （清）张廷玉等撰：《明史》卷265《列传第一百五十三》，中华书局，1974年，第6852页。

② （明）王守仁著，（明）施邦曜辑评，刘宗碧点校：《阳明先生集要三编（黔南今本）·序》西南交通大学出版社，2019年，序第13页。

③ （清）沈定均修，（清）吴联薰增纂，陈正统整理：光绪《漳州府志》卷25《宦绩二》，中华书局，2011年，第1186页。

可见,那种"身经戎行,平贼定难,抒朝廷之忧患,解苍生于倒悬"的惠政施而万民苏之功业,与王阳明当年巡抚南赣汀漳等处平寇靖乱之伟业是何等相似。可以说,施邦曜以其亲身践履良知之教,在漳州地区高扬起"王学"旗帜。斯人已去,政声永留。《施郡侯镇门功德碑》《惠建铳城功德碑》等历史遗存矗立在漳郡下属的龙海市榜山镇、漳浦县旧镇镇。尽管碑文已被风雨侵蚀,字迹模糊,但从只言片语中还可见施邦曜的作为,及其深受商民士绅的称赞。当地百姓为其立生祠,塑像称神膜拜,誉其为"施太爷",数百年来香火不灭。正是由于施邦曜在漳州的影响力,让明季的漳州掀起了一股"阳明热"。

治漳期间,施邦曜在精读隆庆谢氏刻本《王文成公全书》时,常常加以评点、批注,深感其帙卷繁多、阅读不易,便按理学、文章、经济,归类汇编《阳明先生集要》三编十五卷,授梓于平和知县王立准督刻(学界称此本为崇祯施氏刻本)。这部刻本后来成为多家翻刻底本,与隆庆谢氏刻本并称阳明著作两个极为重要的版本,是研究阳明学术的基本资料,为阳明学的传播和发展做出重大贡献。

此外,施邦曜还重建祭祀王阳明平漳寇重要属官钟湘的"钟公祠",支持平和知县王立准移建王文成公祠,还"从姚江得文成像,遂貌之,并为祠费具备,属予纪事",[①]并为该祠题匾"正学崇勋",成为平和百姓"追忆阳明肇建之功、传承阳明心学之光"的地方。

---

① (清)王相修,(清)昌天锦等纂,福建省地方志编纂委员会整理:康熙《平和县志》卷11《艺文志》,福建人民出版社,2016年,第218页。

2.王立准

王立准(生卒不详),字伯绳,别号环应,浙江临海人,是阳明再传弟子王宗沐之孙,从小在家庭就接受阳明学熏陶,尊崇王阳明。明崇祯六年(1633)始任平和知县,任期三年有余。其间"至特建王文成公祠,刻其全部文集,极有功名教"。①

到任平和不久,王立准以建于嘉靖三十三年(1554)、位于儒学西南角的阳明祠"湫隘卑庳"为由,鉴于"溯文成之原,宏文成之业。以上正鹅湖,下锄鹿苑,使天下之小慧闲悦者无以自托,是则亦文成之发轫借为收实也"之目的,"移建于东郊",改名为"王文成公祠",以怀念阳明功德,恢复祠祀规礼。② 新建公祠三进,面阔三间,并请黄道周撰书《平和县鼎建王文成先生祠碑》记述:

> 于时主县治者,为天台王公讳立准,莅任甫数月,百废俱举,行保甲治诸盗有声。而四明施公莅吾漳八九年矣,漳郡之于四明,犹虔、吉之于姚江也。王公即选胜东郊,负郭临流,为堂宇甚壮。施公从姚江得文成像,遂貌之,并为祠费具备,属予纪事。③

建祠之后,捐钱购置良田数顷,作为祀田。与此同时,受施邦曜之

---

① (清)黄许桂主修,(清)曾沣水纂辑,福建省地方志编纂委员会整理:道光《平和县志》卷5《政绩志》,厦门大学出版社,2008年,第288页。

② (清)黄许桂主修,(清)曾沣水纂辑,福建省地方志编纂委员会整理:道光《平和县志》卷6《艺文志》,厦门大学出版社,2008年,第336页。

③ (清)王相修,(清)昌天锦等纂,福建省地方志编纂委员会整理:康熙《平和县志》卷11《艺文志》,福建人民出版社,2016年,第218页。

托,组织16名刻工,于明崇祯七年(1634)秋开刻《阳明先生集要》,经过近一年紧张而又艰辛的刊刻,于次年(1635)夏末竣工成书,将阳明学说在漳州地区的弘扬、传承、发展推到一个新高度。目前,该刻本仅存世两套,分别藏于国家图书馆善本部、山东师范大学图书馆。

3.黄道周

黄道周(1585—1646),字幼元,号石斋,漳浦之铜山人,明天启二年(1622)进士。"年十四,慨然有四方志,不肯治博士业。抵博罗谒韩大夫日缵。韩家多异书,得尽览所未见。"[①]应该说,黄道周的学术气质偏向于朱学,但受泰州学派、同邑阳明后学薛士彦的影响,加上在漳讲学期间,与时任漳州知府的阳明后学施邦曜往来密切,彼此共同研讨学问,加深了对王学的接受与吸纳,从其为《阳明先生集要》所作序言中可窥见一斑:

> 明兴,而有王文成者出,文成出而明绝学,排俗说,平乱贼,驱鸟兽,大者岁月,小者顷刻,笔到手脱,天地廓然,若仁者之无敌。自伊尹以来,乘昌运,奏显绩,未有盛于文成者也。[②]

黄道周在撰书《平和县鼎建王文成先生祠碑》时发出了"不同时

---

① (清)沈定均修,(清)吴联薰增纂,陈正统整理:光绪《漳州府志》卷31《人物四》,中华书局,2011年,第1345页。
② (明)王守仁原著,(明)施邦曜辑评,王晓昕、赵平略点校:《阳明先生集要》序3,中华书局,2008年,序第6页。

兮安得游？登君堂兮不得语,耿徘徊兮中夜"①之叹,从中可以看出他"因所处时代不同而不能步入王阳明门下"的遗憾与感慨,看出他对王阳明的崇拜。在讲学时,黄道周并不排斥陆王心学,采取"择其善者而从之"的态度,引用一些陆王心学的观点。正因其对王阳明事功、学术成就的尊崇以及对其学说的接受,以至于有人将其直接归入王学。清代学者袁翼认为:

石斋湛深经术,私淑阳明而所谓心学者,微有转手。先生以此山名其文集,其寄意或在是也夫。②

以"微有转手"来指出其对阳明心学的一种选择性接纳。③

4.薛士彦

薛士彦(生卒不详),字道誉,号钦宇,漳浦绥安人。万历庚辰(1580)进士,官至广西、云南左右布政使。致仕回漳后,创办"共学堂",讲授理学,"本诸盱江罗氏④,四方负笈者以百计"⑤。薛士彦天性勤学,鸡鸣必起亲灯,勤恳办学授课,至老不倦,数以百计的学者云集其门庭之下,接受阳明心学的熏陶。

---

① (清)王相修,(清)昌天锦等纂,福建省地方志编纂委员会整理:康熙《平和县志》卷 11《艺文志》,福建人民出版社,2016 年,第 218 页。
② 参见袁翼:《书〈崇祀录〉后》,《邃怀堂全集》文集卷 2。
③ 参见陈良武:《王学在闽南的传播及其对黄道周的影响》,《阳明学与闽南文化学术研讨会论文集》,单列本第 14 页。
④ 盱江罗氏:王门泰州学派的罗汝芳。
⑤ 漳浦县政协文史资料征集研究委员会编:《漳浦县志》(清康熙志·光绪再续志点校本)卷 15《人物志上》,金浦新闻发展有限公司承印,2004 年,第 457 页。

此外,有"理学布衣"之称的张士楷,潜心"性命"于姚江"致良知"之学,人们争相拜其为师,如同邑陈祖虞不足三十岁便放弃科举学业,而"师事丹山张士楷,器重之"[①],专致于圣贤之学,颇有成就。王志道之孙王仍辂也"从丹山张士楷游"[②]。可见,明末清初年间,漳州地区依然追崇阳明学,学风之炽、传播之远有如嘉万年间[③]之盛。

四、结　论

每一个地区的文化发展都受到"长期累积的本土文化底蕴与当下主张的社会意识形态"的双重影响。作为明代中后期兴起的阳明心学,在朱学重地漳州的传播发展,同样摆脱不了漳州本土文化的影响,在传播、嵌入、融合的发展过程中而形成具有漳州特色的阳明学。具体体现为三个方面:一是朱王会通。作为朱学重地的漳州,阳明学受到开放、包容的闽南文化影响,呈现出多元包容并蓄的特征,不少学子负笈外出学习,出现了一个宗族里既有人学宗程朱又有人探微陆王的学术现象,形成了漳郡"阳明后学与朱子后学共通共融"的一个重要特点。如阳明后学林一新胞兄林一阳[④]则尊崇程朱理学,对阳明学说进行批评和抵制。从黄道周的学风发展、学问

---

① (清)沈定均修,(清)吴联薰增纂,陈正统整理:光绪《漳州府志》卷30《人物三》,中华书局,2011年,第1338页。

② (清)沈定均修,(清)吴联薰增纂,陈正统整理:光绪《漳州府志》卷31《人物四》,中华书局,2011年,第1348页。

③ 嘉万年间:指明嘉靖、隆庆、万历年间。

④ 林一阳(生卒不详),字复夫,号复庵,漳浦人,嘉靖三十年(1551)举人。官至济南通判、唐府审理。

130

切磋、讲学内容等方面来看,既传承朱学的文化底色,又吸收王学的文化营养,是一个"朱学为体,王学为用"的完美结合。二是家族抱团。在众多的漳籍阳明后学中,不少是同一宗族的学子,抱团一起求学,如漳浦三凤厅林氏一族的林成纲、林一新、林楚以及宗亲潘桂芳,结伴到潮州拜师于薛侃门下;龙溪人黄如洁、黄如信、黄如颛、黄如庆等兄弟皆为李材门生。又有家族代代相传,成为漳郡王学世家的,如潘时鸣、潘庭礼父子,施仁、施三畏父子,周一阳、周起元祖孙,都浸润于姚江之学。这种以血缘、宗族关系为纽带而"抱团一起"、具有明显闽南文化特质的传承弘扬方式,在阳明学的发展中,也是具有鲜明地域特色的。三是回馈桑梓。阳明学在漳州地区的传承、发展中,除了一批莅漳任职、谪戍、游学的阳明后学外,还有一支很重要的力量,那就是漳籍阳明后学。他们学成之后,或致仕、或归隐在乡里社学、城中学院,以亲身行动效仿王阳明"平生冒天下之非诋推陷,万死一生,遑遑然不忘讲学,惟恐吾人不闻斯道"①之精神,孜孜不倦地传播"良知之学"。正是这些"扎根故土、永不撤退"的阳明学传播者,利用其特殊的社会影响力,让明中后期的漳郡高扬"王学"旗帜。如平和人、宁波府教授李世浩致仕归乡后,建聚贤堂,讲阳明之学;潘桂芳致仕回漳后,时常到龙江书院传授"良知之说"……这些"回馈桑梓"的文化传承方式正是闽南人"重乡崇祖"生活哲学的具体表现。

明代中后期的漳州,在"闽中王门"的发展中,发挥重要作用,学

---

① (明)王守仁著,吴光、钱明、董平、姚延福编校:《王阳明全集》卷2《语录二》,上海古籍出版社,2011年,第45页。

术地位凸显。概括起来有三：一是成为"闽中王门"的发展重地。明代中后期，一大批阳明门人及其后学寓漳，高扬"王学"旗帜，一度以官府的公权力介入讲授其间，将"姚江之学"传入漳州；一大批漳籍学子远走四方问学"王门"，学成归梓，办学堂、招门徒，吸引八闽学子慕名负笈来漳，将"姚江之学"传遍漳州，成为漳郡学术时尚，风靡八闽，点亮"闽中王门"的灵光。二是漳州阳明学古籍善本的刊辑基地。先后刊刻《传习录》《阳明先生集要》两部阳明学的著作，极大地促进阳明学在漳州、福建的传播，也让后世打开了洞察明中后期漳州、福建学风的一扇"窗口"。三是漳州阳明学的发展从未间断。无论是嘉靖年间，由黄直、陈九川、何春等阳明亲传弟子担纲的讲学传播，开创了阳明学在漳郡的传播先河；还是在万历年间，由李材以及"漳州五贤"等漳籍阳明后学领衔的学院讲授，吸引了八闽学者纷至沓来；或是崇祯年间，由施邦曜、黄道周等阳明后学掀起的"阳明热"，都是明代中后期"闽中王门"弘扬、传承、发展的一个个重要节点，对阳明学在福建的传承发展做出积极贡献是毋庸置疑的。同样，阳明学在漳州的传承与发展也是生生不息的，对漳州特别是闽南文化所产生的影响是毋庸置疑的。

注：本文首次发表在贵州大学《教育文化论坛》2021 年第 1 期（总第 69 期）。

之后，该文略为修改，以《明中后期漳州阳明学发展考》为题，被福建江夏学院的"第二届东南阳明学高峰论坛"论文集收录，并在会上交流发言。还获得"2021 年度漳州市哲学社会科学研究规划课

题"一等奖。

在"第二届东南阳明学高峰论坛"发言时,"结论"的"朱王会通"阐述中,加入了这段论述:给我省阳明学者在挖掘、研究、发展福建地域阳明文化上提出了一些思考,在阐述阳明地域文化上应该找准福建的定位,凸显福建的阳明文化特质。浙江的是其生长、讲学之地,贵州的龙场悟道,江西、广西的事功,都有明显的地域特色和定位,福建怎么定位比较有特色呢? 窃认为:朱王会通是有别于他省的阳明地域文化特征。原因有二:一是闽人学识品行使然。尽管福建是朱学重镇,但面海而居的福建人始终以海纳百川的胸襟吸纳各种优秀文化,透过阳明门人、后学莅闽为官履职,或是闽籍阳明门人、后学回乡传播王学,给阳明心学提供了发展空间。从目前田野考察的情况就可窥见一斑。如在朱学发源地的武夷山,就有5座祭祀阳明先生以及邹守益、李材、葛寅亮等一批阳明后学的祠宇。二是学风传承由来已久。在王学风行之时的明代中后期,不少闽籍学者由学宗程朱理学转向王学,更多的是二者的兼识。最为典型的是黄道周、李光地等闽南学者。黄道周在《鼎建王文成公祠碑记》中发出"不同时兮安得游? 登君堂兮不得语,耿徘徊兮中夜"的遗憾与感慨,并采取"择其善者而从之"的态度,引用诸多陆王心学的思想观点,以至有人将其直接归入王学,认为:"石斋湛深经术,私淑阳明而所谓心学者,微有转手。"李光地虽以程朱理学为宗,但也积极吸取陆王心学的思想因素,提出:"致良知之说以辅佐朱子则可,以之攻朱子则同室操戈,是断不可"的观点,可以说李光地是一位"朱王会通"的人物。甚至连清代著名学者、《四库全书》馆正总裁蔡新也提出朱子理学、阳明心学之间存在"同以圣人为可学,同以省克为实功,同以遏欲存理、戒慎恐惧为入门,同以君臣、父子、夫妇、昆弟、朋友为实境"的"四同"观点。纵观晚明至民国时期的福建学风,"朱王会通"不失为福建学者有别于其他省份的一大特色。呼吁今后在福建举办阳明文化论坛、研讨会时,应该注重这一特色,否则,终将只是"玩弄光景"而已。

寓漳阳明后学行迹考

漳州自唐垂拱年间建治立州至今，已有 1300 多年的历史，是紫阳、阳明二圣过化之地，文化底蕴深厚。

明正德年间，王阳明巡抚南赣汀漳等处，曾亲率 2000 名精兵入闽平息山民暴乱，打响了他巡抚南赣的第一仗——漳南战役，之后，又两度上疏，奏请朝廷添设平和县治，对漳州地区产生了深远的影响。自宋代以降，漳州就是朱学重地。但这并不意味着阳明心学在漳州地区湮没无闻，也不代表漳州地区未受过阳明心学的影响。完全有理由说，阳明心学始终在漳州地区得到一定程度传播，甚至还一度成为社会主流意识。其中原因，除了王阳明本人在巡抚南、赣、汀、漳等处期间的平乱、施政、教化之外，还有一个很重要的原因是得益于一大批莅漳任职或贬谪到漳的阳明门人、后学在漳州地区所付出的艰辛努力，使得阳明心学得以冲破朱学藩篱的万重阻隔，传播四方，发扬光大，泽被后世。

1.马明衡

马明衡（1491—1557），字子莘，号师山，福建莆田人。《明史》记："闽中学者率以蔡清为宗，至明衡独受业于王守仁。闽中有王氏学，自明衡始。"[①]可以说，马明衡是一位亲炙于阳明门下的福建学者，也是王阳明较为欣赏的闽中弟子，还是"闽中王门"的开创者之

---

① （清）张廷玉等撰：《明史》卷 207《列传第九十五》，中华书局，1974 年，第 5464 页。

一。马明衡自明嘉靖三年(1524)因"大礼议"[①]被罢黜为民后,长期闲居在莆田老家。其间,其同门学友黄直在漳州府担任推官,他便经常出入漳州一带讲学,传播阳明心学。明嘉靖年间,王阳明奏设的平和县,知县王禄为纪念置县10周年,大兴土木,兴建一批民生设施,邀请马明衡撰写《平和县碑记》,勒石为示。马明衡在《平和县碑记》中,既描述了阳明先生的奏设肇创平和之功,又对"平和"县名进行阐发:

> 又惧非长久之道,覆详诸司,金(指都察院左金都御史、巡抚南赣汀漳等处的王阳明)议设县。疏上,天子可其奏,谓地旷民顽,即若析南靖之半,分理得入,将寇平而人和。[②]

除了为平和县撰写碑记外,明嘉靖五年(1526),马明衡还为漳浦县撰写《重建明伦堂记》[③],阐释王阳明的良知、立志等思想,传播阳明心学。

2.黄直

黄直(1500—1579),字以方,金溪人,明嘉靖癸未(1523)进士,

---

① 大礼议:指发生在明正德十六年(1521)到嘉靖三年(1524)间的一场皇统问题上的政治争论。

② (清)罗青霄修纂,福建省地方志编纂委员会整理:万历《漳州府志》卷28《平和县·文翰志》,厦门大学出版社,2010年,第1121页。

③ 漳浦县政协文史资料征集研究委员会编:《漳浦县志》(清康熙志·光绪再续志点校本)卷9《学校志》,金浦新闻发展有限公司承印,2004年。该志卷9《学校志》记载:"嘉靖五年(1526),推官黄直署邑篆,更建明伦堂,规制宏伟,其木石取诸毁东岳庙,有莆田马鸣衡记。"

受业于王守仁。明嘉靖三年至七年(1524—1528),黄直担任漳州府推官,其间,"尝署长泰、漳浦两县,扩学宫,置射圃,立文公祠,建讲堂斋舍,经费皆取之淫祠,而劳不逮民。每朔望莅学,与诸生讲义理,日中乃退"。① 长泰县以其功德,将其位列"名宦祠"之中,享春秋二祭。② 另据《漳浦县志》记载:

> (嘉靖)五年,推官黄直署邑篆,更建明伦堂,规制宏伟,其木石取诸毁东岳庙(时黄尽毁邑之淫祠),有莆田马鸣衡记;于新徙射圃地东筑射圃,于射圃西建文公祠;祠西有讲堂,两旁列斋舍各三十区,以授学徒。③

可见,黄直无论担任长泰署县,还是担任漳浦署县,始终践行王阳明"亲民明德"思想,十分重视思想教育和民风教化,拆毁淫祠,扩建学校,同时始终坚持每月的初一、十五两天的早上,搁置政务,亲自到学宫向庠生、秀才讲学授课,直到午时,让长泰、漳浦两县的莘莘学子接受阳明心学教化熏陶。在漳州任职期间,黄直曾登上漳州名胜云洞岩,览胜思幽,并留下一首《云洞》的诗:

> 鹤峰秋老芋方熟,云洞溪深蟹正肥;

---

① (清)沈定均修,(清)吴联薰增纂,陈正统整理:光绪《漳州府志》卷25《宦绩二》,中华书局,2011年,第1190页。

② 参考(明)闵梦得修,政协漳州市委员会整理:万历《漳州府志》卷6《祀典志上》,厦门大学出版社,2012年,第420页。

③ 漳浦县政协文史资料征集研究委员会编:《漳浦县志》(清康熙志·光绪再续志点校本)卷9《学校志》,金浦新闻发展有限公司承印,2004年,第236～237页。

中有幽人能作主,煨芋烹蟹正相宜。①

云洞岩位于素有"朱门护师第一人"之称的漳州理学名家陈淳②老家的背后,是朱熹曾经解经讲学的地方。黄直用"煨芋烹蟹正相宜"来暗喻朱、陆同宗同源,也告诉漳州的学子,在朱学重地的漳州,依然有王学的发展空间。

3.陈九川

陈九川(1494—1562),字惟浚,号明水,江西临川人,曾拜阳明为师,是江右王门重要代表人物。《明史》曰:"狱成,九川戍镇海卫,邦俆等削籍有差。久之,遇赦放还,卒。"③

陈九川从明嘉靖丙戌(1526)始谪戍镇海卫,到己丑(1529)恩下得解戍还,历时整整三年。其间,尽管自己"遭谪居遥远、困苦、瘴海烟雾之中",但始终不忘"崇理学,御教化而春秋俎豆",将阳明心学在荒野的海疆哨所点亮,照耀着卫国守疆将士及其眷属的心灵,让教化不及的边疆军民依然可以享受"文章在传播,昭昭乎不可泯者也"的文化氛围。④ 同时,陈九川还与聂豹一起重刻《传习录》⑤,让

---

① （清)吴宜燮修,(清)黄惠、李畴纂:《乾隆龙溪县志》卷22《艺文志》,上海书店出版社:《中国方志集成·福建府县志辑》第30,上海书店出版社,第312页。

② 陈淳(1159—1223),字安卿,亦称北溪先生,南宋理学家。漳州龙溪(今漳州市龙文区)人。朱熹晚年的得意门生,理学思想的重要继承者和阐发者。著作有《北溪全集》。

③ （清)张廷玉等撰:《明史》卷189《列传第七十七》,中华书局,1974年,第5023页。

④ 黄剑岚主编,黄超云校注:《镇海卫志校注·艺文志》,中州古籍出版社,1993年,第136页。

⑤ 该刻本是闽地阳明学传播、发展的重要物证,意义非凡,可惜早已遗失,唯留序文一篇。近年来,笔者一直通过国内外图书馆藏目录查阅、道友帮助查询等多种方式寻找,依然未果。

闽中王学研究

这里的民众以更加通俗易懂的形式接受阳明学。镇海卫军民感念其"扶舆正气""笃佑忠良",即使身处"海濒也,操志益励,苦节弥贞",特建祠祀之,"以慰卫人仰止之望"。① 可见,陈九川在被谪戍镇海卫期间的讲学,深得民众之心,赢得了百姓的感念与缅怀。

4.聂豹

聂豹(1487—1563),字文蔚,号双江,江西永丰人,明正德十二年(1517)进士。"嘉靖四年(1525)召拜御史,巡按福建。""豹初好王守仁良知之说,与辩难,心益服。后闻守仁殁,为位哭,以弟子自处。"②

聂豹巡按福建期间,正值王阳明的另一位弟子陈九川谪戍镇海卫,与其颇有往来,因此多次往返漳州,并在漳地讲学,对当时阳明学在漳州的传播起到了推波助澜的作用。正如聂豹所言:"时余以御史按闽,(九川)先生自忘其为迁客,余亦忘之,往来商订,互有裨益。"聂豹还留下多首游历漳州的诗句,在诗中也表达了面对漳州"嚣讼民非"的社情状况,深感"推行大道教化民众"的艰辛与不易,也流露了期待恢复礼教的心情,以及自己的使命与担当。如《漳州玉壶亭留题》:

> 退食展书耽僻静,庭空鹊噪玉壶幽。
>
> 风含桂栢书澄暑,雨过池亭凉欲秋。
>
> 大道忍看群鸟兽,斯民何日复商周。
>
> 肃清寡术孤持斧,拟傍匡庐借一丘。③

---

① 黄剑岚主编,黄超云校注:《镇海卫志校注·艺文志》,中州古籍出版社,1993年,第136页。

② (清)张廷玉等撰:《明史》卷202《列传第九十》,中华书局,1974年,第5336~5337页。

③ 吴可为编校整理:《聂豹集》卷12《七言律诗》,凤凰出版社,2007年,第475页。

明嘉靖七年(1528),聂豹与被谪戍镇海卫的陈九川根据漳州、福建当地学生的客观需要,有针对性地辑编刊刻《传习录》,用最适用当地的教材在镇海卫、漳州,乃至八闽大地推广阳明学说。

5.何春

何春(生卒不详),字元之,江西于都人,弘治甲子(1504)举人,是王阳明于都五个忠实弟子——"王门五子"①之一、著名理学家何廷仁②的二哥。受业于王阳明的何春于明嘉靖十年(1531)被朝廷选派到诏安担任首任知县,面对百废待兴的一个新县份,他积极推行被阳明先生实践证明切实可行的《南赣乡约》,移风易俗,强化社会治理。在政务之余,他效仿阳明先生"召诸生讲学"的做法,传授阳明心学,化民成俗,深得民众拥戴。

> 嘉靖十年知诏安县,春尝师事王阳明先生,学以圣贤为的。其牧民不拘于簿书期会间,政暇诣明伦堂,与诸生讲论,示以为学趋向。教民行乡约,习文公家礼。毁淫祠,禁图赖。当县治新设之初,务欲化干戈俎豆。在任未久,改知舍山,行李萧然,民至今思之。③

无论是一个地方,还是一支军队,首任领导的学识风格往往影

---

① 王门五子:何廷仁、黄弘纲、何春、管登、袁庆麟等五位于都士子。
② 何廷仁(1483—1556),字性之,号善山,江西于都人。《明史》载:"守仁之门,从游者恒数百,浙东、江西尤众,善推演师说者称弘纲、廷仁及钱德洪、王畿。时人语曰'江有何、黄,浙有钱、王'。"
③ (清)罗青霄修纂,福建省地方志编纂委员会整理:万历《漳州府志》卷29《诏安县·秩官志》,厦门大学出版社,2010年,第1121页。

响着一个地方、一支部队的气质与灵魂。从这个意义上说,阳明心学是诏安文化的基本底色。

6.王时槐

王时槐(1522—1605),字子直,号塘南,江西安福人,为阳明再传弟子。据《镇海卫志》记载:

> 铜山千户所,在漳浦东南尽处五都界内海岛中……(嘉靖)三十六(1557)年倭警,众议东北城圮且卑,具呈漳南道王公时槐愿自修筑。委诏安知县龚有成勘修,益卑以高,易土以石,东北始为崇墉。[①]

又据《明理学南太常寺卿为塘南先生恭忆先训自考录》记载:

> 嘉靖三十四年乙卯(1555)四月,升福建按察司佥事,整饬兵备,兼分巡漳南道。……及任漳南,自觉赤子之心未失,洁己爱民,激励属寮,御寇保境,殚心竭智,不遗余力。[②]

王时槐在嘉靖年间莅闽履职,积极践行先生"知行合一"思想,就像王阳明当年分析漳南"乱乱相承"缘由那样,注重考察闽地乱象之根源,上疏朝廷指出"福建之害,不在倭寇,而在内地。盖人心不

---

① 黄剑岚主编,黄超云校注:《镇海卫志校注·建置志》,中州古籍出版社,1993年,第23～24页。

② (明)王时槐撰,钱明、程海霞编校:《王时槐集》卷3《王塘南先生自考录》,上海古籍出版社,2015年,第648～652页。

公不平，是非倒置，即内地已化为倭矣"，建议"以风吏治"①。王时槐始终心系东南沿海的海防建设，推动、指导镇海卫所及其所属之户所的修建。与此同时，王时槐也秉承阳明先生"随时随地讲学"的作风，时时不忘办社学、兴教化。《明王时槐传》有记：

> 出漳南佥事，会上杭民据险为寇，先生单骑往谕，斩其魁，筑城设倅为建塾延师教其子弟。②

7.李材

李材（1529—1607），字孟诚，号见罗，江西丰城人，素从阳明弟子邹守益讲学。据《明史》记载：

> 至（万历）二十一年（1593）四月，始命戍镇海卫。
>
> 材所至，辄聚徒讲学，学者称见罗先生。系狱时，就问者不绝。至戍所，学徒益众。许孚远方巡抚福建，日相过从，材以此忘羁旅。久之赦还，卒年七十九。③

贬戍镇海卫期间，镇海卫所指挥针对当时的士官多为浮浪子弟，终日无所事事，武备流于形式的现状，商议建立讲堂，聘请李材

---

① （明）王时槐撰，钱明、程海霞编校：《王时槐集》卷3《王塘南先生自考录》，上海古籍出版社，2015年，第651页。

② （明）王时槐撰，钱明、程海霞编校：《王时槐集》附录2《传铭》，上海古籍出版社，2015年，第826页。

③ （清）张廷玉等撰：《明史》卷227《列传第一百十五》，中华书局，1974年，第5958页。

讲学,传播知识。李材乐此不疲,欣然接受,并以师道自居,做到师严道尊,严于约束,在讲学中传承发展阳明心学,以"大学知止知本"为宗,强调"随地体认天理""正心修身",以摆脱放诞虚矫之弊,给当时的镇海卫,乃至漳州、福建带来一股清新的学风。

历史总是那样的相像,就像马明衡遇到黄直、陈九川遇到聂豹一样,李材在贬戍镇海卫期间,同样遇到一位阳明后学许孚远[①]在闽履职,担任右金都御史,巡抚福建,与李材"日相过从",让其有一个良好的传授氛围和愉悦的讲学心情。其在镇海卫的谪戍、讲学经历,当地的地方史志多有记载,如《镇海卫志》《漳浦县志》记曰:

既至戍所,从之者尤众。时许孚远方巡抚福建,素与材同志友善,日相过从,材与言志,其羁旅延接缙绅犹持都御史故礼,卫帅人谒,行属礼,不少辞,人以是议之。

《漳浦县志·杂志》:李见素材戍镇海时,遇操习期必戴胄、执戈,赴教场供职。时升平日久,卫官皆纨绮膏粱,久废武备,苦之,乃群议立讲堂,延李讲学。李以师道自处,乃已。凡游览所至,必大书"修身为本"及"随处体认天理"等字,书法道古,今太武等山多有之,又尝游七都福寿院,书"法堂"二字,末署"李材书",今存。亦有"修身为本"四大字,勒院前山石中。[②]

① 许孚远(1535—1604),字孟中,号敬庵,浙江德清人,嘉靖四十一年(1562)进士。《明史》载:"二十年(1592)擢右金都御史,巡抚福建。""孚远笃信良知。"有鉴于许孚远在漳州的行迹尚未掌握,所以本文没有单独列出介绍。

② 黄剑岚主编,黄超云校注:《镇海卫志校注·人物志》,中州古籍出版社,1993年,第114页。

同样,在《漳州府志》中,也记载:

> 至漳,自都邑大夫,下逮子衿,咸执弟子礼焉。于巡抚敬庵许公、督学匡岳徐公称师友。改修道原堂为讲学书院,所传语录甚多,无非反复开明"修身为本"也。凡名山摩崖、胜地梵宇,必勒书四大字,以诏来学。其辞受取与,一以道义自信。居数载归,卒于家。别号见罗,今海内论学者率以见罗先生为宗。①

2015年8月初,在漳州芝山大院内发现了一块立于明代漳郡正学堂②的残碑,故名"正学堂碑",碑文主要阐述李材修身为本的思想。立碑者中,有王门的钱、王弟子,漳籍阳明后学潘时鸣的儿子潘庭礼、门生吴道濂。③ 由此可以推断,立碑者不乏宗阳明学的漳籍学子,此碑可谓阳明学者在漳州传播心学思想的直接、有力证据。

8. 施邦曜

施邦曜(1585—1644),字尔韬,号四明,浙江余姚人。施邦曜自明天启年间至崇祯七年(1634)担任漳州知府,其间始终将良知学说内化于心,外化于行,"遇饥煮粥,遇旱布祷,恤孤怜寡,扶善锄强,一切行政区画方略都按当年阳明平漳时的举措办理,政绩突出,故漳

---

① (清)沈定均修,(清)吴联薰增纂,陈正统整理:光绪《漳州府志》卷50《纪遗下》,中华书局,2011年,第2163页。
② 正学堂,位于今福建省漳州市区的芝山(漳州市政府大院)。历代称谓不一,或曰龙江书院、芝山书院,或曰道原堂、正学堂。
③ 郑晨寅:《从"正学堂碑"看阳明学在漳州的传播》,《阳明学与闽南文化学术研讨会论文集》,2019年6月,第44～48页。

州有'前后两个文成'之誉"。① 《漳州府志》甚至将其赞为"媲之紫阳"：

> 四明守漳，超伦轶类先辈，媲之紫阳，入为纳言，捐躯殉国，其古志士仁人之流欤！②

从中可见，那种"身经戎行，平贼定难，抒朝廷之忧患，解苍生于倒悬"的惠政施而万民苏之功业，与王阳明当年巡抚南赣汀漳等处平寇靖乱之伟业是何等相似。可以说，施邦曜以其亲身践履良知之教，在漳州地区高扬起一面"王学"的旗帜。斯人已去，政声永留。《施郡侯镇门功德碑》《惠建铳城功德碑》(分守漳南道右参政施爷惠建铳城功德碑，明崇祯七年孟夏立)等历史遗存依然矗立在漳郡下属的龙海市榜山镇、漳浦县旧镇镇。此外当地百姓还为其立生祠，塑像称神膜拜，誉为"施太爷"，数百年来始终如初，香火不灭。

施邦曜常常在精读隆庆谢氏刻本《王文成公全书》时，加以评点、批注，深感其卷帙繁多、篇幅浩大、携带不便、阅读不易等问题，便按理学、文章、经济三帙归类整理，汇编成《阳明先生集要》，共三编十五卷，授梓于平和知县王立准督刻，学界称此本为崇祯施氏刻本。该刻本成为后来多家翻刻的底本，与隆庆谢氏刻本并称阳明著作两个极为重要的版本，是研究阳明学术的基本资料，为阳明学的

---

① (明)王守仁著,(明)施邦曜辑评,刘宗碧点校:《阳明先生集要三编(黔南今本)·序》,西南交通大学出版社,2019 年,序第 13 页。

② (清)沈定均修,(清)吴联薰增纂,陈正统整理:光绪《漳州府志》卷 25《宦绩二》,中华书局,2011 年,第 1186 页。

传播和发展做出了很大贡献。"一代完人"黄道周①、漳籍名仕颜继祖②为该书作序,分别赞曰:

今读四明先生所为集要三编,反覆于理学、经济、文章之际,喟然兴叹于伊、孟、朱、陆相距之远也。③

四明施公敏而好学,公余取先生全集而诠次焉,分理学、经济、文章,凡十五卷,付诸杀青,与世共宝,可谓姚江之功臣,闽南之教主矣。④

此外,施邦曜还重建祭祀王阳明平漳寇的重要属官钟湘的"钟公祠"⑤,大力支持平和知县王立准移建王文成公祠,"施公从姚江得文成像,遂貌之,并为祠费具备,属予纪事"⑥,并为该祠题匾"正学崇勋",成为平和百姓"追忆阳明肇建之功、传承阳明心学之光"的地方。

---

① 黄道周(1585—1646),字幼玄,又字螭若、螭平、幼平,号石斋,漳浦铜山(今东山县铜陵镇)人。天启二年(1622)进士,历官翰林院修撰、詹事府少詹事。南明隆武时,任吏部尚书兼兵部尚书、武英殿大学士(首辅)。隆武二年(1646)殉明,隆武帝赐谥"忠烈",追赠文明伯。清乾隆年间改谥"忠端"。道光四年(1824)从祀孔庙。

② 颜继祖(? —1639),字绳其,号同兰,龙溪(今漳州市龙海区)人,明万历四十七年(1619)进士,授工科给事中。

③ (明)王守仁原著,(明)施邦曜辑评,王晓昕、赵平略点校:《阳明先生集要》序三,中华书局,2008年,序言第7页。

④ (明)王守仁原著,(明)施邦曜辑评,王晓昕、赵平略点校:《阳明先生集要》序四,中华书局,2008年,序言第8页。

⑤ 钟公祠:据《乾隆龙溪县志》卷7《坛庙志》载:"钟公祠在双门街,正德间建,祀知府钟湘,后毁于火。崇祯间,知府施邦曜重建"。钟湘乃王阳明"漳南战役"的主要部将之一。

⑥ (清)王相修,(清)昌天锦等增纂,福建省地方志编纂委员会整理:康熙《平和县志》卷11《艺文志》,福建人民出版社,2016年,第218页。

闽中王学研究

9.王立准

王立准,字伯绳,别号环应,浙江临海人,是阳明再传弟子王宗沐①之孙,从小就在家庭接受阳明学的熏陶,尊崇王阳明。明崇祯六年(1633)始任平和知县,九年(1637)升任连州知州,历时三年有余。其间"至特建王文成公祠,刻其全部文集,极有功名教"。

王立准到任平和知县不久,以建于明嘉靖三十三年(1554)、位于儒学西南角的阳明祠"湫隘卑庳"为由,鉴于"溯文成之原,宏文成之业。以上正鹅湖,下锄鹿苑,使天下之小慧闲悦者无以自托,是则亦文成之发轫借为收实也"之目的,将阳明祠"移建于东郊"②,改名为"王文成公祠",以怀念阳明的功德,恢复祠祀规礼。新建的公祠三进,面阔三间,并请"一代完人"黄道周撰书《平和县鼎建王文成先生祠碑》记述:

> 于时主县治者,为天台王公讳立准,莅任甫数月,百废俱举,行保甲治诸盗有声。而四明施公莅吾漳八九年矣,漳郡之于四明,犹虔、吉之于姚江也。王公即选胜东郊,负郭临流,为堂宇甚壮。施公从姚江得文成像,遂貌之,并为祠赀具备,属余纪事。余以文成祀在两庑,可奏诸雅其别庙者,宜自为风,因为迎送神之曲。③

---

① 王宗沐(1523—1591),字新甫,号敬所,浙江临海人。明嘉靖二十三年(1544)进士。卒,追赠刑部尚书,谥襄裕。师事欧阳德,为王阳明再传弟子。
② (清)黄许桂主修,(清)曾泮水纂辑,福建省地方志编纂委员会整理:道光《平和县志》卷6《艺文志》,厦门大学出版社,2008年,第336页。
③ (清)王相修,(清)昌天锦等纂,福建省地方志编纂委员会整理:康熙《平和县志》卷11《艺文志》,福建省人民出版社,2016年,第218页。

寓漳阳明后学行迹考

王立准受施邦曜之托，组织 16 名刻工，于明崇祯七年（1634年）秋肇工开刻《阳明先生集要》三编十五卷，经过将近一年的紧张而又艰辛的刊刻，终于明崇祯八年（1635 年）夏末竣工成书，将阳明学说在平和的弘扬、传承、发展推到一个新高度。

10.王孙枢

王孙枢，号天智，王阳明五世孙，清顺治十八年至康熙元年（1661—1662）担任平和署县。《平和县志》记载：

（署县）王孙枢，浙江余姚人，文成公五世孙。革旧习，行新政，有数典不忘焉，重修学宫，有碑记。[1]

其间，王孙枢"甫下车，晋谒文庙，见墙宇倾圮，廊庑荒落"，又见"邑里萧条，学宫鞠为茂草"，感叹"此前人垂成之功，将竟未竟之绩也"，带头捐出薪俸金银，用不到三个月的时间就建成学宫。此举，使"和邑诸生沐公教育之德，当益思文成创肇之功；思文成创肇之功，则当师文成良知之学"，[2]也使阳明心学在平和大地赓续不止。

从明嘉靖三年（1524）到清康熙元年（1661）的 130 多年间，至少有十多位阳明门人或任职、或谪戍而寓漳。尽管他们身居官场，但始终不忘传播阳明心学，利用自身的政治影响力，讲授不止，耕耘不辍，影响不断。无论是在漳州府任职的黄直、施邦曜，还是在属县担任知县的何春、王立准，或是谪戍镇海卫的陈九川、李材，他们都拥

---

① （清）黄许桂主修，（清）曾沚水纂辑，福建省地方志编纂委员会整理：道光《平和县志》卷 5《政绩志》，厦门大学出版社，2008 年，第 291 页。

② （清）黄许桂主修，（清）曾沚水纂辑，福建省地方志编纂委员会整理：道光《平和县志》卷 6《艺文志》，厦门大学出版社，2008 年，第 329～330 页。

有一般平民百姓所没有的特殊社会资源,这对于明中后期漳州地区的阳明心学发展起到极大推动作用,既改变了漳州地区的文化生态,也促进了漳州地区的文化繁荣进步。正如《漳州府志》所记:

> 明自成化以前,姚江之说未兴,士皆禀北溪之教,通经明理,躬修实践,循循乎上接乎考亭,无异师异说以汩之,不亦乐善乎。正德以后,大江东西以《传习录》相授受,豪杰之士翕然顾化,漳士亦有舍旧闻而好为新论者。如邱氏原高"昔信理,今信心"之说,陈氏鸣球"吾心无二"之云。①

根据漳州府及其属县的地方志等资料,笔者发现有姓名记载的漳籍阳明后学就有:李世浩、林成纲、林一新、林楚、邱原高、陈九叔、陈鸣球、林士章、潘鸣时、吴道濂、苏攀、王应麟、周一阳、施仁、施三畏、潘桂芳、侯任、吴一沛、薛士彦、陈铨、赵怀玉、张士楷、黄道周、陈祖虞、王仍铭等20多位,这一大批漳籍学子对"王学"的尊崇与好学,使得"姚江之学"一度成为漳州的学术时尚,风靡八闽,点亮"闽中王门"的灵光。此外阳明门人聂豹、陈九川以及阳明后学施邦曜,根据漳州、福建的实际,分别对《传习录》《王文成公全书》进行点注校正,归类整理,使得《传习录》重刻于闽地,《阳明先生集要》刊刻于和邑,让后世打开了一扇洞察明中后期漳州、福建学风的"窗口"。

注:本文发表在《儒学天地》2019年第4期(总第49期)。

---

① (清)沈定均修,(清)吴联薰增纂,陈正统整理:光绪《漳州府志》卷30《人物三》,中华书局,2011年,第1338页。

漳州古城阳明文化遗迹考

　　王阳明(1472—1529)，名守仁，字伯安，明代著名哲学家、思想家、军事家、政治家。生于浙江余姚，卒于江西南安(今赣州市大余县)，葬于浙江山阴(今绍兴市柯桥区)。官至南京兵部尚书，封新建伯；卒后追赠新建侯，谥"文成"，从祀孔庙。曾因在会稽山阳明洞修道，遂自号阳明子、阳明山人，学界尊称为阳明先生。王阳明一生颇具传奇，活动之广布及大半中国，举凡其活动区域，时人称之为"阳明先生过化之地"或"阳明先生遗爱处"①"阳明先生行迹地"。

　　王阳明是史上公认的立德、立功、立言"真三不朽"伟人，其"门徒遍天下，流传逾百年，其教大行"。特别是在"嘉、隆而后，笃信程、朱，不迁异说者，无复几人矣"，②其思想不仅在明代中后期的学术界占据核心地位，在后世更是"风行天下，传遍中国，走向世界"(杜维明语)。近年来，因提倡"文化自信"，以及将传统文化视为一种"独特战略资源"，再加上党和国家领导人对阳明语录及阳明学核心命题的关注与阐述，王阳明及其阳明心学获社会各界的高度关注，

----

　　①　贵州修文龙场的阳明洞洞口上方，镌刻有明朝万历年间贵州宣慰使安国享书"阳明先生遗爱处"七字摩崖石刻；广西南宁市青秀山上，有阳明门生左江兵备佥事欧阳瑜于嘉靖四十年(1561)镌刻的"阳明先生过化之地"八字摩崖石刻。

　　②　(清)张廷玉等撰：《明史》卷282《列传第一百七十》，中华书局，1974年，第7222页。

成为中华传统文化中的一大"显学"。① 特别是浙江省余姚市、贵州省修文县、江西省崇义县等存有阳明文化遗迹的地区,更是纷纷将其作为一张靓丽的"城市名片",加大投入,修缮保护乃至恢复王阳明(包括阳明后学)行迹地的历史文化遗存。

作为王阳明过化之地的漳州,②曾是王阳明总制军政四年有余的闽粤赣湘"八府一州"之一"府"。阳明心学自然浸润其间,并与漳州本地的闽南文化互相杂糅、融合互鉴,形成具有闽南特色的漳州阳明地域文化。随着历史的轮回、人事的更迭以及文化的沉淀,也因而产生了一些阳明文化遗迹。这些文化遗迹,经过数百年的风雨洗礼,城市变迁,大都已然湮没在岁月的痕迹之中,退尽铅华,唯有那启迪人心的文化遗迹所散发的人文气息,依然保存在闽南文化的记忆之中,历久而弥新。本文将以漳州古城为考察地标,对漳郡府治的部分阳明文化遗迹(不延伸至郊区)进行考述。

---

① 参考吴光、张宏敏、金伟东:《王阳明的人生智慧》,中国方正出版社,2016年,第1页。

② 关于王阳明是否亲身抵漳,国内有一些学者曾持怀疑态度,我想以王阳明自身的表述来说明,或许更有说服力。从其公移、奏疏中来看,明正德十二年(1517)二月二十五日,王阳明在上奏朝廷的《给由疏》中指出:"蒙恩升都察院右佥都御史,巡抚南、赣、汀、漳等府,于正德十二年正月十六日前到地方行事,支俸起扣,至本月二十五日止,又历俸十日,连前共辖历三十六个月。三年考满,例应给由。缘臣系巡抚官员,见在福建漳州等府地方督调官军,夹剿漳、浦等处流贼,未敢擅离。"说明此时的王阳明身在漳州督战。同年五月二十八日,王阳明在上奏朝廷的《攻治盗贼二策疏》中指出:"案照四月初五日据南康府呈同前事,彼时本院见在福建漳州督兵未回,未知前贼向往,行查未报。"说明四月初五那天,王阳明还在漳州督兵,未返回赣州。王阳明在《钦奉敕谕切责失机官员通行各属》这份通告中,更是明确"即欲遵奉敕谕事理,亲至漳州体勘查处""会同守巡该道官,亲诣漳州地方,督同知府等官,将已破贼巢,逐一查勘"。可以说,王阳明"亲诣漳州地方督战"乃是凿凿有之,毋庸置疑。

一、漳州府署

清光绪《漳州府志》记载:"漳州府署,在府城南,唐贞元二年(786),徙州治于龙溪,即今治也。元为路,明为府……乾隆四十年(1775)六月,大堂前楹被大雨倾坏,知府李维钰重修。"[①]另据《漳州史迹》介绍:"中山公园前为府治及府治之后园,有亭,有池,有丘,有洞,有井,因年久失修逐渐圮废,荒芜不堪。至民国八年(1919),粤军驻漳,乃兴工开辟,为漳人公共游息之所,名曰漳州公园。""仰文楼下,即漳州府治也。"[②]可见,从唐代至清代,自然也包括阳明总制漳州府军政事务的明正德年间,漳州府署始终未曾易址,乃在今中山公园一带。可以说,漳州府署即见证了阳明先生亲履漳郡建功立业、管控漳州属邑的重要衙门之一。

"铁打的衙门,流水的官。"漳州府署自建成之后,迎来送往了数以百计的官员,其中不乏阳明门人、后学,如辅佐王阳明平定漳州南部"山贼"的正德年间知府钟湘,受业于王守仁的嘉靖年间推官黄直,阳明弟子黄宗明从子、被贬为漳州通判的黄元恭,还有"少好王守仁之学"的崇祯年间知府施邦曜……可以说,漳州府署是寓漳阳明门人、后学的重要据点之一。正因有了他们在漳执政为官,生活、工作于府署其中,才使得今天人们徜徉在漳州府署遗迹之间,依然可以感觉到阳明文化的气息。

---

① (清)沈定均修,(清)吴联薰增纂,陈正统整理:光绪《漳州府志》卷5《规制上》,中华书局,2011年,第51~52页。

② 翁国梁:《漳州史迹》,福建协和大学书店,福州麦园顶知行印务局,1935年,第58~59页。

1.钟湘

钟湘(1470—1521),字用秀,兴国州修善里(今阳新县排市镇排市村新屋下庄)人。明弘治十五年(1502)进士,历任户部郎中、漳州知府、广东参政等。据《大明一统志》载:

> 公讳湘,赐进士出身,任户部广东清史司主司,擢福建漳州知府(正四品),正德间海寇猖獗,公请兵勤寇,南靖悉平,奏立平和县,戚旱,赈活饥民,以功擢升广东参政(正三品),后以失卒于署,发枢日,民皆感泣,至今漳人像祀之。①

清光绪《漳州府志》有曰:

> 钟湘,字用秀,兴国州人,弘治壬戌进士。正德十一年知漳州府,先是,南靖县巨贼詹师富等聚众劫掠,震动三省,即而侵逼近郊。湘初至,税于射圃,闻乱,欲亲往谕贼,同官止之。即而大兵进剿,擒斩渠魁。余党据寨者尚二千人,湘督饷军前,力主招抚。贼为开路,有一监司先入,贼惊避之。及湘至,贼熟视曰:"是也。"乃翕然听命,兵遂罢,十二年三月也。因建议立社学,买田延师,以训化之。复采众议,上闻设平和县。十三年,升俸一级。岁大旱,发廪赈饥,尤多所全活。湘忠清正直,在任数年,行所无事。卒于官,囊橐萧然,发枢日,漳人莫不流涕。既祀名宦,复特祠祀之。②

---

① 转引自福建省政协文化文史和学习委员会编:《王阳明与福建》,福建人民出版社,2020年,第86页。

② (清)沈定均修,(清)吴联薰增纂,陈正统整理:光绪《漳州府志》卷25《宦绩二》,中华书局,2011年,第1184页。

钟湘自明正德十一年(1516)任漳州知府,直到十六年(1521)殁世,任期长达六年之久,其任内恰是王阳明总制漳州军政四年的时期,直接听命于阳明先生的领导之下。在此期间,漳州府署接收了王阳明专门针对漳南道、漳州府治理管控、社会发展的 15 篇公移,见证了王阳明对重构稳定漳州社会秩序的用心。其间,钟湘还曾陪伴在王阳明身边近两个月,辅助阳明先生平定漳南山民暴乱、添设平和县、化解畲汉矛盾,并发挥了积极的作用。换言之,王阳明在建立事功首仗时,钟湘是一位极其重要的左膀右臂。漳州百姓也因此先后为之立祠于双门街、南门外栅尾街,岁时尸祝。

2.黄元恭

在知府钟湘离世三年之后,府署迎来了阳明弟子黄直以推官身份入住府署四年,再过 20 多年的时光,府署又迎来一位阳明后学——王阳明早期重要弟子黄宗明的从子黄元恭。

黄元恭(生卒不详),字资理,号省庵,宁波府鄞县(今浙江省宁波市鄞州区)人,明嘉靖二十六年(1547)进士。才华横溢,为人正派耿直,不阿内臣权贵,由此得罪严嵩,于嘉靖二十九年(1550)被贬为漳州通判。《漳州府志》记曰:

> 黄元恭,鄞县进士,(嘉靖)二十九年任。沉静寡欲,政简民安。未半载以忧去。①

---

① (清)沈定均修,(清)吴联薫增纂,陈正统整理:光绪《漳州府志》卷 10《秩官二》,中华书局,2011 年,第 274 页。

黄元恭在漳履职虽然只有短短半年时光，但志书对其"沉静寡欲"的为人品行和"政简民安"的问政风格，颇有赞誉，实属难得。这与其家族文化修养背景不无关系。

黄元恭系黄宗明从子。黄宗明（？—1536），字诚甫，号致斋，宁波府鄞县（今浙江省宁波市鄞州区）人。明正德甲戌（1514）进士。曾出任福建盐运使、福建参政。黄宗明尝从王守仁论学，受学于门下十余载，称赞良知之学是"直截简易，无俟推求，无不该具"，是王阳明早期重要的弟子，护卫师说不遗余力。王阳明对黄宗明亦多加肯定，谓"诚甫自当一日千里，任重道远，吾非诚甫谁望耶？"黄宗明为人宁静，性格恬雅，温厚谅直，沉默运几，不汲汲事功，颇与权势不相能。人以为良知心学之验耳。[①] 由此可见，黄元恭莅漳期间的为人、处事问政与黄宗明多有相似，亦是"良知心学之验耳"。

3.施邦曜

到了明季，漳州府署又迎来了一位余姚籍的阳明后学施邦曜，自明天启年间至崇祯七年（1634）担任漳州知府，长达八年之久。

施邦曜（1585—1644），字尔韬，号四明，浙江余姚人。任知府期间，施邦曜始终将良知学说内化于心，外化于行，"遇饥煮粥，遇旱布祷，恤孤怜寡，扶善锄强，一切行政区画方略都按当年阳明平漳时的举措办理，政绩突出，故漳州有'前后两个文成'之誉"。[②] 施邦曜那种"身经戎行，平贼定难，抒朝廷之忧患，解苍生于倒悬"的惠政施而

---

① 参考邹建锋：《阳明夫子亲传弟子考》，中国社会科学出版社，2017 年，第 26～28 页。

② （明）王守仁著，（明）施邦曜辑评，刘宗碧点校：《阳明先生集要三编（黔南今本）·序》，西南交通大学出版社，2019 年，序第 13 页。

万民苏之功业,与王阳明当年巡抚南、赣、汀、漳等处平寇靖乱之伟业是何等相似。可以说,施邦曜虽身居漳州府署之衙门,却以其亲身践履良知之教,在漳州地区高扬起一面"王学"的旗帜。

施邦曜政务闲暇之余,居于府署之内,时常精读、评点、批注隆庆谢氏刻本《王文成公全书》,并按理学、文章、经济三帙归类整理,汇编成《阳明先生集要》,共三编十五卷,授梓于平和知县王立准督刻,学界称此本为崇祯施氏刻本。完全有理由说:这部嘉惠后世的《阳明先生集要》崇祯施氏刻本是施邦曜在漳州府署完成辑编的。漳籍名仕林釪①、王志道②为该书作序,分别赞曰:

余幸得先生全编,焚香山寺中,敬阅返照,恍见先生之所以示人,即人人所自有而知,何以非良,良知何以不致?③

昔文成反覆紫阳定论,必求针芥于良知而后已。今四明反覆阳明定论,究其指归,亦必求针芥于紫阳而后已。

两先生者,皆过化吾漳,其定论皆孔氏堂室必由之径,其趋则一。今之宗姚江者,必诎考亭,宗考亭,则疑姚江,疑其学且甚于疑其功。是编也,可谓忠于文成,且使吾漳再见紫阳矣。④

① 林釪(1568—1636),字实甫,号鹤台,福建龙溪洞口社(今漳州市龙文区步文镇)人。明万历四十四年(1616)进士,官至礼部侍郎兼侍读学士。

② 王志道(1774—1646),字而宏,号东里,福建漳浦人。明万历四十一年(1613)进士,官至左副都御史,南明朝任吏部侍郎。

③ (明)王守仁原著,施邦曜辑评,王晓昕、赵平略点校:《阳明先生集要》序一,中华书局,2008年,序第1页。

④ (明)王守仁原著,施邦曜辑评,王晓昕、赵平略点校:《阳明先生集要》序二,中华书局,2008年,序第4~5页。

这部"忠于文成,且使吾漳再见紫阳"、被誉为"与世共宝"①的《阳明先生集要》崇祯施氏刻本,与《王文成公全书》隆庆谢氏刻本②并称为阳明著作两个极其重要的版本,是研究阳明学术的基本资料之一,为阳明学的传播和发展做出了很大贡献。漳州府署有幸见证、成就这一"阳明学界盛举",足以奠定漳州历史文化名城的底蕴。这是漳州府署之幸,也是漳州古城之幸,更是漳州之幸。可惜的是,该部《集要》的浙刻本、黔刻本均已点校出版,唯独吾漳之闽刻本至今未有点校整理。③

二、龙江书院

据明万历癸丑《漳州府志》记载:

---

① (明)王守仁原著,施邦曜辑评,王晓昕、赵平略点校:《阳明先生集要》序四,中华书局,2008年,序第8页。

② 隆庆谢氏刻本是指明隆庆六年(1572),谢廷杰巡按浙江时,将王阳明著述汇编合刊为《王文成公全书》。全书共有三十八卷,分为传习录三卷、文录五卷、别录十卷、外集七卷、续编六卷、年谱五卷、世德纪二卷。

③ 施邦曜在漳州府署辑评《阳明先生集要》成稿之后,便授梓于平和知县王立准督刻,于明崇祯七年(1634)秋肇工开刻,经过将近一年的紧张而又艰辛的刊刻,《阳明先生集要》一书终于崇祯八年(1635年)夏末竣工成书。"书成。奉以藏之文成祠中。"这就是被学界称为崇祯施氏刻本的《阳明先生集要》。随着明王朝的灭亡,《阳明先生集要》也难逃"国变版毁"的厄运,导致崇祯施氏刻本《阳明先生集要》流传极少。然天不绝人愿,木质刻板虽然被毁,但纸质的书籍还在。再过150多年,到了清乾隆五十二年(1787),姚江阳明后学张罗山(张廷枚)重新刻版翻印,从而使阳明先生的著述在更广的范围内流传。又过近100年,到了清同治十二年(1873)贵阳巡抚黎简堂任命林肇元为校订,于光绪四年(1878)五月开雕刊刻,历时一年,光绪五年(1879)六月藏工成书。因此,该书有"初刻于闽,后刻于浙,再刻于黔"的刊刻历程。《阳明先生集要》不仅在亚洲儒家文化圈的国家传播,还远渡重洋,在欧美等地传播。1916年,美国学者亨克发表了《王阳明的哲学》,也就是施邦曜《阳明先生集要·理学编》的英译本,阳明心学的著作才向欧美等西方国家传播。从这个意义来说,施邦曜《阳明先生集要·理学编》借助亨克的翻译之功,促使阳明学在欧洲和北美等域外国家传播、影响和发展。

漳州府龙江书院,在府治西北登高山①上,文公祠左,旧为临漳台。宋朱文公守漳时将筑室讲学,未果,后守危稹乃创为之,以成公志。宋季毁于兵,遗址归浮屠氏。国朝知府王文复之,其后余地仍为浮屠氏所据。正德间,知府陈洪谟又复之,未尽。嘉靖三十五年(1556)知县蔡亨嘉毁僧房,乃尽。自东井以上,辟为五经书院。内建讲堂一所,扁正门曰:"一郡精华"。讲堂之后,最高处曰:"极高明"。左遗僧房数间为书舍。外建东西大门,曰:"崇正辟邪""继往开来",规制宏厂。后有僧讼于提学胡庭兰,亲按其地,勘系龙江书院旧址,以白代巡樊献科断,入官。嘉靖四十五年(1566),知府唐九德复重修之,扁讲堂曰:"道一堂",东西二门曰:"崇正学""育英才"。核其房间,号以千字文,命士肄业其中,每月躬往课之。②

可见,当时的龙江书院,虽历经多次兵灾蹂躏,火灾毁坏,但亦屡有修葺,逐渐扩大,明季已是漳郡规模最大、规格最高的著名书院,不失为讲学授课的好地方。

明隆庆元年(1567)五月,朝廷"诏赠新建侯,谥文成",更是认为王阳明是"绍尧、孔之心传,微言式阐;倡周、程之道术,来学攸宗"。③加上明万历十二年(1584)从祀文庙,使得王阳明及其心学

---

① 登高山:今漳州市芗城区芝山。
② (明)闵梦得修:万历《漳州府志》卷5《规制志下》,厦门大学出版社,2012年,第377页。
③ (明)王守仁著,吴光、钱明、董平、姚延福编校:《王阳明全集》卷36《年谱附录一》,上海古籍出版社,2011年,第1495、1496页。

在明隆庆、万历年间不再是"伪学",甚至成为社会主流意识。受此社会大环境的影响,漳州阳明学的发展迎来了一个新机遇。其间,被贬戍镇海卫的阳明再传弟子李材与当时号称"漳州五贤"①等诸生,时常在漳州龙江书院的正学堂讲学授道,使得"姚江致良知之说"在漳州成为一时风尚,且风靡八闽,以致"闽士负笈至者,无虑数百人"②之众。

1.李材

李材(1529—1607),字孟诚,号见罗,江西丰城人,素从阳明弟子邹守益讲学。"(明万历)二十一年(1593 年)四月,始命戍镇海卫③。"据光绪《漳州府志》记载:"至漳,自都邑大夫,下逮子衿,咸执弟子礼焉。于巡抚敬庵许公、督学匡岳徐公称师友。改修道原堂为讲学书院,所传语录甚多。"④可知:当时的龙江书院是李材传播阳明学说的重要场所。

2015 年 8 月初,在漳州市政府大院内发现一块立于明代漳郡正学堂⑤的残碑,故名为"正学堂碑",碑文主要是阐述李材修身为本的思想。⑥ 立碑诸生中,既有漳籍阳明后学潘时鸣的儿子潘庭

① 漳州五贤:指施仁、潘鸣时、高则贤、潘桂芳、周一阳。

② (清)吴宜燮修,(清)黄惠、李畴纂:乾隆《龙溪县志》卷 16《人物志》,上海书店出版社编:《中国方志集成·福建府县志辑》第 30,上海书店出版社,2000 年,第 218 页。

③ (清)张廷玉等撰:《明史》卷 227《列传第一百十五》,中华书局,1974 年,第 5958 页。

④ (清)沈定均修,(清)吴联薰增纂,陈正统整理:光绪《漳州府志》卷 50《纪遗下》,中华书局,2011 年,第 2163 页。

⑤ 正学堂,位于今漳州市区的芝山。历代称谓不一,或曰龙江书院、芝山书院,或曰道原堂、正学堂。

⑥ 参见郑晨寅:《从"正学堂碑"看阳明学在漳州的传播》,《阳明学与闽南文化学术研讨会论文集》,2019 年 6 月,第 44～48 页。

礼、门生吴道濂，还有黄诩、黄棨、张维藩、郭廷标等一大批在《正学堂稿》①中体现的漳籍门生。此碑成为明中晚期阳明学在漳州地区传播最为直接、最为有力的文物证据。

2. 施仁

施仁（生卒不详），字近甫，龙溪人。博洽善属文，每月定时在龙江书院开课教授，以"姚江致良知之说"为讲学内容。当时知府要求所有地方官员、府学生员每月至少要到龙江书院学习修课一次，施仁等"漳州五贤"借此机会大肆阐明、传播阳明学，一时风靡八闽大地，以致全省不少学者慕名而来，负笈临漳求学，学生人数每每都有数百之众。其中又以争相聆听施仁讲课教导而开启者为最多。此外，"漳州五贤"之一的潘桂芳，是阳明亲传弟子薛侃的门生，可视为阳明再传弟子，致仕回漳后，讲学授课不辍，时常到龙江书院传授"良知之说"。

3. 侯任

侯任（生卒不详），字志尹，龙溪人。侯任博古能诗，因为家境贫困，以收门徒授课文为生计，供养家人，成为漳州文化名人。明嘉靖己未（1559）倭寇入侵漳州时被抓，倭寇素闻其名，不忍加害。侯任与当时的漳州知名学者潘鸣时、施仁、吴一沛、吴道濂等以及连江的学者陈第②，常有往来，一起讲学，皆宗阳明之学。《漳州府志》记载：

---

① 《正堂书稿》为李材晚年谪居福建漳州、莆田时所撰，内容多与理学相关，文体以信函问答为主，亦有序记、碑铭。该书先由李材弟子福建龙溪人黄盤（字汝洁）衷集，编为26卷，明万历二十四年（1596）初刻于漳州，以李材居漳州时讲学之地龙江书院内正学堂名书。

② 陈第（生卒不详）：字季立，号一斋，别署五岳游人，晚号温麻山农，福州连江人。应吴一沛等人之邀，在漳州讲学，听者常有二百人。

（侯任）尝与潘鸣时、施仁往来讲学……同时郡学生吴一沛，与弟道濂，亦好学尚行谊，请陈第偕鸣时主讲芝山，听者常百余人，皆宗姚江，然一时风尚不竞声华，各敦古处，故足贵云。①

在明嘉靖、万历年间，漳州地区崇尚"姚江致良知之说"成为一时风尚，漳郡士子翕然顾化，以致"舍旧闻而好为新论"。位于漳州古城芝山的龙江书院则成为当时漳郡传播阳明学的主要场所，极大推动了明代中后期漳州地区的阳明学发展，改变了漳州地区的文化生态，促进了漳州地区的文化繁荣进步。正如《漳州府志》所记：

明自成化以前，姚江之说未兴，士皆禀北溪之教，通经明理，躬修实践，循循乎上接乎考亭，无异师异说以汩之，不亦乐善乎。正德以后，大江东西以《传习录》相授受，豪杰之士翕然顾化，漳士亦有舍旧闻而好为新论者。如邱氏原高"昔信理，今信心"之说，陈氏鸣球"吾心无二"之云。②

三、南山寺潜云室

据光绪《漳州府志》记述："门人吴道濂、苏攀等为置租创祠，祀

---

①　（清）沈定均修，（清）吴联薰增纂，陈正统整理：光绪《漳州府志》卷31《人物四》，中华书局，2011年，第1359页。

②　（清）沈定均修，（清）吴联薰增纂，陈正统整理：光绪《漳州府志》卷30《人物三》，中华书局，2011年，第1338页。

于南山寺之东偏。万历三十八年（1610），漳州郡守闵梦得允诸生之请，春秋以府学官临其祭，仍以吴道濂、苏攀配祀，二生循习师训，皆敦行君子也。"①志中所记是指"漳州五贤"之一的潘鸣时去世后，门人吴道濂、苏攀等为其建祠，祀于南山寺之东偏。另据《闽中理学渊源考》载曰："隆庆戊辰（1568），（潘鸣时）领恩贡入太学。归则讲徒日众，久之，叙选，判信阳州，以拂当道谢去。逾年卒。所著有《读易偶见》《语录》等编。门人吴道濂、苏攀等为创祠南山寺之东偏祀之。"②这一记载，既印证了府志的描述，又说明潘鸣时在当时的漳州文化界是颇具影响力的，以致创祠祭祀成为一件大事。又据《漳州史迹》所记："（南山）寺左又有菩提庵，中盘石可坐数十人，庵左为潜云室。今俱废。"③其中所描述的寺左之又左的方位，亦是寺之东偏，与前述记载相吻合。

潘鸣时（生卒不详），字征平，别号碧梧，海澄人。少年之时，就有大志向，居住栖身之处，"左画八卦、右图八阵，迸然有文武经世之思"。④ 因为家境寒贫，就以上山伐薪采樵的办法，自筹就学费用。在龙岭岩读书时，得到王阳明所著的《传习录》等书籍，阅读之后，欣然领会，颇有收获，于是就负笈赶往绍兴，拜谒王阳明高足王龙溪、

① （清）沈定均修，（清）吴联薰增纂，陈正统整理：光绪《漳州府志》卷30《人物三》，中华书局，2011年，第1337页。
② （清）李清馥撰，徐公喜等点校：《闽中理学渊源考》卷81，凤凰出版社，2011年，第838页。
③ 翁国梁：《漳州史迹》，福建协和大学书店，福州麦园顶知行印务局，1935年，第88页。
④ （清）陈锳、王作霖修，叶廷推、邓来祚纂：乾隆《海澄县志》卷11《人物志》，上海书店出版社编：《中国方志集成·福建府县志辑》第30，上海书店出版社，2000年，第533页。

钱绪山,学习探讨"良知之学"。学成归来,深感有所心得体悟,便召聚门徒讲习讨论,寒暑不辍,不遗余力地传播"良知之学"。

因此,南山寺潜云室成为祠祀阳明再传弟子潘鸣时的地点,可视为漳州阳明文化遗迹。祠中配祀者吴道濂、苏攀两人,亦是漳籍阳明后学。可惜的是,潜云室早已圮废。

以上三处阳明文化遗址是位于漳州古城区,在其近郊区还有施邦曜生祠(镇北宫)、李材题书"石狮岩"、施邦曜所建的万松关等,这里就不再阐述。

四、余 论

第一,漳州有幸于宋绍熙元年(1190)迎来新任知府朱熹,成为紫阳过化之地、朱学重地。阳明学是继朱子学之后,对闽南文化的形成和发展产生了重大作用的核心元素之一。换言之,朱子学和阳明学,已经演化成闽南文化的一个重要思想源泉和组成部分。因此,在长期的文化冲撞、融合过程中,漳郡的不少学士成为典型的"朱王会通",如黄道周、颜茂猷等。崇祯年间,漳籍私淑阳明学的黄道周讲学于漳州榕坛,而榕坛旧址乃位于龙江书院之正学堂;其间,黄道周又与知府施邦曜多有酬酢,往来于府署之间。从这个意义上说,府署、正学堂与黄道周这位阳明后学是颇有关联的。此外,西桥颜茂猷(颜师鲁裔孙)故居、南门外栅尾街的钟公祠(祀钟湘)等遗迹,亦是阳明文化遗迹。

第二,据王阳明在《案行领兵官搜剿余贼》的公移中表明:"本院(指王阳明)即日自漳州起程前来各营督战,仍与各官备历已破诸贼巢垒,共议经久之策。"①很明显,王阳明自赣入闽指挥"漳南战役"的行军路线是从上杭到漳州,再到前线督战的。其间,被知府钟湘迎入府署自是不言可知的。如此这般,漳州府署就成了曾经接纳紫阳、阳明二位大儒的一个府郡官邸,这在全国也是少有的,是值得漳州古城在开发中深入挖掘的一个文化亮点。如若将朱子在漳刊刻的《四书章句集注》与施邦曜在府署辑编的《阳明先生集要》(崇祯施氏刻本),采用某种特殊的艺术形式展现在府署遗址上,那将再度唤醒漳州文化之魂魄,其功甚伟!

第三,漳州古城自唐代开埠以来,历经 1300 多年的沧海桑田,不少物化的文化遗产、遗址已然淹没在城市建设和时代发展之中,不可再睹容颜。同时城市的发展也必将经历各种不同文明的洗礼,吸收不同形态的文化,或是冲突、排挤,或是互鉴、包容,但积淀下来的仅是、也只能是浓缩而成的文化记忆、文化遗迹。因为物化的建筑形态终将会消失的,唯有文化是永恒留存的。古城之中的府署、书院、潜云室等阳明文化遗迹,就是其中的一部分。今天,在保护、开发、利用漳州古城之际,应该将包括阳明文化遗迹在内的文化遗产挖掘出来,宣传漳州特色的阳明文化,讲好漳州历史故事,既能增加古城的历史气息,也能使古城的建筑更有灵魂、韵味。

总之,漳州古城的阳明文化遗迹既是漳州古城的文化符号,也是漳州文化的重要组成部分。

---

① (明)王守仁著,吴光、钱明、董平、姚延福编校:《王阳明全集》卷 16《别录八》,上海古籍出版社,2011 年,第 597 页。

　　注：本文于 2021 年 4 月在漳州古城向阳剧场举办的"漳州古城与闽台文化论坛"分论坛——"漳州古城保护与活化"上进行交流，受到与会专家学者的肯定。之后，收录于论坛的论文集。2022 年 8 月在贵州修文的"纪念王阳明先生诞辰 550 周年暨龙场悟道 515 周年阳明文化遗产保护研究与开发利用专题学术研讨会"上交流。

阳明学与漳州

漳州自唐垂拱二年(686)建州设置以降,至今已有 1330 多年之久,既是一座厚重的历史文化名城,更是紫阳、阳明二圣的过化之地,文化底蕴深厚。

明正德十一年(1516)九月,王阳明临危受命都察院左金都御史,巡抚南、赣、汀、漳等处,并于次年(1517)正月十六日莅赣扶疾开府上任,正式巡抚包括漳州在内的"八府一州",历经四年多的事上磨炼,直到正德十六年(1521)六月因功提任为南京兵部尚书,才结束了他巡抚漳州等地的使命。其间,王阳明曾亲率精兵入漳平乱,奏请设立平和县,建立学校,移风易俗,对漳州地区特别是对平和县产生了深远的影响。诚如中国明史学会会长陈支平教授所评:"王阳明及其阳明之学,是继南宋朱熹及其朱子学之后,对闽南文化的形成和发展产生了重大作用的核心元素之一。换言之,朱子学和阳明学,已经演化成闽南文化的一个重要思想源泉和组成部分。"①

一、王阳明与平和

平和县位于闽粤交界的漳州市西南部,古为扬州之域,周为七闽之地;秦属南海郡;隋归龙溪县而入闽;唐设漳州府,平和属其领

---

① 陈支平:《闽南文化普及的有益尝试——张山梁的〈王阳明读本——"三字经"解读本〉》,《闽南文化研究》2018 年第 3 期,第 114 页。

辖的漳浦县;元析设南胜县而辖之,之后改名南靖县。王阳明先后两次上疏奏请朝廷,五个月后朝廷正式批复添设"平和县"。平和县从无到有,与王阳明有着密不可分的历史渊源。可以说,平和既是王阳明建立功业的第一站,也是阳明心学的实践地。

1.提兵入闽,靖寇平乱

正德年间,明王朝日渐衰落,朝廷出现了诸多政治危机、吏治腐败、管控松懈、民情激愤等现象,各种社会矛盾交杂激荡,互为导火索,以致山民暴乱频发。福建詹师富、广东温火烧等纠聚数千之众的"山贼",在闽粤交界的漳州南部绵延山区①占山为王,与官府分庭抗争,还跟江西谢志珊、广东池仲容等沆瀣一气,彼此结为联盟,致使"三省骚然"。王阳明巡抚南赣期间,于正德十二年(1517)初,亲率2000名精兵,进军汀州,驻节上杭,深入漳南山区一线征剿"山贼",历时两月有余,并率先推行"十家牌法"②,对辖区百姓逐一登记身份,严加管控日常行动,切断民众与"山贼"之间的沟通渠道,防止通风报信,有效革弊除奸;同时选练民兵,打造剿寇精兵,从而打响了他巡抚南赣的第一仗——漳南战役。此战,王阳明先后攻破象湖山、可塘洞、大伞等45座山寨(其中福建32座、广东13座),擒获斩首"山贼"2700多人、俘获贼属1500多人,烧毁贼巢房屋2000多间,缴获牛马辎重众多,妥善安置"山贼"1235人、贼属2828人,肃

---

① 大致范围在今福建省平和县的九峰镇、长乐乡、秀峰乡、芦溪镇,南靖县的南坑乡,永定区的湖山乡、湖雷镇,广东省大埔县的大东镇、枫朗镇、百侯镇、西河镇一带。

② 正德十二年(1517)正月下旬,也就是王阳明就任南赣巡抚后不久,就颁发《十家牌法告谕各府父老子弟》,正式推行"十家牌法"新政。福建籍的明代著名哲学家李贽曾这样评价"十家牌法":"今人行之,则为扰民生事;先生行之,则为富国强兵。"(《李贽全集注》,社会科学文献出版社,2010年,第18册,第368页。)

清了长期盘踞在漳南地区的山民暴乱,取得了巡抚南、赣、汀、漳的首仗胜利。

2.两度奏请,添设县治

平定漳南之后,针对该地"极临边境,盗贼易生"的社情实际,王阳明不惜"亲行访询父老,谘咨道路"①,深度分析民众自甘落草为寇、社会动荡不安的根本原因,以亲民的治世之道、良知的本性之仁,萌发了"破山中贼易,破心中贼难"②的理念,提出"析划里图,添设新县","添设县治,以控制贼巢,建立学校,以移风易俗"③的理政安民举措,先后于明正德十二年五月二十八日(1517 年 6 月 16 日)、十三年十月十五日(1518 年 11 月 17 日),两度上奏《添设清平县治疏》《再议平和县治疏》,从南靖县析划清宁、新安二里,设置"平和县"。事实证明,王阳明顺应社情民意,以"明德亲民"的理政举措,添设县治,既使民众"欢欣鼓舞,如获重生",又让"山贼"失去藏身之所、盗抢之机,"妖氛为之扫荡,地方为之底宁",④曾经的荒蛮之地,风俗为之一变,礼制深入人心。正如阳明后学、漳州知府施邦曜所评:"(阳明)先生(奏请添设平和县)此举,不特可以弥盗,亦可以变俗,允为后事之师。"⑤如果说,阳明指挥的"漳南战役"是其"知

---

① (明)王守仁原著,(明)施邦曜辑评,王晓昕、赵平略点校:《阳明先生集要》经济编卷 1,中华书局,2008 年,第 406、407 页。

② (明)王守仁著,吴光、钱明、董平、姚延福编校:《王阳明全集》卷 4《文录一》,上海古籍出版社,2011 年,第 188 页。

③ (明)王守仁原著,(明)施邦曜辑评,王晓昕、赵平略点校:《阳明先生集要》经济编卷 1,中华书局,2008 年,第 406 页。

④ (明)王守仁原著,(明)施邦曜辑评,王晓昕、赵平略点校:《阳明先生集要》经济编卷 2,中华书局,2008 年,第 469 页。

⑤ (明)王守仁原著,(明)施邦曜辑评,王晓昕、赵平略点校:《阳明先生集要》经济编卷 1,中华书局,2008 年,第 409 页。

闽中王学研究

行合一"思想的具体践履,那么两度奏请设立"平和县"则是其"明德亲民"思想在闽粤交界山区的落地结果。

"漳南战役"一仗,对于王阳明来说,军事上,检验了其军事理论在实战中的运用效果,完善民兵选练机制,调整军务指挥系统,特别是"行十家牌法""挑选民兵""预整操练"等措施成了他之后治世安民的不二法宝;政治上,推进巡抚制度的改革,申明赏罚制度,并让朝廷改命提督,授予兵权,给予令旗令牌,使之得以方便行事;社会管理上,析里置县立治,巩固地方政权,强化基层治理,探索一条"添设县治控制贼巢,建立学校移风易俗"的长治久安之策;思想发展上,开始体悟"破心中贼难"的问题之所在,兴倡礼义之习,萌发"致良知"的学说,逐步完成心学体系的建构。"漳南战役"让王阳明在建立功业上有了更多的自信、自得,成为其走向"真三不朽"的一个重要转折点。

对于平和来说,因有了王阳明的两度上疏陈言力推,一而再地奏请添设县治,才让曾经"地里遥远,政教不及,小民罔知法度,不时劫掠乡村"①的盗贼强梁之区,嬗变为"百年之盗可散,数邑之民可安"的礼义冠裳之地②,这对稳定平和地方的社会秩序有定鼎之力。同时又通过推行"十家牌法",举"乡约"、兴"社学"等措施,强化乡村管理,规范乡民道德,维系秩序,化民成俗,并实行建学校、易风俗、强教化等安民政策,告谕百姓要勤农业、守门户,爱身命、保室家,孝

① (明)王守仁著,吴光、钱明、董平、姚延福编校:《王阳明全集》卷9《别录一》,上海古籍出版社,2011年,第353页。
② (明)王守仁著,吴光、钱明、董平、姚延福编校:《王阳明全集》卷9《别录一》,上海古籍出版社,2011年,第3557页。

父母、养子孙,养成了"读书无论贫富,岁首延师受业,虽乡村数家聚处,亦各有师"①的尊儒崇文重教景象,收到了"盗将不解自散,行且化为善良"的"散盗安民"的功效,使平和成为"弦诵文物,著于郡治""人为诗书,家成邹鲁"②之地,这对完善平和的社会治理有奠基之功。

二、阳明学在平和

在和邑这方土地,从置县至今的 500 年间,平和百姓始终感念王阳明的奏立之功、教化之德,阳明精神更是始终根植于和邑大地,滋养着平和民众的心灵家园,生生不息,从未中断。可以这样说,平和县从弱到强,无一不是得益于阳明心学的滋养。

平和开县后,先后发生了阳明门人马明衡撰碑记、传心学,宁波教授李世浩致仕归乡讲阳明、甘泉之学,创建阳明祠,阳明再传弟子王宗沐之孙知平和县,移建王文成祠于东郊,刊刻《阳明先生集要》,王阳明五世孙知平和县,修葺王文成公祠,置祀田、塑像,明清两代每年春、秋祭祀王文成,兴办文成中学,建制保、镇以阳明命名,新时代构建阳明平和地域文化等 12 件与阳明文化在和邑弘扬、传承、发展有关的重大事件。下面,就分别略为介绍:

1.阳明门人马明衡撰碑记、传心学

置县之初的明嘉靖五年至十一年(1526—1532),也就是建县后

① (清)黄许桂主编、(清)曾沚水纂辑,福建省地方志编纂委员会整理:道光《平和县志》卷10《风俗志》,厦门大学出版社,2008 年,第453 页。
② (清)黄许桂主编、(清)曾沚水纂辑,福建省地方志编纂委员会整理:道光《平和县志》卷6《艺文志》,厦门大学出版社,2008 年,第319 页。

10年左右，"时开邑未久，事多草创，百废待兴"，时任平和知县的王禄，"冰蘗自持，损上益下，治邑如家，爱民如子。开社学，置学租"，①还邀请阳明早期弟子马明衡撰写《平和县碑记》。据《明史》记载："闽中学者率以蔡清为宗，至明衡独受业于王守仁。闽中有王氏学，自明衡始。"②也就是说，马明衡是一位亲炙于阳明门下的福建学者，也是"闽中王门"的开创者之一。马明衡在《平和县碑记》中明确指出："而又惧非长久之道，覆详诸司，佥（指都察院左佥都御史、巡抚南赣汀漳等处的王阳明）议设县，疏上。天子可其奏，谓地旷民顽，即若析南靖之半，分理得人，将寇平而人和。"③从中，我们可以想象，在平和县添设不久，执宰和邑的官员就能以谦卑的态度，广交闽籍阳明后学及入闽致仕的阳明门生，致力于弘扬阳明心学。当时，以马明衡为代表的一批闽籍阳明门生在思想荒芜的平和大地上，借助儒学、义学、书院、社学等场所，布施传道，教化民众，传播心学，将知善知恶的"良知"旨义，随地圆照，普及大众知晓，以求人人皆可承当，高扬内心的力量、精神的力量，在追逐名利、浮沉与世时，依然可以找到自己的定盘针。

2.宁波教授李世浩致仕归乡讲阳明、甘泉之学

据《漳州府志》记载：李世浩（字硕远，号愧庵，平和县小溪镇西林人）是明正德十四年（1519）的平和岁贡（平和置县"岁贡自此

---

① （清）罗清霄修纂，福建省地方志编纂委员会整理：万历《漳州府志》卷28《平和县·秩官志》，厦门大学出版社，2010年，第1100页。

② （清）张廷玉等撰：《明史》卷207《列传第九十五》，中华书局，1974年，第5464页。

③ （清）罗清霄修纂，福建省地方志编纂委员会整理：万历《漳州府志》卷28《平和县·文翰志》，厦门大学出版社，2010年，第1121页。

始"),少年时游学于福建名儒蔡清①门下。明嘉靖初年,授南海训导,在教学中,与诸生开讲阳明、甘泉合一的学问。后升宁波教授,虽没能身抵绍兴,炙拜于阳明门下,聆听先生教诲,但却因地利之便,结识许多阳明门人,深受阳明心学熏陶。致仕回到家乡平和之后,李世浩便在琯城之地创立家规,修正宗法,推行乡约,建聚贤堂,宣扬阐发王阳明、湛若水的学说。从这一点上看,李世浩是第一位平和籍的阳明学信奉者和传播者。

3.始建阳明祠

为缅怀王阳明一生的功德,在其曾经经略、过化的地方,人们都纷纷为他立生祠或祀祠。作为阳明立功第一站的平和县,自然也不会落下为其建祠祀奉这等大事。据明万历四十一年《漳州府志》记载:"阳明祠,在儒学西南隅,嘉靖三十三年(1554)金事梁佐命知县赵进建。"②也就是说,有文字记载的平和县最早祀王阳明的专祠——阳明祠,是建于明嘉靖三十三年(1554),距其去世已有25年之久,由福建按察司金事梁佐(云南大理卫人)督令时任知县赵进(江西南丰人)筑于县城(今九峰镇)儒学的西南角,后移建于县城东郊,改名"王文成公祠",岁久倾圮。

4.阳明再传弟子王宗沐之孙王立准知平和县

据《平和县志·职官志》记载,明崇祯六年(1633),浙江临海人王立准(字伯绳,别号环应)就任平和知县。王立准是阳明再传弟子

---

① 蔡清(1453—1508),字介夫,别号虚斋,福建晋江人。明成化甲辰(1484)进士。明代著名理学家,儒客大家。

② (明)闵梦得修:万历《漳州府志》卷7《祀典志下》,厦门大学出版社,2012年,第453~454页。

王宗沐之孙。《明儒学案》记曰："王宗沐，字新甫，号敬所，台之临海人，嘉靖甲辰（1544）进士……先生师事欧阳南野，少从二氏而入，已知'所谓良知者，在天为不已之命，在人为不息之体，即孔氏之仁也。学以求其不息而已'。其辨儒释之分，谓'佛氏专于内，俗学驰于外，圣人则合内外而一之'。此亦非究竟之论。"①在这样的家庭氛围中出生、成长的王立准从小就接受阳明学的熏陶，有"才猷敏捷，器识通方"②之誉，对王阳明十分崇拜。因此，在平和县担任知县期间，"至特建王文成公祠，刻其全部文集"，将阳明学说在平和的弘扬、传承、发展推到一个新高度，以致其升任连州知州时，和邑"士民感其恩德，请附主配享文成祠"。③

5.移建王文成祠于东郊

明崇祯六年（1633），建于明嘉靖年间的阳明祠已是破败不堪，浙江临海人王立准执掌平和后，以旧祠"湫隘卑庳"为由，出于"溯文成之原，弘文成之业，以上正鹅湖，下锄鹿苑，使天下之小慧闲悦者无以自托，是则亦文成之发轫，借为收实也"④之目的，动用库帑将公祠"移建于东郊，并得姚江遗像肖而祀焉"⑤，以祀阳明。公祠面阔三间，进深三落，"一代完人"黄道周为之撰书《平和县鼎建王文成

---

① （清）黄宗羲著，沈芝盈点校：《明儒学案》（修订本）卷15《浙中王门学案五》，中华书局，2016年，第314页。

② （清）黄许桂主编，（清）曾沚水纂辑，福建省地方志编纂委员会整理：道光《平和县志》卷5《政绩志》，厦门大学出版社，2008年，第287～288页。

③ （清）黄许桂主编，（清）曾沚水纂辑，福建省地方志编纂委员会整理：道光《平和县志》卷5《政绩志》，厦门大学出版社，2008年，第288页。

④ （清）王相修，（清）昌天锦等纂，福建省地方志编纂委员会整理：康熙《平和县志》卷11《艺文志》，福建人民出版社，2016年，第217页。

⑤ （清）黄许桂主编，（清）曾沚水纂辑，福建省地方志编纂委员会整理：道光《平和县志》卷6《艺文志》，厦门大学出版社，2008年，第336页。

先生祠碑》①，以铭祠记。有关移建王文成公祠的过程，可从该公祠碑记中窥知一斑。碑文曰：

于时，主县治者为天台王公讳立准，莅任甫数月，百废俱举，行保甲治诸盗有声。而四明施公莅吾漳八九年矣。漳郡之于四明，犹虞吉之于姚江也。王公既选胜东郊、负郭临流，为堂宇甚壮，施公从姚江得文成像，遂貌之，并为祠费具备，属予纪事。②

从这段记述中可以看出，时任漳州知府的施邦曜在平和阳明祠迁建过程中那运筹帷幄、居中协调的身影，无论是祀祠迁建资金的筹集，还是题匾"正学崇勋"，都有他亲力亲为的功劳。更难能可贵的是，他从老家余姚带来王阳明画像，并按此画塑神像立于祠中，以供百姓顶礼膜拜。施邦曜亦属阳明后学，《明史》记述："邦曜少好王守仁之学，以理学、文章、经济三分其书而读之，慕义无穷。"③施在知漳州府期间，为弘扬阳明学说，力主将辖区平和县迁建阳明祠的工程排上知府的议事日程，并全力予以支持。王文成公祠落成后，知府施邦曜、知县王立准还捐钱购置良田数顷，作为祀田。可惜的是，王文成公祠在1957年被辟为平和县水轮机厂。黄道周所撰书的《平

---

① 该碑于二十世纪五十年代因祠废而碑断成两截，文字清晰可辨。今藏于平和县博物馆。

② （清）王相修，（清）昌天锦等纂，福建省地方志编纂委员会整理：康熙《平和县志》卷11《艺文志》，福建人民出版社，2016年，第217～218页。

③ （清）张廷玉等撰：《明史》卷265《列传第一百五十三》，中华书局，1974年，第6852页。

和县鼎建王文成先生祠碑》现存于和平县博物馆,"明新建伯文成王夫子神位"的灵牌则散落于民间。

6.刊刻《阳明先生集要》

施邦曜在任漳州知府期间,在研读《王文成公全书》(隆庆谢氏刻本)时,常有在书中多有评点、批注,以抒己见,表达心得,但却感到该刻本既有卷帙繁多、篇幅浩大等问题,更有携带不便、阅读不易之困,便依理学、文章、经济,进行分门别类、归类整理,条分缕析、评释丹铅、累累贯珠、数易其稿,辑成《阳明先生集要》三编十五卷(其中:《理学编》四卷介绍阳明的哲学思想,《经济编》七卷介绍阳明的事功成就,《文章编》四卷介绍阳明的文学成就)。编成之后,于明崇祯七年(1634)秋由平和知县王立准组织人员肇工开刻,次年(1635)夏末竣工。"书成"后"奉以藏之文成祠中",①学界称之为《阳明先生集要》(崇祯施氏刻本)。王立准题跋称赞:"准(王立准)捧而读之,如日月之行天,如河汉之无极。郭象注庄,苏洵评孟,未易逾此。"②这部刊刻于平和的《阳明先生集要》(崇祯施氏刻本),与《王文成公全书》(隆庆谢氏刻本)并称阳明著作两大重要版本,成为后来多家翻刻的底本,是研究阳明学说的基本资料,为阳明学的传播、发展做出重大贡献。1916年,美国学者亨克编著的《王阳明的哲学》是最早向欧美等西方国家传播阳明学说的经典著作。亨克在中国期间所见王阳明著作的中文底本,是首刻于平和的《阳明先生集

---

① (明)王守仁原著,(明)施邦曜辑评,王晓昕、赵平略点校:《阳明先生集要》附录,中华书局,2008年,第1023~1024页。

② (明)王守仁原著,(明)施邦曜辑评,王晓昕、赵平略点校:《阳明先生集要》附录,中华书局,2008年,第1023页。

要》之《理学编》,其著述的基本资料皆源自该版本。从这个意义上讲,亨克的《王阳明的哲学》可视为施邦曜《阳明先生集要·理学编》英译本。目前,这部刊刻于平和的《阳明先生集要》,分别珍藏于山东师范大学图书馆、国家图书馆善本部。2018 年 10 月,平和县借助举办纪念建县 500 周年①之契机,将该本影印 500 套,庶几便于利用。

7.阳明裔孙执掌平和

清光绪《漳州府志》记述:清顺治十八年(1661),王孙枢(号天智)任平和知县。② 另据清道光《平和县志》记载:署县"王孙枢,浙江余姚人,文成公五世孙。革旧习,行新政,有数典不忘焉,重修学宫,有碑记"。③ 上述史料明确记载,王阳明的裔孙王孙枢在清顺治十八年至康熙元年(1661—1662)间,出任平和县知县。其执掌和邑时,最值得后世称颂的是"重修学宫"。王孙枢刚到平和"署邑事"时,但见"山海之魈,哄然四起,邑甲萧条,学宫鞠为茂草","文庙墙宇倾圮,廊庑荒落",感叹"此前人垂成之功,将竟未竟之绩也",④于是带头捐出薪俸金银,于清顺治十八年三月十五日(1661 年 4 月 13 日)开工重建学宫。因有资金保证,学宫不到三个月就建成了。素

① 有关"建县 500 周年"一说,是以"王阳明奏设平和县第二份疏文的第一次以'平和'为县名,第一份奏疏是以'清平'为县名"来圆之前误论。平和县开县立治始于明正德十四年(1519),而非明正德十三年(1518),窃曾有文专辨之。

② (清)沈定均修,(清)吴联薰增纂,陈正统整理:光绪《漳州府志》卷 13《秩官五》,中华书局,2011 年,第 475 页。

③ (清)黄许桂主编,(清)曾萍水纂辑,福建省地方志编纂委员会整理:道光《平和县志》卷 5《政绩志》,厦门大学出版社,2008 年,第 291 页。

④ (清)黄许桂主编,(清)曾萍水纂辑,福建省地方志编纂委员会整理:道光《平和县志》卷 6《艺文志》,厦门大学出版社,2008 年,第 329～330 页。

闽中王学研究

有潮州"戊辰八贤"之称的李士淳①在《重修儒学碑记》中说:"公(王孙枢)以五世后裔不忘乃祖创业,前作后述,孝也。和邑诸生沐公教育之德,当益思文成创肇之功;思文成创肇之功,则当师文成良知之学。"②如今,该《重修儒学碑记》石刻尚存于平和二中校内。

8.修葺王文成公祠、置祀田、塑像

王文成公祠落成后,历经岁月洗礼,风雨侵蚀,屡有修葺。据志书记载,清康乾年间,先后就有四次较大规模的修缮。一是清康熙二十八年(1689),平和知县林翘到任后,见祠"岁久渐颓,庙貌不复如故","其栋梁朽蠹、门垣倾圮,殊失观瞻,因集诸绅士与议而鼎新之",并于"祠后闲旷之地,修筑义学十余间"。③ 二是清康熙五十七年(1718),"知县王相捐俸重修"。④ 三是清乾隆二年(1737),"钱梦珠踵而新之,祠宇清肃"⑤。四是清乾隆十一年(1746),知县周芬斗感慨"文成之灵固在天下,罔有怨恫,而邑之士民得毋愧忘其所自始耶",遂捐俸入,"创置祀田若干,税收于县官,春秋供祀"。⑥ 修葺先

---

① 李士淳(1585—1665),字二何,广东梅州人。明崇祯元年(1628)中进士并荣获会魁,选任山西省翼城县知县。1645 年,唐王在福州即位改元隆武,其被任为詹事府詹事,积极从事反清复明。1646 年 3 月福州隆武朝廷陷落,其见反清复明无望遂遁入阴那山中潜心著述,著有《古今文范》《三柏轩集》《燕台近言素逸言》《质疑十则》《诗艺》等。后人把崇祯戊辰同榜潮州进士李士淳等八人称为"戊辰八贤"。

② (清)黄许桂主编,(清)曾泮水纂辑,福建省地方志编纂委员会整理:道光《平和县志》卷6《艺文志》,厦门大学出版社,2008 年,第 330 页。

③ (清)黄许桂主编,(清)曾泮水纂辑,福建省地方志编纂委员会整理:道光《平和县志》卷6《艺文志》,厦门大学出版社,2008 年,第 336 页。

④ (清)黄许桂主编,(清)曾泮水纂辑,福建省地方志编纂委员会整理:道光《平和县志》卷3《祀典志》,厦门大学出版社,2008 年,第 129 页。

⑤ (清)黄许桂主编,(清)曾泮水纂辑,福建省地方志编纂委员会整理:道光《平和县志》卷6《艺文志》,厦门大学出版社,2008 年,第 334 页。

⑥ (清)黄许桂主编,(清)曾泮水纂辑,福建省地方志编纂委员会整理:道光《平和县志》卷6《艺文志》,厦门大学出版社,2008 年,第 335 页。

生公祠自是一桩盛举大典,加之执掌者亲力亲为,定然引起各方侧目关注,阳明文化随之兴焉。2016年春,平和县九峰镇各界贤达重新雕塑王阳明金身,安放于王文成公祠遗址,供人观瞻礼祀。延续数百年的官方祠祀王阳明活动,融入了闽南信俗文化,逐步演绎成当地的一种民间信仰文化活动。王阳明由人变为神明,每年农历正月初十,都有举行"王阳明神像出巡九峰城"的活动。

9.每年春、秋两季祭祀王阳明

王文成公祠自明崇祯年间落成之后,遂始终坚持"每岁春、秋二仲上戊日致祭,祭品与朱文公祠同(即:帛一,白瓷爵三,铏一,簠、簋各一,笾、豆各四,羊一,豕一,酒樽一),行二跪六叩首礼",且有祭祀所念的专门祭文:"惟公建议,僻壤邑治是新。克平大憝,黎元宁谧。今兹仲春(秋),谨以牲、帛、醴、齐、庶品,用伸常祭。尚飨!"[1]也就是说,明清两代,每年农历二月、八月的第一个戊日,平和的当任知县都要率领县衙官员、乡绅以及书院、义学、社学的师生到王文成公祠举行祭祀活动,以使平和百姓勿忘阳明先生的奏立之功和教化之德。

10.兴办文成中学

王阳明在奏立设县时就十分重视教育,并把创建学校列入考虑范围,这从其先后两份奏书所言"建立学校,以移风易俗,庶得久安长治",[2]"学校教官,合无止选一员署印,先行提学道,将清宁、新安

① (清)黄许桂主编,(清)曾萍水纂辑,福建省地方志编纂委员会整理:道光《平和县志》卷3《祀典志》,厦门大学出版社,2008年,第129页。

② (明)王守仁著,吴光、钱明、董平、姚延福编校:《王阳明全集》卷9《别录一》,上海古籍出版社,2011年,第354页。

二里见在府县儒学生员,就便拨补廪增之数,其有不足,于府县学年深增附内,量拨充补;又或不足,于新民之家选取俊秀子弟入学,使其改心易虑,用图自新"①中,便可得到印证。而以其谥号"文成"来为学校命名,则更有特殊意义。平和县文成中学是从私立东溪初级中学(1929—1937)、私立双十初级中学(1937—1946)直到私立文成初级中学(1946—1949),发展、演变而的。私立东溪初级中学是社会贤达人士林友梧等从 1927 年春开始捐资创办的,直到 1929 年 10 月落成、揭牌,开始招生;私立双十初级中学是 1934 年 10 月因日军侵华,厦门私立双十中学为避战火而内迁平和,借用私立东溪中学校舍上课;私立文成初级中学是 1946 年 6 月双十初级中学奉令迁回厦门后,在原双十中学基础上成立的,校名取意既是纪念王阳明奏立肇建县治之功绩,更是期盼学子能"学如阳明成大器,长如文成毓英才"。1949 年 10 月,文成中学与大诚中学合并,改称"平和县新民中学";1954 年春,定名为"福建省平和第一中学"。1983年 9 月,在文成中学原址附近创建一所初级中学,取名"城镇中学",1996 年 3 月,复名为"文成中学",学校始终秉承阳明遗德,与时俱进。2008 年,文成中学与县城地区的小溪中学、育才中学,整合成立"平和广兆中学"。②

11.建制保、镇以阳明命名

王阳明虽只在和邑这方土地驻留两个月左右的短暂时光,但却给了平和一个新生。几百年后,这里的百姓始终感怀先哲,并以他

---

① (明)王守仁著,吴光、钱明、董平、姚延福编校:《王阳明全集》卷 11《别录三》,上海古籍出版社,2011 年,第 425 页。

② 参考张山梁:《心灯点亮平和》,中国文史出版社,2016 年,第 152~153 页。

的名字命名社保、乡镇。1940年,平和县划为4个区,分辖21个乡(镇)、192个保,其中在琯溪镇辖下,就有一个以王阳明命名的社区,即"阳明保",且一直延续到1949年新中国成立。当时的阳明保位于今县城老城区三角坪一带的中东街、中西街、九一七街和民主街。1950年6月,成立乡镇人民政权;年底,全县划分9个区,辖125个乡(镇),在第一区的20个乡(镇)中,有一个"阳明镇",也是当时唯一的建制镇;直到1958年上半年,撤区并乡,全县划分为45个大乡,阳明镇才并入小溪乡。当时的阳明镇,领辖中山东、中山西、府前、民主、桥头、后巷、生产、解放北等街路,镇人民政府设在解放北街(今九一七街28号)。原阳明镇人民政府驻地,至今尚依稀可见一行斑驳的"阳明镇人民政府"字迹。进入21世纪,在县城区还新建了以"阳明"命名的"阳明路""阳明公园",创办了"九龙江阳明投资有限公司""阳明驿站""阳明书坊"等,一些企业还将阳明文化融入商标品牌,注册了"心即理""天泉道""阳明平和"等商标。一个个"阳明"文化符号的嵌入,就是一次次阳明文化记忆的叠加。

12.新时代平和县构建阳明文化之举措

近年来,作为王阳明奏请设置的平和县,始终不忘阳明奏立之德,认真挖掘、研究、传承阳明文化的内涵和时代价值,构建阳明平和地域文化。在阳明平和地域文化宣传、普及方面,将弘扬、传承"阳明文化"列入县委的工作要点,开展以"崇德明礼、向善知行"为目标,以"阳明传习堂"为载体,大力弘扬"知行合一"的置县精神,推动阳明平和地域文化落地生根,增强文化软实力。全县先后创办了22个"阳明传习堂",举办传统文化讲座150多场,受众超过20000

人次,浙江、广东、江西等地的阳明学研究专家多次前来观摩,并给予高度评价。在阳明平和地域文化研究方面,先后编辑出版了 4 期《阳明平和》期刊,印数达 4000 册①;同时还出版了阳明地域文化专著《心灯点亮平和》②、通俗普及读本《王阳明读本——"三字经"解读本》③、学术随笔《一路心灯》④以及《王阳明与平和》⑤等阳明文化书籍。在阳明遗迹、遗址保护方面,平和县陆续对明正德年间建设的县衙遗址、文庙、城隍庙以及黄道周撰拜书的《平和县鼎建王文成先生祠碑》等进行了有效保护。在推动国内外学术活动方面,平和县先后主办或合办了多次与阳明学有关的大型活动,如 2018 年 5 月 31 日,在平和县召开了由北京三智文化书院、平和县社会科学界联合会、平和县政协文史委员会、中国文化院主办的中国阳明心学高峰论坛的分论坛之一——"王阳明与平和"的学术座谈会;2018 年 10 月 9 日,在平和县举行了由中国文化院、中华社会文化发展基金会、天地文化基金会、北京三智文化书院主办,漳州市委宣传部与平和县委、县政府联合主办的"知行合一 祖国统一"首届海峡两岸(福建平和)阳明心学峰会,并在阳明公园举行了王阳明雕像落成典礼;2019 年 6 月 29 日,平和县协助闽南师范大学举办了"阳明学与闽南文化"学术研讨会。与此同时,平和县的阳明学者还积极参与

---

① 《阳明平和》从 2015 年创刊,到 2019 年停刊,每年 1 期、印数 1000 册,并以"(漳)新出 201××××"的内刊准印号发行,先后刊印 5 期、共 5000 册。主编张山梁。

② 张山梁:《心灯点亮平和》,中国文史出版社,2016 年。

③ 张山梁:《王阳明读本——"三字经"解读本》,福建人民出版社,2018 年,2019 年再版。

④ 张山梁:《一路心灯》,福建人民出版社,2020 年。

⑤ 平和县政协主编:《王阳明与平和》,中国文史出版社,2018 年。

筹备了中国朱子学会阳明学专业委员会①的创立,加入了中国明史学会王阳明研究分会理事会。

三、阳明后学在漳州

素有"海滨邹鲁"之称的漳州,自宋代以降就是朱学重地,但这并不意味着阳明心学在漳州湮没无闻,不代表漳州地区未受过阳明心学的影响。可以说,阳明学在闽南地区也得到过一定传播。这除了王阳明本人在巡抚南、赣、汀、漳等处期间的教化之外,很重要的是得益于阳明的门人后学在漳州地区所做的各种努力。阳明后学施邦曜、王立准及阳明后裔王孙枢在漳州的事迹,已如前述,这里再简要介绍一下阳明的其他门人和后学在漳州的事迹。

1.马明衡

阳明亲传弟子马明衡②于明嘉靖三年(1524)因"大礼仪"被罢黜为民,闲居在莆田老家。其间,经常到闽南一带传播阳明心学。除了上述为平和县撰写碑记外,明嘉靖五年(1526),马明衡还为漳浦县撰写《重建明伦堂记》③,记文阐释阳明良知、立志等思想,曰:

---

① 根据《朱子学会关于成立朱子学会阳明学专业委员会的通知》精神:朱子学会阳明学专业委员会是朱子学会的内设学术机构,着力挖掘、研究阳明学与闽学的关系,打造福建阳明地域文化,推动阳明学在福建地区的弘扬、传承、发展,服务阳明学在"一带一路"沿线国家和地区的研究、发展。

② 马明衡(1491—1557),字子莘,号师山,福建莆田人,正德十二年(1518)进士,授太常博士。

③ 根据漳浦县政协文史资料征集研究委员会编:《漳浦县志》(清康熙志·光绪再续志点校本)卷9《学校志》,载述:"嘉靖五年(1526),推官黄直署邑篆,更建明伦堂,规制宏伟,其木石取诸毁东岳庙,有莆田马鸣衡记。"(金浦新闻发展有限公司承印,2004年,第236页。)

夫学者,学也,学其如圣人者、去其不如圣人者之谓也。学其如圣人者、去其不如圣人者,务存吾心之天理而去人欲之谓也。夫天之降才甚厚也,人之良知甚明也,存天理而去人欲,弗借资于人也,弗援力于众也。人皆有之、皆能之而卒于不能者,始由于自蔽,终坐于自画而已。是故莫大乎讲学,而尤莫先于立志也。志也者,天地之所以不息也,人心之所以不死也。①

2.陈九川

阳明亲传弟子陈九川②从明嘉靖五年(1526)"因谏武庙南游,廷杖,谪戍镇海"③,直至明嘉靖八年(1529),朝廷正郊典,恩下得解戍还,历时三载。其间,尽管"谪居遥远、困苦、瘴海烟雾之中",但其内心却不忘"崇理学,御教化而春秋俎豆"之信念,一直将阳明学作为一把思想火炬,照亮荒野海疆,以至"文章在传播,昭昭乎不可泯者也"。④ 镇海卫军民因感念陈九川的"扶舆正气""笃佑忠良",⑤于嘉靖年间,卫所指挥使便动支公帑在文公祠右侧兴建"寓贤祠",祭

---

① (明)马思聪、马明衡、马朝龙著,王传龙、何柳惠编校:《莆田马氏三代集》,武汉大学出版社,2018年,第55页。
② 陈九川(1494—1562),字惟浚,号明水,江西临川人,江右王门重要代表人物。
③ 黄剑岚主编,黄超云校注:《镇海卫志校注·人物志》,中州古籍出版社,1993年,第114页。
④ 黄剑岚主编,黄超云校注:《镇海卫志校注·艺文志》,中州古籍出版社,1993年,第136页。
⑤ 黄剑岚主编,黄超云校注:《镇海卫志校注·艺文志》,中州古籍出版社,1993年,第136页。

祀丰熙[①]、邵经邦[②]、陈九川等三位先贤,"以慰卫人仰止之望"。[③] 如今,寓贤祠已是塌圮多时,荡然无存,但《重修镇海卫寓贤祠记》一文依然永留传存,让后人无不感受到镇海卫民众对先贤的那份真挚感念与无限缅怀之情。

3.王时槐

阳明再传弟子王时槐[④]于明嘉靖年间莅闽履职期间,"躬诣诏安,督筑城垣,除夕犹登城","及任漳南,自觉赤子之心未失,洁己爱民,激励属寮,御寇保境,殚心竭智,不遗余力",[⑤]一心倾力于建设东南沿海的海防海疆,固边御敌,积极推动、指导镇海卫所及其所属之户所的工事堡垒修建,为加强和巩固镇海卫所的御敌功能做出重大贡献。又据《镇海卫志》记载:"铜山千户所城……(嘉靖)三十六年(1558)倭警,众议东北城圮且卑,具呈漳南道王公时槐愿自修筑。委诏安知县龚有成勘修,益卑以高,易土以石,东北始为崇埔。"[⑥]

---

① 丰熙(1468—1538),字原学,浙江鄞县人。弘治十二年(1499)进士。授翰林院编修。世宗即位,升翰林学士。因兴献王"大礼"议起,丰熙多次力争哭谏,帝怒,下诏狱,后遣戍福建镇海卫,卒于戍所。

② 邵经邦,字仲德,仁和(今浙江杭州)人。正德十六年(1521)进士,授工部主事。嘉靖八年(1529)因日食上疏言事。帝怒,贬戍福建镇海卫,闭门读书,居三十七年卒。

③ 黄剑岚主编,黄超云校注:《镇海卫志校注·艺文志》,中州古籍出版社,1993年,第136页。

④ 王时槐(1522—1605),字子直,号塘南,江西安福人,嘉靖二十六年(1547)进士,授南京兵部主事。后为陕西、贵州参政。历官南京兵部主事,历官员外郎、礼部郎中,官至太仆卿。隆庆六年(1572)出为陕西参政以京察罢归。

⑤ (明)王时槐撰,钱明、程海霞编校:《王时槐集·王塘南先生自考录》,上海古籍出版社,2015年,第651~652页。

⑥ 黄剑岚主编,黄超云校注:《镇海卫志校注·建置志》,中州古籍出版社,1993年,第23~24页。

4.李材

阳明再传弟子李材①贬戍镇海卫期间,虽然海防武备相对稳定,以致兵备战事松懈,武备流于形式,但其始终以为提高将士素质乃备战之本,不忘操练、演习,且每每操习之际,必是全副武装,戴胄执戈,身先士卒,是为模范。同时还欣然接受卫所指挥的聘请,开堂讲学,以师道自处,严加约束那些浮浪子弟,以提升将士素质。在讲学中,以"大学知止知本"为宗,强调"随地体认天理""正心修身"等理念,一改当时放诞、虚矫的弊端和乖张、嚣躁的习气,给镇海卫乃至整个漳州地区带来一股清新学风。故《漳浦县志》载曰:

> 李见素材戍镇海时,遇操习期必戴胄、执戈,赴教场供职。时升平日久,卫官皆纨绔膏粱,久废武备,苦之,乃群议立讲堂,延李讲学。李以师道自处,乃已。凡游览所至,必大书"修身为本"及"随处体认天理"等字,书法道古,今太武等山多有之。又尝游七都福寿院,书"法堂"二字,末署"李材书",今存。亦有"修身为本"四大字,勒院前山石中。②

2015 年 8 月初,在漳州市政府的芝山大院内发现了一块立于明代漳郡正学堂的残碑,故名"正学堂碑"。现存碑长 150 厘米左右、宽 89 厘米,有精美花边。碑文主要阐述了儒生修身为本的思

---

① 李材(1529—1607),字孟诚,号见罗,江西丰城人。嘉靖四十一年(1562)进士,授刑部主事。素从阳明弟子邹守益讲学。隆庆间,历迁广东佥事,屡败倭寇。万历初,历官云南按察使,因毁参将署为书院,致激兵变。后戍镇海卫。

② 黄剑岚主编,黄超云校注:《镇海卫志校注·人物志》,中州古籍出版社,1993 年,第 114～115 页。

想,碑文中所颂扬的"先生"就是李材,而李材此时在漳州所撰之诗文集,即称《正学堂稿》。此碑可谓阳明学者在漳州地区传播心学思想的直接证据。

5.林成纲、林一新、林楚

现在的漳浦县旧镇乌石三凤厅有一个"一初、一阳、一新"三兄弟俱登科第,称"三凤齐鸣",加上合堂弟进士林策、举人林成纲,称为"五桂联芳"的家族,誉满闽粤。据饶宗颐的《薛中离年谱》记载:"嘉靖二十七年戊申(1547)七月,漳浦门人林成纲、林一新、林楚哭奠。"①这就说明:在"五桂联芳"的家族中,林成纲(明嘉靖二十二年举人,香山知县)、林一新(明嘉靖二十六年进士,云南按察司金事)、林楚(明嘉靖三十七年举人,雷州府通判,漳州府理学名家,漳浦县著名乡贤)等人到潮州亲炙于薛侃门下。其中林楚"弱冠始就学,研究濂、洛诸书,最后得《传习录》读之曰:'此斩关出围学问也。'闻薛中离侃讲姚江之学于潮州,徒步从之",②成为漳籍阳明后学。然同为阳明后学的林一新胞兄林一阳却是一位阳明学的批评者,他尝批评说:"为学以居敬穷理为宗,为道至程、朱有何不尽,何须别立教门?"③这也说明阳明心学在闽南地区的传播也曾遇到较大阻力。

6.张士楷

阳明后学张士楷尝潜心研究性命之学,后独契于阳明的"致良

① (明)薛侃撰、陈椰编校:《薛侃集》附录5《薛中离年谱》,上海古籍出版社,2014年,第549页。
② 漳浦县政协文史资料征集研究委员会编:《漳浦县志》(清康熙志·光绪再续志点校本)卷15《人物志上》,全浦新闻发展有限公司承印,2004年,第449页。
③ 漳浦县政协文史资料征集研究委员会编:《漳浦县志》(清康熙志·光绪再续志点校本)卷15《人物志上》,全浦新闻发展有限公司承印,2004年,第444页。

知"之学，并以此为言行之标准，"一时郡邑人士争师之。每举王心斋(艮)乐学、薛中离(侃)研几……其践履纯懿，几于望之如泥塑，接人纯是一团和气"。在其看来，"只存养到熟处，此心触物不动，便是经济之本，从'性命'中起经济，还就经济中求'性命'，斯内圣外王之学也"。① 其传承阳明心学播及之广，不止一邑，以致"漳南学者争师之"②也。

除了以上所述，还可举出一批漳州籍的阳明学者。如明嘉靖四十五年(1566)曾到泰州从学于王艮之子王襞的漳州人陈九叙；漳浦人邱原高得知安福邹东廓(邹守益)、吉水罗念庵(罗洪先)讲学江西，徒步从之，有悟而归，与同志切磨，期以倡明斯道；绥安人陈铨(号笔山)得知邹元标论张江陵，延杖谪戍，不远千里谒之。元标每谈闽士，辄曰"笔山，古君子也"。由此可以说，阳明学在漳州地区的传承与发展是生生不息的，对漳州特别是闽南文化所产生的影响是毋庸置疑的。

注：本文是钱明主持的"中国地域阳明学系列研究"课题内容，入编《2020 阳明心学大会天泉会讲论文集》。

---

① 漳浦县政协文史资料征集研究委员会编：《漳浦县志》(清康熙志·光绪再续志点校本)卷 16《人物志下》，金浦新闻发展有限公司承印，2004 年，第 507 页。

② (清)沈定均修，(清)吴联薰增纂，陈正统整理：光绪《漳州府志》卷 29《人物二》，中华书局，2011 年，第 1300 页。

阳明学与镇海卫

明代四大卫所①之一的镇海卫,既是南疆锁钥、刀光剑影之地,见证了有明一代的兴衰成败,又是崇儒重教、科甲连绵之区,素有"武功镇海疆,文教冠闽中"之称。无论是在兵力支持王阳明建立不朽功业上,还是在弘扬传播阳明学说上,都有浓墨重彩的一笔。只是一直湮没在历史的长河之中,渐为世人所遗忘而已。

一、镇海卫:南疆锁钥

明朝实行军卫制,自京师到郡县,皆立卫所,省级设都指挥使司(简称都司)、府级设卫、县级设所。始建于明洪武二十年(1387)的镇海卫城,就是按照明代这一规制而建立的福建沿海抗倭御敌之兵戎古城,位于今福建省龙海市隆教乡镇海村。镇海卫管辖南到广东汕头,北至福州马尾的漫长海岸线。

据万历《漳州府志》记载:

> 国朝洪武二十年(1387),始置镇海卫,统左、右、中、前、后五千户所,及置陆鳌、铜山、玄钟三守御千户所以属。②

---

① 明代四大卫所:天津卫、威海卫、金山卫、镇海卫。

② (明)罗青霄修纂,陈叔侗点校,福建省地方志编纂委员会整理:万历《漳州府志》卷33《镇海卫·舆地志》,厦门大学出版社,2010年,第1300页。

又据《镇海卫志校注》记载：

> 其城周围八百七十三丈，皆砌以石。城背广一丈三尺，高二丈二尺，为女墙一千六百六十，为窝铺二十，今废。为垛口七百二十。东西南北分四门。后以东门失险，常闭，别开一水门。凡五门，各有楼。城下倾陡，以海为濠。①

镇海卫城门用花岗岩条石密缝干砌，为一顺一丁做法，门设拱券顶，形制规整。现存的城门遗址依然保存当年的建筑风貌，尽管已是残垣断壁，草木丛生，但依然屹立于东南沿海，坚如磐石。可见，当时利用险要地势，临海而筑的镇海卫城，既有"以海为濠"的天然屏障，又有固若金汤的城墙设施，不负"四大卫所"之称。

作为东南沿海要塞的镇海卫，其卫兵"原额设官军五千三百有七名"，外加六鳌所兵"原额设官军一千八百九十八名"，铜山所兵"原一千二百二十名"，玄钟所兵"原一千一百六十八名"。② 可见，当时的镇海卫将多兵强，人才济济。据了解，镇海村现有常住居民大多是当年卫所将士的后裔，共有 36 个姓氏，且祖籍不一。这从另一个侧面可以反映出当年镇海卫常驻卫所将士来自四面八方。

镇海卫从清康熙六年（1667）被裁撤至今，已超过 350 年。历经世代更迭，兵马蹂躏，风吹雨打，已是面目全非，尚存的只是颓垣残

---

① 黄剑岚主编，黄超云校注：《镇海卫志校注·建置志》，中州古籍出版社，1993 年，第 23 页。

② 黄剑岚主编，黄超云校注：《镇海卫志校注·兵防志》，中州古籍出版社，1993 年，第 48 页。

瓦,智井废基。现只残存高 2～3 米不等、长约 2700 米的城墙,以及东门、南门、北门、水门等 4 个城门,让人无法想象这里曾经有过"驻军五千、住屋栉比、煊赫当世"的喧嚣与雄伟。

二、镇海卫官兵与王阳明

众所周知,王阳明一生武功显赫,立下不朽军事功业。明正德十二年(1517),时任巡抚南赣汀漳等处的王阳明,进兵征寇,平定了闽粤两省交界数十年的动荡乱局,使祸乱之渊薮成为久治长安之地,解苍生于倒悬。明正德十四年(1519),王阳明又运筹帷幄,竟"以万余乌合之兵,而破强寇十万之众",仅用 43 天就平定了宁王宸濠之乱,扶社稷于将倾……但很少有人知道,在王阳明用兵如神的背后,却有许许多多的镇海卫将士在冲锋陷阵,乃至付出宝贵的生命。无论是征漳寇,还是平宁藩,都可以看到镇海卫将勇官兵浴血沙场的身影。王阳明在《案行漳南道守巡官戴罪督兵剿贼》中提道:

> 随据参政陈策等呈:据镇海卫指挥高伟呈,指挥覃桓,县丞纪镛,被大伞贼众突出,马陷深泥,被伤身死等因到院。[①]

在《闽广捷音疏》又一次提及:

> 行据大溪哨指挥高伟呈报……卑职与指挥覃桓、县丞纪

---

① (明)王守仁著,王晓昕、赵平略点校:《王文成公全书》卷 16《别录八》,中华书局,2015 年,第 650 页。

镛，领兵前去会剿。不意大伞贼徒突出，卑职等奋勇抵战。覃桓、纪镛马陷深泥，与军人易成等七名、兵快李崇静等八名，俱被贼伤身死，卑职亦被戳二枪。①

从王阳明本人公移的记述中不难看出，在"漳南战役"中，镇海卫将官、士兵所表现出的那种"身先士卒、视死如归、战死沙场"的英勇气概。明正德十二年（1517）正月二十四日，在福建漳州府官兵根据巡抚王阳明的排兵布阵，打响了征剿山民暴乱的"漳南战役"。与此同时，广东按察司分巡岭东道兵备佥事顾应祥也奉王阳明之命率领三路军兵，多点进攻，计划与福建方面官兵一起，合力围攻"山贼"，形成闽粤两省夹攻之势，以求达成"毕其功于一役"，彻底消除边界"山贼"隐患。为此，福建按察司兵备佥事胡琏亲自率领镇海卫指挥覃桓、漳浦县丞纪镛等1000余名官兵前去接应，以助广东官兵围剿"山贼"的一臂之力。大伞②山寨的"山贼"趁着浓浓的春雾倾巢而出，同时又占据地利，早已抢占先机，在山间密林之中设下埋伏。当镇海卫指挥覃桓、漳浦县丞纪镛等官兵进入"山贼"埋伏圈之后，就遭到"山贼"强有力的阻击，其坐骑战马陷入深潭泥泞之中，连同易成等7名军人、李崇静等8名兵快都被"山贼"众戟刺杀，殉职在闽粤交界的崇山峻岭之中。史书称赞"如桓者，功虽不就，勇亦可嘉"。③

---

① （明）王守仁著，王晓昕、赵平略点校：《王文成公全书》卷9《别录一》，中华书局，2015年，第367～368页。
② 大伞：在今广东省大埔县大东镇塘市。
③ （明）罗清霄修纂，陈叔侗点校，福建省地方志编纂委员会整理：万历《漳州府志》卷29《漳州卫·秩官志》，厦门大学出版社，2010年，第1284页。

王阳明在上述这两份公文中所提的指挥高伟、覃桓都是镇海卫的将士。《大明漳州府志·兵政志》《镇海卫志校注·名宦志》也分别载录：

高伟，字世明，指挥同知也。正德五年（1510），袭先职到任。其先直隶舒城县（今安徽省舒城县）人。祖理从军。洪武十一年（1378），以功授百户，升□州卫所千户。十七年（1384），升温州卫指挥佥事。老疾，子忠继。二十八年，字权继。卒，子煜继。正德二年（1507年），巡按御史饶塘调征南靖大溪贼，煜出阵射败贼众，生擒贼首江宗进。台司以状闻，钦赏柠丝表裹。卒，无嗣，庶兄伟继。正德六年（1511）大旱，军民惶惶，伟斋宿行祷，越三日，大降雨，军民相与制感雨图以谢。①

覃桓，沔阳（今湖北省仙桃市）人，其先世寿，累功升指挥佥事。调漳州卫，至恒，谙武书，习弓马。正德二年（1507）征捕金山大溪贼有功，钦赏牲、帛、宝钞。三年（1508）把总铜山水寨，设策招抚海寇马宗宝等。十一年（1516）流寇詹师富屯结芦溪河头之大伞山。委桓会剿，擒贼首显福、蓝三等四十余人，又擒长富村贼首罗定亮，余俱奔象湖山拒守。南靖县请调桓出哨，猝遇贼，独兵与战，贼丛戟刺之，死，事闻，钦赠二级，子孙加级亦如之。②

① （明）陈洪谟修，（明）周瑛纂，张大伟、谢茹苊点校，福建省地方志编纂委员会整理：《大明漳州府志》卷29《兵政志》，中华书局，2012年，第646页。
② 黄剑岚主编，黄超云校注：《镇海卫志校注·名宦志》，中州古籍出版社，1993年，第75页。

无论是王阳明亲自拟制公文中的描述,还是地方志上的史料记载,都载明镇海卫的官兵在王阳明平漳寇战役中的浴血奋战、舍生取义的英勇表现,及其立下的赫赫战功。不仅如此,在王阳明历经千难百死的平宁王之乱中,镇海卫的将士们也依然听从王阳明的召唤,从闽南赶赴南昌,千里奔袭,以实际行动支持王阳明建立不世之功。正如王阳明在《犒赏福建官军》中所称赞的:

> 据福建按察司整饬兵备兼分巡漳南道佥事周期雍呈称:依奉本院案验,起取上杭等处军兵,共五千余名,分委指挥刘钦、知县邢暄等,及起取漳州府海沧打手三千余名,行委通判李一宁等管领,本道躬亲统督,先后启行前来……
>
> 福建漳南相距江西省城,约计程途有一千七百里之遥,该道乃能不满旬月,调集官军兵快八千员之众,首先各身而至,足见本官勇略多谋,预备有素,忠义之诚,足以感激人心,敏捷之才,足以综理庶务,故一呼而集,兼程赴难。除另行旌奖外,及照调来官兵,冲冒炎暑,远赴国难,忠义既有可嘉,劳苦尤为足悯,合加犒赏,以励将来。①

王阳明在这份嘉奖令中,明确指出:镇海卫管辖的3000多名海沧兵快,冒着炎炎酷暑,风雨无阻,日夜兼程,跨省长途急行军近千公里,以最快的速度赶到南昌,积极投入到平定宁王之乱的战役中,表现

---

① (明)王守仁著,王晓昕、赵平略点校:《王文成公全书》卷17《别录九》,中华书局,2015年,第710～711页。

阳明学与镇海卫

出镇海卫将士"忠义可嘉,劳苦足悯"的精神风貌。也就是说,在王阳明"三不朽"之一的"立功"中,包含着镇海卫官兵的艰辛付出与卓越功绩。

三、阳明后学与镇海卫

镇海设卫之后,历任长官大多重视文教事业,卫城之中先后建置了文庙、学宫,陆续开办了书院、义学,为镇海卫培养出不少著名人物,科甲联绵,簪缨不绝,赢得当时人士啧啧称赞,被誉为"文教之盛,冠于闽中"。

王阳明一生始终以讲学为"首务",即使军务繁忙也坚持随时随地讲学传道,其讲学、讲会的学风自然影响着一代代的王门学子。一些阳明弟子、后学被谪戍镇海卫,借助当时卫所的书院、义学等场所,大力讲学、讲会,传播阳明心学,布施传道,教化民众,成为推动阳明学在漳州地区弘扬、传播的重要途径之一。从这个意义上说,镇海卫是阳明心学在漳州地区弘扬、传播的一个重要节点。

1.陈九川

陈九川(1494—1562),号明水,江西临川人,明中期理学家、诗人,曾拜王守仁为师,是"江右王门"重要代表人物。明嘉靖丙戌(1526),陈九川"因谏武庙南游,廷杖谪戍镇海",[1]直到己丑(1529),朝廷正郊典,恩下得解戍还,前后历时三年左右。《明史》记载:

---

① 黄剑岚主编,黄超云校注:《镇海卫志校注·人物志》,中州古籍出版社,1993年,第114页。

194

　　陈九川,字惟濬,临川人。正德九年进士。从王守仁游。寻授太常博士。既削籍,复从守仁卒业。世宗嗣位,召复故官,再迁主客郎中。正贡献名物,节贡使犒赏费数万。会天方国贡玉石,九川简去其不堪者,所求蟒衣,不为奏覆,复怒骂通事胡士绅等。士绅恚,假番人词讦九川及会同馆主事陈邦偁。帝怒,下二人诏狱。而是时张璁、桂萼欲倾费宏夺其位,乃属士绅再讦九川盗贡玉馈宏制带,词连兵部郎中张羽惠、锦衣指挥张潮等。帝益怒,并下羽惠等诏狱。指挥骆安请摄士绅质讯,给事中解一贯等亦以为言,帝不许。狱成,九川戍镇海卫,邦偁等削籍有差。久之,遇赦放还,卒。①

　　陈九川在谪戍镇海卫的三年期间,尽管身处瘴气、海潮、烟雾相裹、教化未及的海疆,远离城市、生活困苦,但始终不忘"崇理学,御教化而春秋俎豆",将阳明心学在偏居一寓的荒野海疆点亮,照耀着卫国守疆将士及其眷属的前行道路,让教化不及的边疆军民依然可以享受"文章在传播,昭昭乎不可泯者也"的文化氛围。为此,镇海卫军民感念其"扶舆正气""笃佑忠良",即使身处"海濒也,操志益励,苦节弥贞",于明嘉靖年间在朱文公祠的右侧建设寓贤祠,祭祀谪戍于此的丰熙②、邵经邦③、陈九川等三位先生,"以

①　(清)张廷玉等撰:《明史》卷189《列传第七十七》,中华书局,1974年,第5023页。
②　丰熙(1468—1538),字原学,浙江鄞县人。弘治十二年(1499)进士。授翰林院编修。世宗即位,升翰林学士。因兴献王"大礼"议起,丰熙多次力争哭谏,帝怒,下诏狱,后遣戍福建镇海卫,卒于戍所。
③　邵经邦,字仲德,仁和(今浙江杭州)人。明正德十六年(1521)进士,授工部主事。明嘉靖八年(1529)因日食上疏言事。帝怒,贬戍福建镇海卫,闭门读书,居三十七年卒。

慰卫人仰止之望"。① 到了清乾隆年间,即使是明万历二十九年(1601 年)由福建巡抚金学曾重修的寓贤祠也已塌圮,令人遗憾,不过其《重修镇海卫寓贤祠记》尚存,今日读之,依然可以感受镇海卫民众心中那份对包括陈九川在内的三位先贤的真挚感念与无限缅怀。

2. 王时槐

从史料记载中,不难看到阳明后学在镇海卫及其所属之户所的建设、修缮中的谋划与付出。《镇海卫志校注》记载:

> 铜山千户所……(嘉靖)三十六年(1557)倭警,众议东北城圮且卑,具呈漳南道王公时槐愿自修筑。委诏安知县龚有成勘修,益卑以高,易土以石,东北始为崇墉。②

这里所谈及的漳南道王公时槐就是王阳明再传弟子王时槐。又据《明理学南太常寺卿为塘南先生恭忆先训自考录》记载:"嘉靖三十四年乙卯(1555)四月,升福建按察司佥事,整饬兵备,兼分巡漳南道。……及任漳南,自觉赤子之心未失,洁己爱民,激励属寮,御寇保境,殚心竭智,不遗余力。"③这也从另一个侧面印证了阳明后学王时槐在明嘉靖年间莅闽履职,始终心系东南沿海的海防建设,

---

① 黄剑岚主编,黄超云校注:《镇海卫志校注·艺文志》,中州古籍出版社,1993 年,第 136 页。

② 黄剑岚主编,黄超云校注:《镇海卫志校注·建置志》,中州古籍出版社,1993 年,第 23~24 页。

③ (明)王时槐撰,钱明、程海霞编校:《王时槐集·王塘南先生自考录》,上海古籍出版社,2015 年,第 648~652 页。

闽中王学研究

呕心沥血,积极推动、指导镇海卫所及其所属之户所的修建,为加强和巩固镇海卫所的御敌功能做出贡献。

3.李材

时序轮转,到了明万历二十一年(1593),镇海卫又接纳了一位被贬戍于此的阳明再传弟子——李材。李材在贬戍镇海卫数载期间,始终不忘"聚徒讲学",不遗余力地弘扬传播阳明心学要义,以至"学徒益众"。《明史》载:

> 李材,字孟城,丰城人,尚书遂子也。举嘉靖四十一年进士,授刑部主事。素从邹守益讲学。自以学未成,乞假归。访唐枢、王畿、钱德洪,与问难。
>
> ……大学士王锡爵等再疏为言,帝故迟之,至(万历)二十一年四月,始命戍镇海卫。
>
> 材所至,辄聚徒讲学,学者称见罗先生。系狱时,就问者不绝。至戍所,学徒益众。许孚远方巡抚福建,日相过从,材以此忘羁旅。久之赦还,卒年七十九。[①]

李材被贬戍到镇海卫期间,尽管海防稳定,兵备战事相对松懈,但其始终信守先师王阳明"知行合一"之工夫,不忘士兵操练备战之本,每当操习时间,必定戴胄、执戈,全副武装,到教场操练。当时卫所指挥针对士官大多是浮浪子弟,终日无所事事,武备流于形式的

---

① (清)张廷玉等撰:《明史》卷 227《列传第一百十五》,中华书局,1974 年,第5955～5958 页。

现状,深感忧患,商议建立讲堂,聘请李材讲学,传播知识,提高将士素质。李材也乐此不疲,欣然接受,并以师道自居,做到师严道尊,严于约束。李材尽管师从邹守益、王畿、钱德洪等阳明亲传弟子,其学说源于阳明心学,但其在讲学中却从不机械性硬搬硬套王阳明的讲学方法,而是在传承中发展,以"大学知止知本"为宗,强调"随地体认天理""正心修身"等理念,以摆脱放诞虚矫之弊,给当时的镇海卫,乃至漳州、福建带来一股清新的学风。李材在镇海卫的谪戍、讲学经历,当地的地方史志也有相关记载:

李材,字孟城,江西丰城人。举嘉靖进士,授刑部主事,再迁兵部郎中……上意稍解,始命遣戍镇海卫。材素从邹守益讲学,在朝则偕僚友,所至则聚生徒。系狱时缙绅就问者不绝,既至戍所,从之者尤众。时许孚远方巡抚福建,素与材同志友善,日相过从,材与言志,其羁旅延接缙绅犹持都御史故礼,卫帅入谒,行属礼,不少辞,人以是议之。

材之学虽受之守益,上接王守仁,然不循其轨辙。以大学知止知本为宗,约其旨曰:"正修"。学者称"见罗先生"。居数载,归卒于家。七十三岁。

《浦志·杂志》:李见素材戍镇海时,遇操习期必戴胄、执戈,赴教场供职。时升平日久,卫官皆纨绔膏粱,久废武备,苦之,乃群议立讲堂,延李讲学。李以师道自处,乃已。凡游览所至,必大书"修身为本"及"随处体认天理"等字,书法道古,今太武等山多有之,又尝游七都福寿院,书"法堂"二字,末署"李材

闽中王学研究

198

书",今存。亦有"修身为本"四大字,勒院前山石中。①

历史对于旁观者是一段故事,而对于亲历者则是切身的感伤。对于陈九川、李材,镇海卫是他们人生中的一段辛酸经历,而对于这海疆边镇的百姓来说,正是有了这些学富五车却因谪戍而侨寓这方土地的先贤,才让这里的戍边将士、海滨渔民得到儒学真脉的熏陶,才有了崇文重教蔚然成风的文化氛围,也才出现了"镇海卫学,实著闽中。理学经济之儒,指不胜屈;文章气节之士,史有成书"②的现象。仅从明成化五年(1469)至明崇祯末年(1644)的175年间,就培养出进士36位、举人85位、贡生72位,其中还涌现出黄道周③、陈真晟④、何楷⑤等历史上有影响的精英人才。

虽然王阳明没有亲临镇海卫,但镇海卫作为王阳明巡抚南、赣、汀、漳等"八府一州"之漳州府的管辖地方,始终接受王阳明的节制,这点是毋庸置疑的。无论是在镇海卫及其所属户所的规划、建设、修缮上,还是在兵力听遣调度、征战沙场上,或是在阳明学说的弘

---

① 黄剑岚主编,黄超云校注:《镇海卫志校注·人物志》,中州古籍出版社,1993年,第114页。

② 黄剑岚主编,黄超云校注:《镇海卫志校注·艺文志》,中州古籍出版社,1993年,第179页。

③ 黄道周(1585—1646),字幼玄,又字螭若、螭平,号石斋,福建漳州府漳浦县(今福建省东山县铜陵镇)人,为明末学者、书画家、文学家。

④ 陈真晟(1411—1474),字晦德(一作晦夫),后改字剩夫,又自号曰漳南布衣。明学者、教育家。

⑤ 何楷(? —1645)字玄子,号黄如,福建镇海卫(今龙海市港尾镇)人。明天启五年(1625)进士,时值魏忠贤乱政,辞归。崇祯时,授户部主事,进员外郎,改刑科给事中,屡迁工科都给事中。清顺治二年(1645)随唐王朱聿键入闽,擢户部尚书,掌都察院事,因不容于郑芝龙,旋去职。途中遇贼,被截去一耳,乃郑芝龙指使部下所为。漳州城破,何楷抑郁而卒。

扬、传播上,镇海卫都与王阳明及其门生弟子、后学有着密切的联系,成为当时漳州地区阳明学的传播、传习中心之一。

　　注:本文发表在《贵州文史丛刊》2019 年第 2 期(总第 169 期),获得漳州市 2019 年度哲学社会科学研究规划课题三等奖。

阳明学与南靖

南靖县位于福建南部,原属地含今之南靖、平和二县,明正德间,境内发生多起山民暴乱,朝廷令王阳明以"都察院左佥都御史、巡抚南赣汀漳等处地方"之职讨平,并析割清宁、新安二里而置平和一县。之后,阳明门生胡希周、后学陈宗愈先后治理靖邑,施仁政,得民心,颇有政声;后学李材会讲于安福寺,传播心学,培育人才。可以说,王阳明及其门生、后学都在南靖这片土地留下足迹,传播阳明心学,启迪民心,泽被后世。

一、阳明治乱,革弊补益

从明宣德年间开始,大明王朝就逐渐走下坡路,吏治渐趋腐败堕落,出现一系列的衰败现象。地处闽、粤交界的南靖县,因社会矛盾的激发而发生了多起的山民暴乱。《明实录》多有记载,如:"漳州府龙溪县有强贼六十余人,往来龙溪、南靖两县,杀人劫财""福建南靖等处贼詹师富等,据险流劫,众且万人"①,进一步加剧社会动荡,扰乱民众的生活环境、社会秩序,以致明正德五年(1510)六月,朝廷为此而"添设漳州府捕盗通判一员"②;次年(1511)六月,朝廷又因

---

① 李国祥、杨昶主编,薛国中、韦洪编:《明实录类纂(福建台湾卷)》,武汉出版社,1993年,第417、448页。

② 李国祥、杨昶主编,薛国中、韦洪编:《明实录类纂(福建台湾卷)》,武汉出版社,1993年,第41页。

此而"免福建武平、宁化、连城、南靖、浦城、崇安六县正官来朝,以多寇从巡按御史请也"①。《南靖县志》亦记:"正德二年,金山、大溪诸贼猖獗","十一年,流贼詹师富等,屯结芦溪河头之大伞山"。②

当地大户望族对当时的社情民意也有具体描述。如:明正德九年甲戌仲夏(1514 年 4 月),南靖县生员李世浩撰写的《西铭碑记》,也对其家族的遭遇进行描述:

> 吾家世居西山,已历宋元之旧,然遭元季扰攘之秋,而生聚犹未繁也。及大明中天,天下宴如,故我山麓之民,生聚日益繁,生业日益拓,迨至今日,丁几满百,粮近半千,是皆蒙太平日久之赐也。近年以来,寇植邻壤,岁无宁日,不得已焉,而揭家投之城,弃坟墓,捐宗亲,已无昔日太平族居之乐矣。③

从中不难看出,明正德年间,即使是地处相对繁华的西山(今平和县小溪镇西林村),也屡遭"山贼"侵扰,以致"寇植邻壤,岁无宁日",族人"漂泊十余载,已无昔日太平族居之乐",更何况地处两省交界的偏僻山区,崇山峻岭,鸟道丛篁,车不得驱,粮难时给,其"山贼"侵扰程度之深、民众受害之苦,可想而知。

正是在这样动荡不稳的社会大背景之下,赣、闽、湘、粤四省交

---

① 李国祥、杨昶主编,薛国中、韦洪编:《明实录类纂(福建台湾卷)》,武汉出版社,1993 年,第 21 页。

② 南靖县地方志编纂委员会整理:乾隆《南靖县志》卷 8《杂记》,南靖县印刷厂承印,1992 年,第 210 页。

③ 碑文见于《西铭碑记》,该碑现立于平和县小溪镇西林村侯山宫前,字迹清晰可辨。

界的连片山区,先后掀起多股规模较大、影响甚远的山民暴乱,"山贼"们各自据天险占山为王,每当官军扑来,便如鸟兽一般散入深林,周旋于山谷之中;大军一走,旧态复萌,愈演愈烈,互为犄角,彼此呼应,形成与朝廷分庭抗礼之势。其中尤以江西的谢志珊、蓝天凤占领横水、桶冈等地,广东的池仲容占据浰头三寨,福建的詹师富占据象湖山等几股势力较大,且结成联盟,活跃在赣闽粤三省交界,拟官僭号,攻城略地,震动朝野,使得千里皆乱,"三省骚然"数载。①

对于长期盘踞在闽、粤、赣、湘四省交界的"山贼",朝廷也曾多次遣派重臣征剿,大多损兵折将,无功而返。正如《明史》所记:

> 当是时,南中盗贼蜂起。谢志山据横水、左溪桶冈,池仲容据浰头,皆称王,与大庾陈曰能、乐昌高快马、郴州龚福全等攻剽府县。而福建大帽山贼詹师富等又起。前巡抚文森托疾避去。志山合乐昌贼掠大庾,攻南康、赣州,赣县主簿吴玭战死②。

于是,朝廷在兵部尚书王琼的力荐之下,任命王阳明为都察院左佥都御史,巡抚南、赣、汀、漳等处地方。

王阳明巡抚期间,于明正德十二年(1517)一月底,亲率2000名精兵从赣州出发,进军汀州,入漳平乱,并"自漳州起程前来各营督战"③,先后攻破了福建的长富、象湖山等32座山寨以及广东的箭

---

① 参考张山梁:《心灯点亮平和》,中国文史出版社,2016年,第60~61页。

② (清)张廷玉等撰:《明史》卷195《列传第八十三》,中华书局,1974年,第5160页。

③ (明)王守仁著,吴光、钱明、董平、姚延福编校:《王阳明全集》卷16《别录八》,上海古籍出版社,2011年,第597页。

灌、大伞等 13 座山寨，肃清了盘踞数十年之久的山民暴乱，取得巡抚南、赣、汀、漳的第一场胜利。平乱之后，王阳明针对南靖县"极临边境，盗贼易生"的现实，分析了民众落草为寇、社会动荡不安的根本原因，提出了"添设县治，以控制贼巢，建立学校，以移风易俗"的长治久安策略，[①]分别于明正德十二年五月二十八日（1517 年 6 月 16 日）、十三年十月十五日（1518 年 11 月 17 日）向朝廷上疏《添设清平县治疏》《再议平和县治疏》，建议析割南靖县清宁、新安二里，添设"平和县"。正如《南靖县志》所载：

> 南靖本龙溪、漳浦、龙岩三县地，元至治中，以其地险远，难以控驭，遂析置南胜县，在九围矾山之东。至元三年，畲寇李胜等作乱，杀长吏晏只哥，同知郑晟、府判喜春会、万户张哇哇讨之，失利。邑人陈君用袭杀胜，遂徙治小溪琯山之阳。至正十六年，县尹韩景晦以地僻多瘴，又徙于双溪之北，改为南靖县。明因元旧，属漳州府，辖一坊七里，正德十三年[②]，芦溪寇乱，巡抚王守仁讨平之，遂割清宁、新安二里置平和。[③]

在筹建平和新县治的过程中，王阳明充分注意到"当大兵之后

---

① （明）王守仁原著，（明）施邦曜辑评，王晓昕、赵平略点校：《阳明先生集要》经济篇卷 1，中华书局，2008 年，第 406 页。

② 该志所记"正德十三年"，误也。王阳明率兵平芦溪寇乱应是"正德十二年"，而割清宁、新安二里置平和应是"正德十四年"。为忠于原著，此处不作修改。

③ 南靖县地方志编纂委员会整理：乾隆《南靖县志》卷 1《建置沿革》，南靖县印刷厂承印，1992 年，第 3～4 页。

继以重役,窃恐民或不堪"①的问题,于是在《再议平和县治疏》中特别提请朝廷"城垣、城楼、窝铺等项工料银两数目。及查府库各项官银,实有一万余两,堪以支用",明确新县治的城垣、城楼、窝铺等工程建设费用应由漳州府支出,不可增加南靖县的财政支出。同时考虑到南靖县因割析里图,导致减少收入,便"将(龙溪县)二十一都七图、二十五都五图,共计一十二图,计粮一千六百八十一石七斗七升三合八勺三抄,拨辖南靖县抵纳粮科",用于弥补财政平衡。②

从中可见,王阳明实施"讨贼治乱、割里置县"之策略,犹如彻底切除长在南靖身上的一个毒瘤,并敷植以新肌肤,最为根本的目的是不让南靖执政者再为河头、芦溪等处的贼情乱象所掣肘,不必耗费大量的精力、人力、财力、物力用于"抓稳定"的事上,而是可以轻装上阵,撸起袖子专注于县邑发展,收到"盗将不解自散,行且化为善良"③之效,促进新南靖获得一次良好的发展机遇。

割里之后的新南靖发展事实,也充分印证了王阳明"除瘴去疾"的初衷是正确的。以割里之前明正德七年(1512)的旧南靖县与割里之后嘉靖二十一年(1542)的新南靖进行对比,就可得到证明。

---

　　① (明)王守仁著,吴光、钱明、董平、姚延福编校:《王阳明全集》卷9《别录一》,上海古籍出版社,2011年,第355页。

　　② (明)王守仁著,吴光、钱明、董平、姚延福编校:《王阳明全集》卷11《别录三》,上海古籍出版社,2011年,第425页。

　　③ (明)王守仁著,吴光、钱明、董平、姚延福编校:《王阳明全集》卷9《别录一》,上海古籍出版社,2011年,第355页。

阳明学与南靖

表 1　南靖县在割析里图前后人口、田地山塘、土贡对比表

项目		年度		增减情况
		明正德七年 （1512）	明嘉靖二十一年 （1542）	
人口		31528 人	19212 人	−39.06％
官、民田地山塘		390071.74 亩	120730.10 亩	−69.05％
主要经济物产土贡	历日纸	13589 张	13589 张	持平
	白糖	485 斤	577 斤	＋18.97％
	蜜	39 斤	45 斤	＋15.38％
	黄蜡	85 斤	101 斤	＋18.82％
	白腊	7 斤	6 斤	−14.26％
	茶叶	76 斤	101 斤	＋32.89％
	员眼	140 斤	167 斤	＋19.26％
	荔枝	140 斤	160 斤	＋14.29％
	香料、药材、樟脑	120 斤	67 斤	−44.17％

注：表中数据来自乾隆《南靖县志》。

可见，南靖县割析里图之后，在人口及官、民田地山塘均大幅减少的情况下，大部分主要经济物产的土贡[①]数量不但没有减少，反而略有增加，充分说明割析里图后的新南靖县经济得到较快增长。从经济社会发展的意义上看，王阳明割析南靖清宁、新安二里，而添置平和一县，对平和县而言，有奏请肇建之功；对南靖县而言，则有革弊补益之德。

二、门生治靖，政绩有声

南靖县自明正德十四年（1519）割析里图之后，有多位王阳明弟

---

① 土贡，古代臣民或藩属向君主进献的土产，从一个侧面反映了进贡地的经济状况。

子或后学担任知县,治理靖邑,颇有政声。这里,举余姚胡希周、新会陈宗愈为例。

1.胡希周

胡希周(生卒不详),字文卿,号二川,浙江余姚人,明嘉靖七年(1528)举人,是余姚籍阳明弟子之一①。胡希周于明嘉靖三十年(1551)至三十四(1555)任南靖知县②,任期四年有余。

胡希周担任南靖知县期间,正值东南沿海"倭患渐起"③之际,时常有倭寇从海澄、龙溪入境侵扰,所过无不焚劫杀掠,以致民不聊生。史料多有记载,如:"嘉靖三十二年(1553)闰二月甲戌,海贼汪直纠漳、广盗,勾集各枭倭夷,大举入寇,连舰百余里同时告警。""嘉靖三十三年(1554)六月庚辰,福建官兵捕得漳州通倭贼苏老等三十余人,诛之。"④

面对倭患日趋严峻的形势,胡希周动员组织乡民加强操演习练,人自为战,家自为守,积极抵抗倭寇、保固村镇,以保障民众有一个安宁稳定的环境。同时借鉴王阳明巡抚南赣所推行的"十家牌法"⑤,采取有效措施,加强社会管控,杜绝民众与"倭贼"的往来。

① 李安军主编:《萧萧总是故园声——王阳明与余姚》,西泠印社出版社,2017年,第286页。

② 《漳州府志》(万历版本)、《南靖县志》(民国稿本)均作"明嘉靖三十四年由谭世美接任",只有《南靖县志》(乾隆版本)作"明嘉靖四十一年由林挺春接任"。

③ (清)张廷玉等撰:《明史》卷91《志第六十七》,中华书局,1974年,第2244页。

④ 李国祥、杨昶主编,薛国中、韦洪编:《明实录类纂(福建台湾卷)》,武汉出版社,1993年,第569页。

⑤ 十家牌法,是古代乡间管理方法,由明朝中期王阳明创造。十家牌法规定每十家为一牌,牌上注明各家的丁口、籍贯、职业、轮流巡查。一家隐匿盗贼,其余九家连坐。如有人口变动,需向官府申报,不然被认定为"黑户"。十家牌法使保甲制度逐渐走向成熟和完善。

所谓的"倭寇",更多的是"迫于贪酷,困于饥寒"的沿海小民。如《筹海图编》直截了当地称:"今之海寇,动计数万,皆托言倭奴,而其实出于日本者不下数千,其余皆中国之赤子无赖者,入而附之耳。"①

正是看到倭寇的主体是"困于饥寒"的沿海民众,饥寒贫困的根源在于"片板不许下海"的海禁政策,于是胡希周在其任职期间,还不遗余力地推行两件事:一是借鉴王阳明的做法,大力兴办社学、义学,推行教化育人,以期"破心中贼"。二是采取缓征田赋、课税,减免均徭、杂差等负担,让百姓休养生息,以期"安居乐业"。胡希周治理南靖的事迹,《光绪余姚县志》载曰:

> 胡希周,字文卿,号二川。少受业王守仁。嘉靖七年举人,初授山东长山知县,县有二河,水溢,旁邑咸被灾。希周筑堤,以时蓄泄,民得借以灌田,世享其利。尚书李士翔为记立石河口,祠名宦。丁内艰,服阙,补福建南靖知县,滨海多盗,希周兴学缓征,扶植善良,以循良著。②

2.陈宗愈

陈宗愈(生卒不详),广东新会沙头人,明万历十七年(1589)进士。阳明后学李材为其父所撰《陈隐君传》曰:

---

① (明)胡宗宪、郑若曾辑:《筹海图编》卷11《叙寇原》,明嘉靖十一年刻本。
② 徐泉华点校,余姚市史志办公室编:《光绪余姚县志》卷23《列传》,线装书局,2019年,第619页。

　　陈为新会钜宗,自其上世世有令人,入我明有白沙先生者,以道鸣,为最显。嗣有名宿者字伯容,号建一,弱冠即罗络百家言,为文词下笔敏赡。①

　　可见,陈宗愈乃明代心学奠基者陈献章②的后嗣,被李材视为与其"有道谊"③之人。而阳明后学、时任巡抚福建的许远孚,则称赞陈宗愈的秉性具有"孤介刚明,任重致远之器"④之特质。因此,有理由将陈宗愈视为一位阳明后学,至少是"私淑阳明"。陈宗愈于明万历二十一年(1593)任南靖知县,二十七年(1599)离任⑤,任期六年有余。其间,复建旧县、新建儒学、徒步祈雨……政绩斐然。明翰林编修高克正记曰:"漳绅人士则以书之韵之帙积类厘,自迁城至祈雨,目凡二十有五,政备矣!"⑥

　　南靖县城原从琯溪之阳(今平和县小溪镇)迁至靖城,明嘉靖辛酉(1561)遭饶贼张琏攻袭而破,明嘉靖四十五年(1566),知县林挺春(顺德人,举人)将县治迁徙至一公里之外的玳瑁山麓,因新址水

---

　　① (明)李材:《见罗李先生正学堂稿》卷 31,北京大学《儒藏》编纂与研究中心编:《儒藏》精华编二六二,北京大学出版社,2010 年,第 383 页。

　　② 陈献章(1428—1500),字公甫,别号石斋,广东广州府新会县白沙里人(今属广东省江门市蓬江区白沙街道),故又称白沙先生,世称为陈白沙。明代著名的思想家、哲学家、教育家、书法家、诗人、古琴家。岭南地区唯一一位从祀孔庙的大儒,也是明朝从祀孔庙的四人之一,是明代心学的奠基者,被后世称为"圣代真儒""圣道南宗""岭南一人"。

　　③ (明)李材:《见罗李先生正学堂稿》卷 37,北京大学《儒藏》编纂与研究中心编:《儒藏》精华编二六二,北京大学出版社,2010 年,第 486 页。

　　④ 康熙《新会县志》卷 7《选举志》,康熙二十九年刻本,卷 7 第 6 页。

　　⑤ 郑丰稔总编纂,南靖县地方志编纂委员会整理:民国《南靖县志》卷 13《秩官》,南靖县印刷厂承印,1994 年,第 466 页。

　　⑥ 郑丰稔总编纂,南靖县地方志编纂委员会整理:民国《南靖县志》卷 13《名宦附传》,南靖县印刷厂承印,1994 年,第 494 页。

泉弗甘,果蓏弗殖,以致流潦纵横,民无宁葺。到任之际,面对"市厢尚落落,仅垣旷土"的衰败荒凉景象,陈宗愈深入调查,了解原委,顺应民情,决定复迁旧址,于是"乃蚤作夜思,图所为敉宁计",仅用三个月时间(始于甲午季冬,而落成于乙未春仲,即 1594 年 12 月—1595 年 2 月),"县治、学宫及廨宇咸具体"①。其间,也得到阳明后学许远孚的鼎力支持与帮助:

> 时抚闽者都御史许公远孚……咸轸念艰危,计安衽席,与诸属吏相应答如影响,故俾侯得有所恃,以守职竣工。②

从这个意义上来说,在南靖县治的复徙过程中,一位私淑阳明的知县在前方积极施工,而另一位阳明后学巡抚在幕后多方支撑,使得县治迁建仅花三个月就完成。这样的建设进度,即使放在今天而言,也可谓是"神速"。李材还特地为之作《南靖县治兴造记》,称赞陈宗愈复迁旧址是"功立当年,誉传来祀"之举,有"巩磐石之安"的意义所在,甚至将其与"吕蒙城瓀须,范仲淹城大顺,韩琦城水落,张仁愿城三受降"相媲美,而谓其"智、仁、勇"三德俱备。③

陈宗愈除复迁旧址外,还兴建文昌塔、儒学宫、崇正学坊、育真才坊、永济桥等基础设施;疏浚仙宅、棉内等多条水圳,改善千余亩

闽中王学研究

---

① (明)李材:《见罗李先生正学堂稿》卷 35,北京大学《儒藏》编纂与研究中心编:《儒藏》精华编二六二,北京大学出版社,2010 年,第 464 页。

② (明)李材:《见罗李先生正学堂稿》卷 35,北京大学《儒藏》编纂与研究中心编:《儒藏》精华编二六二,北京大学出版社,2010 年,第 465 页。

③ (明)李材:《见罗李先生正学堂稿》卷 35,北京大学《儒藏》编纂与研究中心编:《儒藏》精华编二六二,北京大学出版社,2010 年,第 464 页

良田灌溉。① 更值得一提的是,明万历二十七年(1598),陈宗愈主持编修第一部《南靖县志》,共十卷,现仅存六卷残本,藏于北京图书馆。万历二十三年(1595)三月,南靖遇到大旱,陈宗愈爱民心如火焚,依当地风俗,脱下官服官帽,徒步行走 30 余里求雨。现在南靖县元湖村的紫荆山上,还存有一座"雨仙坊"的牌坊,刻有"明万历乙未(1595)春三月南靖旱,知县陈宗愈祈雨于此"。

对于陈宗愈治理南靖县邑的政绩,后世黄寅亮②在《南靖人物风土考》中点评称"贤有司之化泽为之所,若新会陈宗愈,其最著也",③可谓入木三分,一语中的。乾隆《南靖县志》为其立传,曰:

> 廉明强干,始议复建旧县,令有田而富者,各自占高下出资,遴邑中自爱而能颐指人者董其役。凡七阅月④而城郭、学校、仓廪、廨舍,皆次第告成。且筑高塔双溪口,以助形势。上不损公,下不劳民。植弱锄强,公听断,小过辄释。有讼田者,虽盛暑严寒,必履亩躬视,片言立折。民钦之若烈日,爱之若甘雨。升南大理评事,士民立专祠祀之。⑤

---

① 南靖县地方志编纂委员会整理:乾隆《南靖县志》卷 2《山川》,南靖县印刷厂承印,第 41 页。

② 黄寅亮(生卒不详),字孙揆,晋江人,举人。清康熙十年(1671)担任南靖教谕,颇有政声。

③ 南靖县地方志编纂委员会整理:乾隆《南靖县志》卷 9《杂著》,南靖县印刷厂承印,1992 年,第 248 页。

④ 前文中李材在《南靖县治兴造记》中提及"县治、学宫及廨宇"用三个月就建造完成。而未提及城郭、溪口的高塔,《县志》中的"七个月",含有这两次工程。二者并无矛盾。

⑤ 南靖县地方志编纂委员会整理:乾隆《南靖县志》卷 6《名宦》,南靖县印刷厂承印,1992 年,第 138 页。

可以说，阳明门人胡希周治靖邑四载，以"兴学缓征，扶植善良，以循良著"，而让邑人垂念；私淑阳明的陈宗愈知南靖县六年期间，更是政绩累累，"利用建国，事业满邑中，功尤懋哉！"①

三、后学会讲，育人教化

在平乱靖寇过程中，王阳明切身体悟到"破山中贼易，破心中贼难"②，认为南靖县之所以"乱乱相承"的主要原因是当时的书院、社学、乡馆没有发挥教化易俗的作用，以致"小民罔知法度，不时劫掠乡村，肆无忌惮，酿成大祸"③。于是，颁发《颁行社学教条》等告示，要求兴办创建各类社学、书院，着重培养学生的道德品行。明中后期的南靖县，在王阳明兴"社学"、重"教读"思想的影响下，逐渐形成了尚文崇儒的社会风气，以致"一变至道，满城弦歌"④。包括阳明后学在内的不少饱学之士时常来到南靖讲学，传播文化，启迪民智。其中就有阳明后学李材来到南靖安福禅寺会讲一事。

李材（1529—1607），字孟城，别号见罗，江西丰城人，明嘉靖四十一年（1562）进士。师事江右王门著名学者邹守益，又问学王畿、钱德洪，为王阳明再传弟子。"至（明万历）二十一年四月，始命戍镇

① 南靖县地方志编纂委员会整理：乾隆《南靖县志》卷6《名宦》，南靖县印刷厂承印，1992年，第138页。

② （明）王守仁著，吴光、钱明、董平、姚延福编校：《王阳明全集》卷4《文录一》，上海古籍出版社，2011年，第188页。

③ （明）王守仁著，吴光、钱明、董平、姚延福编校：《王阳明全集》卷9《别录一》，上海古籍出版社，2011年，第353页。

④ 南靖县地方志编纂委员会整理：乾隆《南靖县志》卷9《杂著》，南靖县印刷厂承印，1992年，第248页。

闽中王学研究

海卫。"①李材一生常以师道自居,勤于讲学、授课不辍,谪戍镇海卫期间,除了在卫所聚徒讲学外,还到漳州龙江书院②的正学堂、漳平县城隅公馆、南靖县安福禅寺、同安夕阳寺等处会讲,就问者络绎不绝,学徒日益增多。

明万历二十三年冬仲之望前二日(1595 年 12 月 13 日),李材由漳州出发,将赴武夷山,途经南靖县时,与其皆有道谊之交的知县陈宗愈、教谕叶公垩,甚是喜悦。于是,便以"士习之颓靡将于此振也,离涣当于此萃也,学问之风教当于此兴也"③为由,召集龙溪、海澄、南靖等地学生 109 人,在南靖的安福寺,举行会讲。④

李材始终认为倡明圣学、经世济民是士人的天职所在,因此其在会讲时,就开宗明义指出:

> 明学淑人,士职也。身到学俱,何往而非尽分地,其敢以羁旅辞?后世直以当官举职者为不愧素餐,曾不思天生民而立之君,不但使牧之,亦使师之。故学者所以学为君,不但学为师也。⑤

① (清)张廷玉等撰:《明史》卷 227《列传第一百十五》,中华书局,1974 年,第 5958 页。
② 龙江书院,属漳州府义学书院。据《漳州府志》(光绪本)记载:在府治西北登高山(今漳州市区芝山)上,旧为临漳台。
③ (明)李材:《见罗李先生正学堂稿》卷 37,北京大学《儒藏》编纂与研究中心编:《儒藏》精华编二六二,北京大学出版社,2010 年,第 486 页。
④ 会讲,是指宋代以来士人在书院等场所举行的学术聚会。明中后期伴随姚江之学的兴起,会讲之风更是风靡一时。
⑤ (明)李材:《见罗李先生正学堂稿》卷 37,北京大学《儒藏》编纂与研究中心编:《儒藏》精华编二六二,北京大学出版社,2010 年,第 486 页。

进而昭昭以告"修身为本"是每一个儒者内心修为的根本工夫。儒者士人唯有如此修身,才能在"攘攘纷纷率为利往者,憧憧逐逐竞将外驰"的现实社会中,坚定内心良知的信念,明白本心中的"性命当求"。同时也阐明了儒者士人以会讲"明学淑人"的意义所在:既唤醒人心的聋瞽,也提策人心的懈惰,还收拾人心之散乱,更破除人心之沉痼。儒者士人唯有如此持续会讲,才可"无亏士职,无忝受成,无负天命之寄荷"。李材最后指出,如果南靖的每一位贤达士人都能按期莅临"会讲",持之以恒地"明学淑人",那么靖邑大地必将复见"海滨邹鲁"之盛事。① 应该讲,李材此次因"北上武夷之行"而传播阳明心学的会讲,不仅是为了弘扬传播阳明心学,接引学生,更多的是对"唤醒人心"的一个鼓与呼,对"破心中贼"的一个期望与坚持,也给南靖执政者指明了一条倡明"良知"之学、教化民众的道路。

封建时代的中国是一个官本位的社会,一位具有较高级别的官员,便可凭借其拥有的特殊政治地位,调动各种社会、政治、财力、人脉等资源,在多种不同场合宣扬、阐发其理论学说,并利用其号召力与影响力,推动其思想理论学说的传播,吸引更多的人接受并弘扬其学说观点。反之,即使是一位学富五车、满腹经纶的学者,如果没有一定的社会资源和政治资本,也很难宣扬其理论学说。尽管李材此次会讲时间极短,但由于执政者陈宗愈亦是学宗心学的知县,且执掌靖邑长达六载之久,因此这次会讲对南靖后世的文化发展,特

---

① (明)李材:《南靖县安福寺禅院寺会记》,《见罗李先生正学堂稿》卷37,北京大学《儒藏》编纂与研究中心编:《儒藏》精华编二六二,北京大学出版社,2010年,第486~487页。

别是在传播阳明心学上，颇有影响。根据《南靖县安福寺禅院寺会记》记载，当天到场聆听会讲的有黄浩、王任校、陈天珠等72名南靖学生，接受阳明学的熏陶，翕然顾化。其中9位日后成为"贡士"，如：明万历二十六年（1598）贡士许有孚、明万历三十四年（1606）贡士龚希尚、明天启四年（1614）贡士黄凤歧、崇祯三年（1630）贡士陈金声等①，参加听讲的还有明万历三十八年（1610）进士的龙溪人陈翼飞。可见，李材此次会讲，对漳郡靖邑的百余名学生来说，是一次心灵的荡涤与精神洗礼，犹如王阳明当年教诲门人"时时刻刻，须是一棒一条痕，一掴一掌血"②那样，希望听闻者能够时刻以"明学淑人"为己任，让普天之下的民众即得"本心之明，皎如白日"③，以期"止于至善"，从而为万世开太平。

南靖人黄浩（生卒不详，字光谱）亲炙于李材门下，拜其为师，追随左右，亦可称为阳明后学。明万历二十五年（1597）三月，李材应福建提学副使、门人徐即登之邀，到同安夕阳寺（今厦门市海沧区东孚镇洪塘村真寂寺）会讲，听讲者70余人，黄浩也名列其中。④ 从《正堂书稿》中可见，李材还以书信形式答复黄浩所请教"修身为本"的学问，谆谆以教"止于至善"，阐明"要紧在明心性之辨"。其间，黄浩遵照师命之教诲，在漳郡靖邑大地"以止修学诸己，以止修之学言

① 南靖县地方志编纂委员会整理：乾隆《南靖县志》卷5《选举》，南靖县印刷厂承印，1992年，第127～128页。

② （明）王阳明著，叶圣陶点校：《传习录》下卷《黄以方录》，北京时代华文书局，2014年，第268页。

③ （明）王守仁著，吴光、钱明、董平、姚延福编校：《王阳明全集》卷16《别录八》，上海古籍出版社，2011年，第193页。

④ 参考（明）李材：《夕阳寺会记》，《见罗李先生正学堂稿》卷35，北京大学《儒藏》编纂与研究中心编：《儒藏》精华编二六二，北京大学出版社，2010年，第460～461页。

诸人",高扬"致良知"之旨意,传播阳明心学。①

四、结　论

　　王阳明一生的功业,始于南赣巡抚,开启了"文臣用兵制胜"②的人生履历,而"檄福建、广东会兵,先讨大帽山贼"③之征剿漳寇、奏设平和的功绩,是其亲临靖邑之时的结果;其析里划图新设平和一县的治理思维,犹如除瘴去疾一般,减轻执政者管控治乱的压力,得以专注于发展经济,增进民生福祉。新的南靖县在其门人胡希周、后学陈宗愈的治理之下,施仁政,顺民心,复旧治,办学校,兴水利,减赋税,修方志……事业满邑,政绩蜚声。而后学李材、黄浩在南靖接引学生,传播心学,更是将靖邑一地化为"满城弦歌",影响深远。因此完全有理由说,南靖是王阳明过化之地,也是阳明心学的传播地。

　　注:本文发表在《贵阳学院学报(社会科学版)》2021 年第 6 期。

---

　　①　参考(明)李材:《答黄光谱书》,《见罗李先生正学堂稿》卷5,北京大学《儒藏》编纂与研究中心编:《儒藏》精华编二六二,北京大学出版社,2010 年,第 84～85 页。

　　②　(清)张廷玉等撰:《明史》卷 195《列传第八十三》,中华书局,1974 年,第 5170 页。

　　③　(清)张廷玉等撰:《明史》卷 195《列传第八十三》,中华书局,1974 年,第 5160 页。

第三篇　阳明学与平和

构建阳明平和地域文化的探索与实践

平和县从无到有，从弱到强，与一代旷儒王阳明有着密不可分的历史渊源。500 年前，王阳明受命巡抚南赣汀漳，领兵平靖漳寇之后，以"知行合一"的治世态度，"析划里图，添设新县"的政治智慧，两度上疏奏请朝廷，在闽粤交界的漳南地区添设了"平和县"。

置县以来，阳明文化始终根植平和大地，特别是"知行合一"更是成为平和的置县精神，始终激励着平和人民"向善向德"，使得昔日"盗薮"化外之地，变成今天"冠裳"有序之区。阳明文化是中华优秀传统文化的重要组成部分，也是平和地域文化的核心内容之一，促进了平和百姓共同精神价值取向的形成。可以说，阳明平和地域文化是平和人民精神家园的一个不可或缺的支柱和载体。

一、阳明平和地域文化的根源

明正德年间，在赣、闽、湘、粤四省交界连绵成片的崇山峻岭之中，先后掀起多股规模较大、影响甚远的山民暴乱，各自依险举旗占山为王，形成与朝廷分庭抗礼之势。当时，漳州的詹师富、广东的温火烧集聚了 6000 多名"山贼"，在闽粤交界的漳州南部山区（今福建省平和县长乐乡、秀峰乡、芦溪镇，永定区湖山乡、湖雷镇，广东省大埔县大东镇、枫朗镇、西河镇）一带揭竿而起，点燃连天烽火，转战闽、粤、赣三省边界，致使"三省骚然"数载。

明正德十一年(1516)九月,王阳明受命巡抚南、赣、汀、漳等处,肩负剿匪平乱之责,维护社会秩序。次年(1517)正月十六日,王阳明莅赣开府就职,上任伊始就采取"必以治内为先"①之策,行十家牌法,有效切断"山贼"与民众之间的辎重物资、信息情报往来。同时从弩手、打手、机快中,挑选骁勇绝群、胆力出众的精兵,招募民兵训练,整肃军纪,打造一支围剿"山贼"的精锐之师。正月十八日,王阳明打响了巡抚南赣首战——"漳南战役",在其运筹帷幄、排兵布阵、亲临督战之下,仅用两个多月时间,就肃清了盘踞在闽粤交界山区数十年之久的山民暴乱,先后攻破了 45 座山寨(其中福建 32 座、广东 13 座),擒获斩首"山贼"2680 多人,俘获"山贼"家属 1490 多人,缴获众多的牛马辎重;妥善安置 1235 名"山贼"和 2828 名"山贼"家属。②

"漳南战役"结束后,无论是省、府、道、县或是布、都、按的各级各部门官员,还是当地的黎民百姓,甚至是刚刚归顺朝廷的"新民",无不希望从此远离战火,结束颠沛流离的动荡不安生活。因此,析划里图、添设新县,实现社会长治久安、民众安居乐业,成为当时各级官员和广大民众的共识。因为之前朝廷也曾调遣土兵、狼达到这里平乱,但平叛匪患一结束,官兵就随之撤离,过不了几个月,"山贼"又卷土重来,聚而起事,官府依然未能从根本上解决产生暴乱的问题,以致乱乱相承,治标不治本,甚至出现明正德八年(1513),因"时广东多寇,以漳临境,列能安戢防御",而"免福建漳州府知府罗

<hr />

① (明)王守仁著,王晓昕、赵平略点校:《王文成公全书》卷 16《别录四》,中华书局,2015 年,第 645 页。

② 张山梁:《心灯点亮平和》,中国文史出版社,2016 年,第 85 页。

列朝觐"①的现象。正如王阳明所说,"立县等事,关系地方安危,远近人心悬望,恨不一日而成"。②

正是期许天下太平的美好愿景,南靖县儒学生员张浩然等联名具呈漳州府,恳求以漳平、永定为例开设县治。而后,漳州知府钟湘向福建按察司兵备佥事胡琏呈报漳州府、南靖县官员和民众的意愿,提出添设新县的理由和建议,认为产生民众暴乱的主要原因是芦溪、平和(今平和县秀峰乡坪洄村)、长乐等地,远离县治,政教不及,民众罔知法度,让"山贼"有机可乘,以致肆无忌惮地劫掠乡村,进而攻城略地,酿成大祸。建议在河头处(今平和县九峰镇区)添设县治,分割南靖县清宁、新安等里,漳浦县二、三等都管摄,强化法治治理、伦理教化。同时将原设在河头(今九峰镇)的小溪巡检司移建到芦溪枋头坂(今平和县芦溪镇漳汀村),再增加弓兵,点选乡夫,协同巡逻,便可起到"外足以控制饶平邻境,内足以压服芦溪诸巢"③的作用。福建按察司兵备佥事胡琏将漳州府、南靖县官员和民众的意愿转报给时任巡抚南、赣、汀、漳的都察院左佥都御史王阳明,并提出相应的意见。认为,开建县治可以有效控制闽粤两省边界的"山贼"再聚结造事,是实现社会长治久安、百姓安居乐业的重要途径,加上军民皆乐从,应及时奏请,加以引导。

接到福建按察司兵备佥事胡琏的呈报时,王阳明正好还在上

---

① 李国祥、杨昶主编,薛国中、韦洪编:《明实录类纂(福建台湾卷)》,武汉出版社,1993 年,第 111 页。

② (明)王阳明:《王阳明全集》卷 31《续编六》,民主与建设出版社,2014 年,第 849 页。

③ (明)王守仁著,王晓昕、赵平略点校:《王文成公全书》卷 9《别录一》,中华书局,2015 年,第 389 页。

杭、南靖一带督战处理战后事宜,也认为建立县治是御盗安民的长远之策,但又担心战事刚完,就上马实施建县这样浩大的工程,恐怕民众负担不起,引起民怨沸腾。于是,他亲自深入到百姓当中访询,问计于民,得到的是"众口一词,莫不举首愿望,仰心乐从;且夕皇皇,惟恐或阻"①的答案。同时,王阳明还是担心民众的真实想法被属下官员所蒙蔽、歪曲,暗地里又派人到河头大洋陂一带察看真相。暗哨回报:尽管官府还未行令建城,但当地百姓已自带干粮,着手伐木畚土,开工建设,盼望早日建县。这些,让王阳明深切体会到,这里的百姓长期饱受盗贼掠夺之苦,无不盼望建立县治,从此过上和谐安宁的日子。于是,在班师上杭、回军赣州的不久,就上疏朝廷,奏请设县。

五月二十八日(1517 年 6 月 16 日),王阳明在赣州军门拟制了《添设清平县治疏》,既将漳州府钟湘、福建按察司兵备佥事胡琏上报陈请的事由转呈奏报朝廷,也从巡抚之责的角度,提出了个人的意见和建议。他认为,"乱乱相承"的主要原因是"县治不立,征剿之后,浸复归据旧巢",建立县治可以收到"抚其背而扼其喉,盗将不解自散,行且化为善良"的功效,是"人心冀望甚渴,父老相沿已久"的"散盗安民"之策。加上 2000 多名"山贼"及其家属安置在河头,若人心一散,恐难以再凝聚起来,后患无穷。为此,恳请朝廷"俯念一方荼毒之久,深惟百姓永远之图",建议割南靖清宁、新安等里,漳浦县二、三等都,添设一县。同时认为"河头者,诸巢之咽喉;枋头者,河头

---

① (明)王守仁著,王晓昕、赵平略点校:《王文成公全书》卷 9《别录一》,中华书局,2015 年,第 390 页。

之唇齿"①,小溪巡检司移于枋头坂,是势必相须,也应同步实施。

收到朝廷同意置县的批文后,王阳明当即下令漳南道、漳州府要顺应民意,动用银两开工兴建。随即,漳南道兵备佥事胡琏、漳州府知府钟湘、南靖县知县施祥等官员根据巡抚王阳明的要求,亲自到河头大洋陂、芦溪枋头坂等地分别进行选址踏勘,谋划、筹建县治、巡检司等具体事宜。明正德十二年十二月初九日(1517 年 12 月 21 日),漳州知府钟湘、南靖知县施祥、漳平知县徐凤岐等府、县官员莅临河头,告祀社土,伐木兴工,一场轰轰烈烈的造城工程就此拉开帷幕。历经近一年的紧张有序施工,城郭于明正德十三年(1518)九月建成完工,县堂、衙宇、明伦堂、城隍、社稷坛等县治衙门于明正德十三年(1518)十一月建成完工。至此,一座崭新的县城矗立在闽南粤东的交界处,开创了平和县 500 年的辉煌历史,开启了一个全新的时代,使原本"远离县治,政教不及,民众罔知法度"的穷乡僻壤,变成"百年之盗可散,数邑之民可安"的美好家园。

正是王阳明在征漳寇后,两度上疏奏请朝廷添设平和县治,才使平和县成为王阳明的过化之地,也让阳明平和地域文化的构建有了活水之源。

二、阳明平和地域文化的内涵

1.平和是王阳明立功的第一站

王阳明是明代著名的思想家、哲学家、教育家和军事家,为"立

① (明)王守仁著,王晓昕、赵平略点校:《王文成公全书》卷9《别录一》,中华书局,2015 年,第 390～391 页。

言、立德、立功"真三不朽者。纵观其一生,主要有巡抚南赣、平乱宸濠、征伐思田等三大功业,而巡抚南赣的第一站就到闽粤交界的漳州南部山区,打响他建立功业的第一仗——漳南战役。

"漳南战役"一仗,王阳明在军事上,检验了其军事理论在实战中的运用效果,特别是"行十家牌法""挑选民兵"等措施成为其立功的不二法宝;在政治上,推进巡抚制度的改革;在社会管理上,尝试探索了一条"添设县治控制贼巢,建立学校移风易俗"的长治久安之策;在理学发展上,开始体悟了"破心中贼难"之所在,萌发了"致良知"的学说,逐步完成了心学体系的最终建构。也可以说,"漳南战役"让王阳明在建立功业上有了更多的理论自信、军事自信、指挥自信,成为其从"五溺"走向"真三不朽"的一个重要转折点。

2.平和是阳明心学的传播地

平和县从弱到强,无一不是得益于阳明心学的滋养。置县迄今,平和县的每一寸土地都浸透着阳明文化,已然成为阳明心学传播发展之地。

在置县之初的明嘉靖五年至十一年(1526—1532)期间,也就是建县 10 年左右,时任平和知县的王禄就邀请王阳明的早期弟子马明衡撰写的《平和县碑记》。由此可见,在平和县添设不久,百废待兴之际,当时的平和执政者就以谦卑的身段,善交"闽中王门"学者,致力弘扬儒学文化。在当时,以马明衡为代表的一批阳明弟子在思想荒芜的和邑大地上,借助儒学、书院、义学等场所,传播阳明心学,教化民众,开启心钥,将那天理之昭明灵觉、知善知恶"良知"的旨义,随地圆照,布施传道,以求人人皆可承当,高扬内心的力量、精神

的力量,在追逐名利、浮沉与世时,依然可以找到自己的定盘针。这一阶段,平和县的阳明心学传播,主要是由外向内,采取"请进来"的办法,吸引外来的阳明后学到平和讲学、教化、育人。

到了明崇祯年间,与王阳明同为浙江人的施邦曜知漳州府、王立准知平和县。这两位阳明同邑在执政漳州府、平和县期间,将阳明心学的传播发展推到了一个新的巅峰。施邦曜在任漳州知府期间,针对隆庆刻本《王文成公全书》存在卷帙繁多、篇幅浩大、携带不便、阅读不易等问题,将其进行分门别类,条分缕析,加以评点批注,评释丹铅,按理学、文章、经济三帙归类整理,数易其稿,汇编成《阳明先生集要》,共三编十五卷,其中:《理学编》四卷介绍阳明的哲学、《经济编》七卷介绍阳明的事功成就、《文章编》四卷介绍阳明的文学成就,还有年谱以及序言、跋等相关内容。之后,便授梓于平和知县王立准督刻成书。"书成,奉以藏之文成祠中。"① 这就是被学界称为崇祯施氏刻本的《阳明先生集要》。这部刊刻于平和的《阳明先生集要》崇祯施氏刻本,成为后来多家翻刻的底本,与隆庆谢氏刻本,并称阳明著作两个极为重要的版本,是研究阳明学术的人不可不知,不可不查的基本资料,为阳明学的传播发展做出贡献。《阳明先生集要》还向欧美等国传播,1916 年,美国学者亨克② 发表的《王阳明的哲学》就是《阳明先生集要·理学篇》的英译本。正如 Kia-Lok Yen 在 1917 年《国际伦理学杂志》中发表的关于《王阳明的哲学》的

---

① (明)王守仁原著,(明)施邦曜辑评,王晓昕、赵平略点校:《阳明先生集要》附录《王立准跋一》,中华书局,2008 年,第 1023~1024 页。

② 亨克(Frederick G. Henke),1876 年生于美国艾奥瓦州,1900 年以传教士的身份来到中国,1907 年回到美国的芝加哥大学就读博士,1910 年应邀担任南京大学哲学教授,对王阳明有较为广泛的研究。

书评中指出:"在此卷中,首次向说英语的哲学专业学生介绍了最具影响力的中国思想家之一。"从这个意义上说,平和是阳明心学向西方传播的首发地。这一阶段,平和县的阳明心学传播,主要是由内向外,采取"走出去"的办法,将阳明著作传遍于广袤,传之于后世。

3.平和是王阳明"因地名县"的实践地

县名是县域文化的重要内容,因其内涵丰富、外延盈阔,是一个地方历史的传承和区域文化的符号,演绎出许许多多的精彩故事。一个寓意深邃的县名,往往可以勾起一方百姓及其外出游子对乡愁的记忆,还可以其含文量而提升一个县域的知名度、美誉度。

正因为王阳明是平和的"立县之父","平和"县名的"起名人"理所当然就落在王阳明身上。对于县名,王阳明最初在明正德十二年(1517)五月向朝廷奏请《添置清平县治疏》[1]时,所起的县名并不是"平和",而是"清平";到了第二年(1518),再度向朝廷奏请《再议平和县治疏》,鉴于"照得县名须因土俗,本职奉委亲历诸巢,询知南靖县河头等乡,俱属平河社,以此议名平和县",[2]才将县名起为"平和"。从中可见,"平和"县名的起名之意是因为县治所在地"平河"的谐音而得。之后,王阳明在江西南安、广东惠州剿贼平寇之后,也分别奏请添设了崇义、和平两个新县,在拟起县名过程中,王阳明借鉴了起名平和县的经验,无不依"县名须因土俗"之律,直接以"崇义里""和平峒"起名崇义县、和平县,并得到朝廷的认可。也就是说,

---

① 平和县地方志编纂委员会:《平和县志》,群众出版社,1994 年,第 973 页。
② (明)王阳明:《王阳明全集》卷 11《别录三》,民主与建设出版社,2014 年,第 285 页。

崇义县、和平县的起名,是因他们的县治所在地分别在崇义、和平。与平和县名的起法,如出一辙。假如王阳明没有"平和"县名起名的实践,江西省崇义县、广东省和平县的起名也许也要有反复斟酌推敲的过程。

三、阳明平和地域文化的传承

近年来,阳明文化作为中国传统优秀文化的瑰宝和世界文化遗产的重要组成部分,在国内外的影响不断扩大,地位日益提升,对其学说思想的研究蔚然成风。正如习近平总书记指出:"王阳明的心学正是中国传统文化中的精华,也是增强中国人文化自信的切入点之一。"作为王阳明奏请设置的平和县,挖掘、研究、传承阳明文化的内涵和时代价值,构建阳明平和地域文化,具有重要的历史意义和现实意义,必将为建设"生态·活力·闲适"新平和提供文化自信的理论支撑。

1.阳明平和地域文化研究成果丰硕

历经 500 年的沧桑与沉淀,平和县持续不断开展阳明学、阳明平和文化研究工作,出版的专著、文章颇多,取得了一定成绩。2016年,平和县成立了王阳明研究会,吸纳会员 36 名;之后,为提升挖掘、研究阳明地域文化的能力,研究会以团体会员的身份加入中国明史学会王阳明研究分会,1 人当选为第一届理事。研究会成立以来,积极挖掘、整理、传承阳明平和地域文化,先后主编出版《阳明平和》期刊3期共3000册①；出版了全省首部阳明地域文化专著《心灯点亮平和》，揭示了王阳明与平和的关系，拉开了"闽中王门"的帷幕，呈现了一幅中国地域文化中多姿多彩的历史画卷②；与县政协文史委合作，编撰《王阳明与平和》，即将公开出版发行。与此同时，研究会还积极参加全国各地的论坛、研讨会，发表有关阳明平和地域文化的学术论文6篇，加强与各地专家、学者的学术交流，接待了浙江、江西、广东等外地阳明学者20多批次、300多人的学术考察、田野调查，为传承阳明平和地域文化提供了学术支持。

2.阳明平和地域文化宣传普及广泛

近年来，平和县为进一步传承弘扬"知行合一"的置县精神，推动阳明平和地域文化落地生根，增强文化软实力，在全县范围内开展弘扬"知行合一"置县精神，以"崇德明礼、向善知行"为目标，以"阳明传习堂"为活动平台，挖掘彰显平和500年历史文脉，以内容独具体现文化特色，以典型示范打造精品工程，以地域文化展现平和亮点，建设"厚德平和"之"阳明传习堂"活动。

在县城，以阳明文化为核心的优秀传统文化作为党员干部理论学习的重要内容，挖掘中华文明所蕴含的讲仁爱、重民本、崇正义、尚和合、求大同等思想的时代价值，对全县机关党员干部进行传统文化教育培训，引导机关党员干部中厚植"崇德明礼、向善知行"理念，培育"清廉为民、知行合一"的机关文化。在乡镇，借鉴王阳明在乡村治理中"推行乡约，完善民众自治组织，族规家训约束日常行

---

① 截至目前，《阳明平和》已编辑出版（内刊号）5期、印刷5000册。

② 张山梁：《心灯点亮平和》，中国文史出版社，2016年，序言第19页。

为,正人心彰善纠过"的做法,深入挖掘乐于助人、诚实守信、孝老爱亲、勤劳节俭等"孝、善、和"的先进典型,用社会主义核心价值观和阳明文化占领农村文化阵地,开展丰富多彩的群众性文体活动,倡导"良知"新风文明,引导农村社会形成"崇德明礼、向善知行"的新风尚,培育"文明乡风、幸福家园"的农村文化。在学校,借鉴王阳明"兴办社学,颁行社学教条,建立书院社学,教化启迪民众"的做法,继承和发扬我县独有的文化、历史和中华传统文化资源,编印阳明文化、传统文化通俗读本,列入德育课程,作为师生培训的必修课,激发学生从小培养"崇德明礼、向善知行"的良好社会公德,培育"志向高远、品学兼优"的校园文化。

目前,全县先后创办了18个"阳明传习堂",举办传统文化讲座100多场,受众超过5000人次,浙江、广东、江西等地的阳明文化研究者多次前来观摩,并给予高度评价。著名阳明学专家吴光教授在实地考察后认为:平和县"阳明传习堂"的做法是全国阳明文化有效落地的典范,也是落实十九大报告中指出"加强农村基层基础工作,健全自治、法治、德治相结合的乡村治理体系"的具体措施。

3.阳明平和地域文化推动县域发展

阳明平和地域文化遗产既是历史发展的见证,又是珍贵的、具有重要价值的文化资源。保护和利用好阳明平和地域文化遗产,对继承和弘扬传统优秀文化,促进经济社会的全面、协调、可持续发展具有重要意义,也是县域发展的"软实力"表现。目前,明正德年间建设的县衙遗址、文庙、城隍庙,以及黄道周撰拜书的《鼎建王文成公祠碑》等一批阳明遗迹、文物得到有效保护,特别是明正德年间建设的城隍庙于2013年被国务院确定为全国文物保护单位。弘扬阳明平和地域文化,构筑平和精神高地的最终落脚点是促进平和经济社会的发展,确保全面建成小康社会。近年来,平和县始终把阳明文化这一优秀文化资源,化为平和砥砺前行的力量源泉,上下齐心、众人合力,良知一致出智慧,知行合一谱新章,形成了建设"生态·活力·闲适"新平和的"阳明智慧",推动平和县域经济社会持续、健康、协调发展。

注:本文发表在《儒学天地》2018年第1期,获得漳州市2017年度哲学社会科学研究规划课题二等奖。

论阳明文化在平和的传承与发展

　　平和县从无到有，与一代大儒王阳明有着密不可分的历史渊源。可以说，平和既是王阳明建立功业的第一站，也是阳明心学的实践地。

　　500年前，王阳明受命巡抚南、赣、汀、漳等处，打响他建立功业的第一仗——漳南战役，历时两个多月的征战，先后攻破了象湖山、可塘洞、箭灌、大伞等40多座山寨，擒获斩首"山贼"2700多人，俘获"山贼"家属1500多人，烧毁贼巢房屋2000多间，缴获众多的牛马辎重，肃清了盘踞在闽粤交界山区数十年之久的以詹师富、温火烧为首的山民暴乱，还妥善安置了1235名"山贼"、2828名"贼属"，让他们安居乐业。可以说，王阳明在"漳南战役"中体现的是"知行合一"思想的具体践履，而两度奏请设立"平和县"则是其"明德亲民"思想在闽粤交界山区的落地结果。王阳明在平靖漳寇之后，以一个政治家的敏锐眼光、思想家的内圣智慧，抽丝剥茧地分析了闽粤交界的漳南地区民众落草为寇、社会动荡不安的根本原因，基于"破山中贼易，破心中贼难"的认知，提出"析划里图，添设新县"的思路，探索了"添设县治，以控制贼巢"的长治久安之策，两度上疏奏请朝廷添设"平和县"。从此，平和就正式成为中国行政区划中的一个县，也因此成为阳明过化之地。正如漳州知府施邦曜所评，"先生此举（王阳明奏请添设平和县），不特可以弭盗，亦可以变俗，允为后事之师"。①

王阳明在第一份奏疏中，认为这里"地理遥远，政教不及，小民罔知法度"，明确提出"建立学校，以移风易俗，庶得久安长治"，对民众应"训以儒理"，才能"政教既敷，盗贼自息""变盗贼强梁之区，为礼义冠裳之地"②，达到"永保地方事理""久安长治"的目的。可见，王阳明对教化民众、启迪思想、诞敷文德是何等重视。再者，王阳明在首任知县的选录上也颇费心血。在《再议平和县治疏》中，建议朝廷"新县所属多系新民，须得廉能官员，庶几开新创始，事不烦而民不扰"。③ 最终，朝廷采纳王阳明的建议，选派了一位曾经与王阳明老师娄谅④一起讲学、"志圣贤学"的罗伦⑤仲子——罗干到平和担任第一任知县，并于明正德十四年(1519)十二月到任，"时方建县之始，百度未饬，干悉心经理"。⑥ 或许是无意的巧合，或许是上苍的眷顾，无论是奏请设立的王阳明，还是首任知县的罗干，都是状元之

① （明）王守仁原著，（明）施邦曜辑评，王晓昕、赵平略点校：《阳明先生集要》经济编卷 1，中华书局，2008 年，第 409 页。

② （明）王守仁原著，（明）施邦曜辑评，王晓昕、赵平略点校：《阳明先生集要》经济编卷 1，中华书局，2008 年，第 405～408 页。

③ （明）王守仁著，吴光、钱明、董平、姚延福编校：《王阳明全集》卷 11《别录三》，上海古籍出版社，2011 年，第 424～425 页。

④ 娄谅(1422—1491)，明代著名理学家，字克贞，别号一斋，江西广信上饶人。少有志于圣学，尝求师于四方。明孝宗弘治二年(1489)冬，18 岁的王阳明，因送新婚的夫人诸氏从南昌归浙江余姚，舟至广信，拜谒娄谅，并从之问学。娄谅授之以宋儒格物之学，谓"圣人必可学而至"，王阳明深契之，因此始慕圣学。黄宗羲《明儒学案》说"姚江之学，先生(娄谅)为发端也"。

⑤ 罗伦(1431—1478)，明代理学家、状元，字彝正，号一峰，江西吉安永丰人。明成化二年(1466)进士第一，授翰林院修撰，抗疏论李贤起复落职，谪泉州市舶司提举，次年复官改南京，居二年，以疾辞归，隐于金牛山，钻研经学，开门教授，从学者甚众。学术上笃守宋儒为学之途径，重修身持己，尤以经学为务。著有《一峰集》等。

⑥ （明）罗清霄修纂，陈叔侗点校，福建省地方志编纂委员会整理：万历《漳州府志》卷 28《平和县·秩官志》，厦门大学出版社，2010 年，第 1100 页。

子。也正因此，平和自肇创以来，文脉源远、文气鼎新。平和，从此就有了儒学的昌盛和教化的昌明，也有了风俗的淳化和文化的繁荣。平和，曾经"远离县治，政教不及，民众罔知法度"的穷乡僻壤，才变成了"百年之盗可散，数邑之民可安"的美好家园；昔日"盗薮"化外之地，才成为今天"冠裳"有序之区。

众所周知，要了解一个地方具有什么样的人文特质、精神品格，一个很重要的视角就是，看这个地方的人们在追怀什么样的人和对什么样的人表达敬意。在和邑这方土地，从置县至今的500年，平和百姓始终感念王阳明的奏立之功、教化之德，阳明精神更是始终根植于和邑大地，滋养着平和民众的心灵家园，生生不息，从未中断。可以这样说，平和县从弱到强，正是得益于阳明心学的滋养，平和是阳明文化的传承地。

平和县自明正德十四年（1519年）开县至今的500年间，先后至少发生了"阳明门人马明衡撰碑记、传心学""宁波教授李世浩致仕归乡讲阳明、甘泉之学""创建阳明祠""阳明再传弟子王宗沐之孙知平和县""移建王文成祠于东郊""刊刻《阳明先生集要》""王阳明五世孙知平和县""修葺王文成公祠、置祀田、塑像""明清两代每年春、秋祭祀王文成""兴办文成中学""建制保、镇以阳明命名""新时代构建阳明平和地域文化"等12件与阳明文化在和邑弘扬、传承、发展有关的重大事件。下面，分别略为介绍：

一、王阳明门人马明衡撰碑记、传心学

置县之初的明嘉靖五年至十一年（1526—1532）期间，也就是建县 10 年左右，"时开邑未久，事多草创，百废待兴。时任平和知县的王禄"治邑如家，爱民如子。开设学、置学租……"①还邀请王阳明的早期弟子马明衡②撰写《平和县碑记》。《明史》有载："闽中学者率以蔡清为宗，至明衡独受业于王守仁。闽中有王氏学，自明衡始。"③也就是说，马明衡是一位受炙于阳明先生门下的学者，也是"闽中王门"的开创者之一。马明衡在《平和县碑记》中明确指出："而又惧非长久之道，覆详诸司，佥（指都察院左佥都御史、巡抚南赣汀漳等处的王阳明）议设县，疏上。天子可其奏，谓地旷民顽，即若析南靖之半，分理得人，将寇平而人和。"④从中，我们可以想象，在平和县添设不久，当时的平和执政者就以谦卑的身段，善交"闽中王门"学者，致力弘扬儒学文化。在当时，以马明衡为代表的一批阳明弟子在思想荒芜的和邑大地上，借助儒学、书院、义学等场所，传播阳明心学，教化民众，开启心钥，将那天理之昭明灵觉、知善知恶"良知"的旨义，随地圆照，布施传道，以求人人皆可承当，高扬内心的力量、精神的力量，在追逐名利、浮沉与世时，依然可以找到自己的定盘针。

① （明）罗清霄修纂，陈叔侗点校，福建省地方志编纂委员会整理：万历《漳州府志》卷 28《平和县·秩官志》，厦门大学出版社，2010 年，第 1100 页。
② 马明衡（1491—1557），字子莘，号师山，福建莆田人；明正德九年（1514 年）进士，授太常博士。
③ （清）张廷玉等撰：《明史》卷 207《列传第九十五》，中华书局，1974 年，第 5464 页。
④ （明）罗清霄修纂，陈叔侗点校，福建省地方志编纂委员会整理：万历《漳州府志》卷 28《平和县·文翰志》，厦门大学出版社，2010 年，第 1121 页。

二、宁波教授李世浩致仕归乡讲阳明、甘泉之学

根据《漳州府志》记载：李世浩（字硕远，号愧庵，平和县小溪镇西林人）是正德十四年（1519）的平和岁贡（平和置县"岁贡自此始"），少年时游学于蔡虚斋门下；明嘉靖初年，授南海训导，奉庄渠先生之教，相与讲阳明、甘泉合一之学；之后升宁波教授，虽未能亲炙于王阳明门下，但结交了不少阳明门人，深受阳明心学熏陶；致仕归乡后，创家规，正宗法，修乡约，建聚贤堂，宣讲阳明、甘泉之学，不负其所学。从这一点上看，李世浩是第一位平和籍的阳明文化讲学者、传播者。

三、创建阳明祠

为缅怀王阳明的功德，在其去世之后，凡是王阳明生前曾经活动、过化的地方，百姓纷纷立祠以祀。据《王阳明年谱附录》所记：在"嘉靖八年（1529 年）十一月葬先生于洪溪"后的第二年五月，"门人薛侃建精舍于天真山，祀先生……每年祭期，以春秋二仲月仲丁日"。之后，便有了"门人邹守益建复古书院于安福，祀先生""门人李遂建讲舍于衢麓，祀先生"等等诸多立祠以祀的记载。作为王阳明立功第一站的平和县，自然也不会落下为其建祠常年祭祀这等大事。据明万历癸丑《漳州府志》记载："阳明祠，在儒学西南隅，嘉靖三十三年（1554 年）佥事梁佐命知县赵进建。"[①]也就是说，有文字记

---

① （明）闵梦得修：万历《漳州府志》卷 7《祀典志下》，厦门大学出版社，2012 年，第 453～454 页。

载的平和县最早祀王阳明的专祠——阳明祠,建于明嘉靖三十三年(1554),距其去世已有25年之久,由福建按察司佥事梁佐(云南大理卫人,进士)督令时任知县赵进(江西南丰人,监生)筑于县城(今平和县九峰镇)儒学的西南角,岁久已倾圮,后移建于县城东郊,改名为"王文成公祠"。

四、阳明再传弟子王宗沐之孙知平和县

据《平和县志·职官志》记载,明崇祯六年(1633)浙江台州临海人王立准(字伯绳,别号环应,选贡)就任平和知县。王立准乃是师从王阳明门人欧阳德①的浙中王门十九人之一的王宗沐(1523—1591)之孙。《明儒学案》记述:"王宗沐,字新甫,号敬所,台之临海人,嘉靖甲辰(1544)进士……先生师事欧阳南野,少从二氏而入,已知'所谓良知者,在天为不已之命,在人为不息之体,即孔氏之仁也。学以求其不息而已'。其辨儒释之分,谓'佛氏专于内,俗学驰于外,圣人则合内外而一之'。此亦非究竟之论。"②王立准作为阳明再传弟子王宗沐之孙,从小就接受阳明学的熏陶,有"才猷敏捷,器识通方"之誉,自然对阳明文化倍加推崇,在王阳明奏请设立的平和县担任知县期间,"至特建王文成公祠,刻其全部文集",③将阳明文化在平和的弘扬、传承、发展推到一个新高度。

---

① 欧阳德(1496—1554),字崇一,号南野,江西省泰和县人。明朝著名理学家,江右王门主要代表人物之一。

② (清)黄宗羲著,沈芝盈点校:《明儒学案(修订本)》卷15《浙中王门学案五》,中华书局,2016年,第314页。

③ (清)黄许桂主编,(清)曾沣水纂辑,福建省地方志编纂委员会整理:道光《平和县志》卷5《政绩志》,厦门大学出版社,2008年,第287～288页。

五、移建王文成祠于东郊

明崇祯六年(1633年),知县王立准到任不久,以建于明嘉靖年间的阳明祠"湫隘卑庳"为由,鉴于"溯文成之原,宏文成之业,以上正鹅湖,下锄鹿苑,使天下之小慧闲悦者无以自托,是则亦文成之发轫借为收实也"之目的,"移建于东郊"①,祠三进,面阔三间,并请"一代完人"黄道周②撰书《平和县鼎建王文成先生祠碑》。有关移建王文成公祠的过程,可从明宫詹学士黄道周《王文成先生祠碑》的载述中了解一些,黄道周在碑记中指出:"于时,主县治者为天台王公讳立准,莅任甫数月,百废俱举,行保甲治诸盗有声。而四明施公莅吾漳八九年矣。漳郡之于四明,犹虔吉之于姚江也。王公既选胜东郊、负郭临流,为堂宇甚壮,施公从姚江得文成像,遂貌之,并为祠费具备,属予纪事。"③从这段记述里可见,时任漳州知府的施邦曜在平和阳明祠迁建过程中那运筹帷幄、居中协调的身影。无论是祀祠迁建资金的筹集,还是题匾"正学崇勋",都有他亲力亲为的功劳,更难能可贵的是,他从老家余姚带来王阳明的像,并按此塑像立于祠中,以供百姓顶礼膜拜。施邦曜是一位阳明后学的优秀王门弟子,《明史》赞之:"邦曜少好王守仁之学,以理学、文章、经济三分其

---

① (清)黄许桂主编,(清)曾洋水纂辑,福建省地方志编纂委员会整理:道光《平和县志》卷6《艺文志》,厦门大学出版社,2008年,第336页。

② 黄道周(1585—1646),字幼玄,又字蝛若、蝛平、幼平,号石斋,漳浦铜山(今东山县铜陵镇)人。明末学者、书画家、文学家、儒学大师。

③ (清)王相修,(清)昌天锦等纂,福建省地方志编纂委员会整理:康熙《平和县志》卷11《艺文志》,福建人民出版社,2016年,第217~218页。

书而读之,慕义无穷。"[1]施邦曜在知漳州府期间,大力弘扬阳明文化,自然而然将辖区平和县的迁建阳明祠工程排上知府的议事日程,列入用心抓、使全力推动的重点项目。王文成公祠落成之后,知府施邦曜、知县王立准还捐钱购置良田数顷,作为祀田。可惜的是,王文成公祠在1957年被辟为平和县水轮机厂,黄道周所作之《王文成祠碑记》(见图1、图2)现存于县文化馆,"明新建伯文成王夫子神位"(见图3)的灵牌散落在民间。

图 1 《王文成祠碑记》　　图 2 《王文成祠碑记》　图 3 明新建伯文成
　　　　　　　　　　　　　　　　　　　　　　　　　　　王夫子神位

---

① (清)张廷玉等撰:《明史》卷 265《列传第一百五十三》,中华书局,1974 年,第6852 页。

六、刊刻《阳明先生集要》

王阳明同邑、后学施邦曜在任漳州知府期间,在精读隆庆谢氏刻本《王文成公全书》过程中,时常加以评点、批注,也感受到隆庆本《王文成公全书》存在卷帙繁多、篇幅浩大、携带不便、阅读不易等问题,便将《王文成公全书》进行分门别类,条分缕析,评释丹铅,累累贯珠,按理学、文章、经济三帙归类整理,数易其稿,汇编成《阳明先生集要》,共三编十五卷(其中《理学编》四卷介绍阳明的哲学、《经济编》七卷介绍阳明的事功成就、《文章编》四卷介绍阳明的文学成就),并授梓于平和知县王立准督刻,于明崇祯七年(1634)秋肇工开刻,次年(1635)夏末竣工,"书成。奉以藏之文成祠中"。① 学界称其为崇祯施氏刻本。王立准在为该书所作的跋中称赞:"准(王立准)捧而读之,如日月之行天,如河汉之无极。郭象注庄,苏洵评孟,未易逾此。"② 这部刊刻于平和的《阳明先生集要》崇祯施氏刻本,成为后来多家翻刻的底本,与隆庆谢氏刻本,并称阳明著作两个极为重要的版本,是研究阳明学术的人不可不知,不可不查的基本资料,为阳明学的传播发展做出贡献。特别是美国学者亨克于 1916 年出版了《王阳明的哲学》,阳明心学的著作才向欧美等西方国家传播。其中文底本,就是首刻于平和的《阳明先生集要》之《理学编》,从这个意义上讲,《王阳明的哲学》就是施邦曜《阳明先生集要·理学编》

---

① (明)王守仁原著,(明)施邦曜辑评,王晓昕、赵平略点校:《阳明先生集要》附录《王立准跋一》,中华书局,2008 年,第 1023～1024 页。

② (明)王守仁原著,(明)施邦曜辑评,王晓昕、赵平略点校:《阳明先生集要》附录《王立准跋一》,中华书局,2008 年,第 1023 页。

的英译本。目前,这部刊刻于平和的《阳明先生集要》,分别珍藏于山东师范大学图书馆、国家图书馆善本部。2018 年,平和县影印了500 套,让这部巨作再现于漳邑大地。

七、王阳明五世孙知平和县

据清光绪丁丑《漳州府志·秩官志》记载,清顺治十八年(1661)王孙枢(号天智)代署平和知县。① 又据《平和县志》记载,署县"王孙枢,浙江余姚人,文成公五世孙。革旧习,行新政,有数典不忘焉,重修学宫,有碑记。"②从中得知,王阳明五世孙王孙枢于清顺治十八年至康熙元年(1661—1662)权任平和署县(通俗的说法就是代理知县)期间,最值得一书的政绩就是"重修学宫"。王孙枢刚到平和"署邑事,甫下车"之际,但见"学宫鞠为茂草""文庙墙宇倾圮,廊庑荒落",感叹"此前人垂成之功,将竟未竟之绩也"③,于是,带头捐出薪俸金银,于清顺治十八年(1661 年)三月十五日开工重建学宫,不到三个月就建成了。潮州"戊辰八贤"之一的李士淳④在《重修儒学碑记》中,指出:"公(王孙枢)以五世后裔不忘乃祖创业,前作后述,

① 《宓庵手抄漳州府志》,漳州市图书馆影印本,2005 年,第 235 页。
② (清)黄许桂主编,(清)曾沄水纂辑,福建省地方志编纂委员会整理:道光《平和县志》卷 5《政绩志》,厦门大学出版社,2008 年,第 291 页。
③ (清)黄许桂主编,(清)曾沄水纂辑,福建省地方志编纂委员会整理:道光《平和县志》卷 6《艺文志》,厦门大学出版社,2008 年,第 329 页。
④ 李士淳(1585—1665),字二何,广东梅州人。明崇祯元年(1628)中进士并荣获会魁,选任山西省翼城县知县。1645 年,唐王在福州即位改元隆武,其被任为詹事府詹事,积极从事反清复明。1646 年 3 月福州隆武朝廷陷落,其见反清复明无望遂遁入阴那山中潜心著述,著有《古今文范》《三柏轩集》《燕台近言素逸言》《质疑十则》《诗艺》等。后人把崇祯戊辰同榜潮州进士李士淳等八人称为"戊辰八贤"。

孝也。和邑诸生沐公教育之德,当益思文成创肇之功;思文成创肇之功,则当师文成良知之学。"①

八、修葺王文成公祠、置祀田、塑像

王文成公祠落成后,历经岁月风雨的洗礼,虽有倾圮,但也屡有修葺。据志书记载:清康熙二十八年(1689),平和知县林翘到任后,见祠"岁久渐颓,庙貌不复如故","其栋梁朽蠹、门垣倾圮,殊失观瞻。因集诸绅士与议而鼎新之",并于"祠后闲旷之地,修筑义学十余间"②,紧接着,"康熙五十七年(1718),知县王相捐俸重修";③"乾隆二年丁巳(1737),前令钱梦珠踵而新之,祠宇清肃"④。清乾隆十一年(1746),知县周芬斗(桐城人)感慨"文成之灵固在天下,罔有怨恫,而邑之士民得毋愧忘其所自始耶",捐俸入,"创置祀田若干。税收于县官,春秋供祀"⑤。2016年春,平和县九峰镇各界贤达重新雕塑王阳明金身,并将其安放在王文成公祠遗址,供人观瞻礼祀膜拜。

① (清)黄许桂主编,(清)曾沨水篡辑,福建省地方志编篡委员会整理:道光《平和县志》卷6《艺文志》,厦门大学出版社,2008年,第330页。
② (清)黄许桂主编,(清)曾沨水篡辑,福建省地方志编篡委员会整理:道光《平和县志》卷6《艺文志》,厦门大学出版社,2008年,第336页。
③ (清)黄许桂主编,(清)曾沨水篡辑,福建省地方志编篡委员会整理:道光《平和县志》卷3《祀典志》,厦门大学出版社,2008年,第129页。
④ (清)黄许桂主编,(清)曾沨水篡辑,福建省地方志编篡委员会整理:道光《平和县志》卷6《艺文志》,厦门大学出版社,2008年,第334页。
⑤ (清)黄许桂主编,(清)曾沨水篡辑,福建省地方志编篡委员会整理:道光《平和县志》卷6《艺文志》,厦门大学出版社,2008年,第335页。

九、明清两代每年春、秋祭祀王文成

王文成公祠自明崇祯年间落成之后，"每岁春、秋二仲上戊日致祭，祭品与朱文公祠同（即：帛一，白瓷爵三，铏一，簠、簋各一，笾、豆各四，羊一，豕一，酒樽一），行二跪六叩首礼"。而且有祭祀王文成公专门祭文："惟公建议，辟壤邑治是新。克平大憝，黎元宁谧。今兹仲春（秋），谨以牲、帛、醴、齐、庶品，用伸常祭。尚飨！"①也就是说，明、清两代，每年农历二、八月的首个天干为戊的日子，平和历任知县都要率领县衙官员、乡绅以及书院、义学、社学的师生到王文成公祠，按照相应之仪轨上祭品，行二跪六叩首的祭拜礼节，以官方之名义祭祀王阳明，让平和百姓勿忘阳明先生的奏立之功、教化之德。

十、兴办文成中学

王阳明奏立设县时，就十分重视教育问题，并把学校列入考虑的范围，这在其《再议平和县治疏》所言"学校教官，合无止选一员署印，先行提学道，将清宁、新安二里见在府县儒学生员，就便拨补廪增之数，其有不足，于府县学年深增附内，量拨充补；又或不足，于新民之家选取俊秀子弟入学，使其改心易虑，用图自新"②中可以得到印证。因此，以王阳明的谥号来作为学校之名，更有特殊之意。平

---

① （清）黄许桂主编，（清）曾沺水纂辑，福建省地方志编纂委员会整理：道光《平和县志》卷3《祀典志》，厦门大学出版社，2008年，第129页。

② （明）王守仁著，王晓昕、赵平略点校：《王文成公全书》卷11《别录三》，中华书局，2015年，第466～467页。

和县私立文成初级中学是 1946 年 6 月双十中学回迁厦门之后,在原有基础上成立的,意在纪念明朝一代圣哲王阳明对平和置县的功绩,同时寄望文成学子能"学如阳明成大器,长如文成毓英才"。1983 年 9 月,平和县在文成中学原址附近兴建"城镇中学";1996 年 3 月,复名为文成中学,学校始终秉承阳明先生遗德,与时俱进。

十一、建制保、镇以阳明命名

王阳明虽只在和邑这方土地驻留两个月左右的短暂时光,但却给了平和一个新生。几百年后,这方百姓始终感怀先哲,并以他的名字命名社保、乡镇。民国二十九年(1940 年),平和县划为 4 个区,分辖 21 个乡(镇),192 个保,在琯溪镇的领辖下,就有一个以王阳明命名的社区,即阳明保,一直延至 1949 年新中国成立。当时的阳明保位于今天县城老城区三角坪一带的中东街、中西街、九一七街和民主街。1950 年 6 月,建立乡镇人民政权;年底,全县划分 9 个区,领 125 个乡(镇),在第一区领辖的 20 乡(镇)中,有一个阳明镇,也是当时该县唯一的建制镇;直到 1958 年上半年,撤区并乡,全县划分为 45 个大乡,阳明镇才并入小溪乡。当时的阳明镇,领辖中山东、中山西、府前、民主、桥头、后巷、生产、解放北等街路,镇人民政府设在解放北街(今九一七街 28 号)。目前,原阳明镇人民政府驻地还有一行斑驳的"阳明镇人民政府"字迹,至今依稀可见。

十二、新时代构建阳明平和地域文化

近年来,王阳明奏请设置的平和县,始终不忘阳明奏立之德,认真挖掘、研究、传承阳明文化的内涵和时代价值,构建阳明平和地域文化。在阳明平和地域文化宣传普及方面,将弘扬传承"阳明文化"列入县委的工作要点,以"崇德明礼、向善知行"为目标,以"阳明传习堂"为载体,大力弘扬"知行合一"的置县精神,推动阳明平和地域文化落地生根,增强文化软实力。平和县先后创办了 18 个"阳明传习堂",举办传统文化讲座 100 多场,受众超过 5000 人次,浙江、广东、江西等地的阳明文化研究者多次前来观摩,并给予高度评价。著名阳明学专家吴光教授在实地考察后认为:平和县"阳明传习堂"的做法是全国阳明文化有效落地的典范。在阳明平和地域文化研究方面,先后主编出版《阳明平和》期刊 4 期、4000 册①;出版了全省首部阳明地域文化专著《心灯点亮平和》,揭示了王阳明与平和的关系,呈现了一幅中国地域文化中多姿多彩的历史画卷②;还出版了《王阳明读本——"三字经"解读本》《王阳明与平和》等 2 部著作。2018 年,先后举办了中国阳明心学高峰论坛平和分论坛——"王阳明与平和"学术座谈会、首届海峡两岸(福建平和)阳明心学峰会,吸引了众多国内外专家、学者到会,来弘扬阳明平和文化。县内的阳明文化爱好者也积极参加各地的论坛、研讨会等学术交流活动,加强与海内外专家、学者的交流沟通,接待了浙江、江西、广东等外地阳明学者 20 多批次、300 多人的学术考察、田野调查,为传承阳明平和地域文化提供了学术支持,有 4 人加入中国明史学会王阳明研究分会,1 人当选为第一届理事。此外,明正德年间建设的县衙遗

---

①　截至目前,《阳明平和》已编辑出版(内刊号)5 期、印刷 5000 册。
②　张山梁:《心灯点亮平和》,中国文史出版社,2016 年,序言第 19 页。

址、文庙、城隍庙以及黄道周撰拜书的《鼎建王文成公祠碑》等一批阳明遗迹、文物得到有效保护。

光风霁月,馨香千载。和邑历经了 500 年岁月的沧桑变化,至少发生了上述 12 件阳明文化活动事件,足以说明阳明文化在平和大地的传承、发展始终没有中断,生生不息。今日的平和,正站在建县 500 周年的历史新起点,从心出发,再一次拉开"闽中王门"的帷幕,践行"知行合一",在和邑大地上续写弘扬、传承、发展阳明文化的新辉煌,勠力建设"阳明古郡,文化平和"。

注:本文发表在《闽学研究》2018 年第 4 期。

南胜窑瓷技艺并非王阳明部属所传

1602年，在阿姆斯特丹拍卖会上，荷兰人拍卖了俘获葡萄牙"克拉克"商船上的中国瓷器，引起商界的轰动和学界的关注。这些来自中国的瓷器一时间轰动整个荷兰乃至整个欧洲。但在当时，人们无法知道这些瓷器的原产地究竟是哪里，只好以商船号命名，称之为"克拉克瓷"。几百年过去了，经过文物考古工作者的艰辛付出，这些被冠以"克拉克瓷"之名的瓷器的原产地的神秘面纱终于被揭开——就在今天福建省平和县的南胜镇、五寨乡一带。因此，"克拉克瓷"的正名应该称为"南胜窑瓷"。目前，南胜窑址被列入中国世界文化遗产预备名单之一，成为"海上丝绸之路·漳州史迹"。

一、缘　起

对于"南胜窑瓷"生产技术究竟源自何处，到目前为止，始终众说纷纭，说法不一。近年来，随着国内阳明学大有成为"显学"之势，不少地方总是喜欢以"名人效应"为由，硬是牵强附会地将地方名特产与一些历史人物扯上关系。"南胜窑瓷"亦然。如今，无论是在杂志报纸，还是官方文件，或者导游口中，大多云云如是：

> 1513年，平和、芦溪等处，农民起义声势浩大，时任地方军事长官的王阳明率部平定农民起义后，为安定地方，选留随军

兵众。王阳明所部多来自江西,其中不乏陶瓷方面的能工巧匠。

持有这一说法的,多见于一些到过平和采风的作家笔下,更有甚者,前面冠上"据《平和县志》记载"或"据史料记载"。本人对目前存世的四部《平和县志》进行逐页、逐行、逐字爬梳,既没有"王阳明选留随军兵众,留在平和"的记述,也没有"所部多来自江西,其中不乏陶瓷方面的能工巧匠"的载言。可以说,纯属一些方家自己臆想、杜撰而已。

一些文物考古学者在分析平和窑兴盛原因之一的"外来人才和先进技术的输入"时,认为:

明正德年间,武宗厚照(1506—1521)崇尚不老之术,宦官当政,内乱四起,海寇山贼猖獗。《平和县志》记载芦溪湖山、大扇等地,农民起义声势浩大。正德十二年(1517),提督军门、著名理学家王守仁(阳明)奉命率兵从江西的德兴南下平息农民起义。时上疏明廷,取"寇平而人和",设置平和县治。王守仁在平定寇乱后,为安定地方,永息寇乱,在上疏明廷奏请设置县治之时,选留部分随军兵众,转入地方建设。"建县地内,预行区画衢于井巷,务要均适端方,可以永久无弊,听从愿徙新旧人民各先占地建室,任便居住。"在王守仁选留的"新人"中有许多是江西德兴籍的兵众。据平和县杜氏谱牒记载,平和杜氏开基始祖正是明正德年间随王守仁从江西德兴南下平乱、留转地方

的,现尚有六户杜氏后裔定居平和。此外,在现平和县九峰镇(1518—1949年为平和县治所在地)东郊,有一当地俗称"江西坟"的山岗,经考证系平和设县以来江西籍移民的公坟,因世代沿称而名。

据《平和文史资料》第一辑载,明正德十四年(1519)罗干(江西永丰人)为平和第一任知县,至崇祯二年(1629)袁国衡,共有13位江西籍人担任平和知县,主政共计52年。历任江西籍的平和知县,为造福桑梓,恰逢景德镇外销瓷生产的减产、停产,以及漳州月港海上贸易十分繁荣的有利时机,利用瓷器是外销的重要商品,召集景德镇或江西陶工,组织生产国外市场需求的瓷器产品。根据明嘉靖乙巳年(1545)县令谢明德编撰的《平和县志》记载:"瓷器精者出南胜官寮,粗者出赤草铺山隔"。从上则记载可看出,平和县南胜镇一带在明代中、后期就以生产瓷器出名。[①]

其认为:"南胜窑瓷"的生产技术是源自王阳明率兵平乱后,"选留的'新人'中有许多是江西德兴籍的兵众",加上"13位江西籍人担任平和知县,主政共计52年……召集景德镇或江西陶工",从而推断制瓷技术是"王阳明选留下来的江西陶工士兵所传授的"。笔者不敢苟同这一观点。一是王阳明奏疏中的"新人",并非选留下来的江西籍士兵,而是王阳明在征讨漳南地区山民暴乱中所俘获、并且已经教化、认罪安置在大洋陂(今平和县九峰镇)的2000多名"贼

① 杨征:《平和窑》,海峡书局,2014年,第149页。

众""贼属",他们都是土生土长的本地人。二是明万历年间在平和担任知县的江西籍士子,确有 6 位之多,然只有 1 位是来自德兴县,更何况江西籍的官员就一定重视发展陶瓷业? 如此以官员籍贯来推断其执政理念的想法,没有依据可言。即使是万历年间确有从景德镇聘请生产瓷器的能工巧匠来平和传授制瓷技术,亦非王阳明所选留下来的江西籍士兵。

"王阳明平漳寇,选留兵众传授瓷器技术"这一说法,并无确凿的文字记载,更多是推理衍生而来的。持此观点者无非是认为:当时,王阳明奉命巡抚南、赣、汀、漳等处地方,从江西赣州率兵入闽平漳寇,所带之兵是江西人氏,而江西景德镇又是制瓷重镇,误以为这些江西籍士兵就是制瓷师傅,加之思想上有"傍上王阳明这位历史名人,可以增加瓷器的含文量"作祟,硬是将王阳明与"南胜窑瓷"扯上关系。

二、从王阳明入闽平漳寇的线索分析

1.王阳明所率入漳士兵多为南、赣二府之民众,而非饶州府。明正德十一年(1516)十月二十四日,朝廷给王阳明的敕谕明确指出:"尔前去巡抚江西南安、赣州,福建汀州、漳州,广东南雄、韶州、惠州、潮州各府及湖广郴州地方。"①换言之,景德镇所在的饶州府并不属于王阳明巡抚的"八府一州"范围。当时,官府招募士兵一般按照"就近"原则,以便士兵的日常管理。这点可从王阳明在《预整

---

① (明)王守仁著,吴光、钱明、董平、姚延福编校:《王阳明全集》卷 9《别录一》,上海古籍出版社,2011 年,第 330 页。

操练》所记的"除耕种之月,放令归农,其余农隙,俱要轮班上操"①中,得到印证。在其《选练民兵》中更是直截了当指出:"兵力脆寡,卫所军丁,止存故籍""于各属弩手、打手、机快等项,挑选骁勇绝群、胆力出众之士"②,毫无疑问,当时各卫所招募的兵众,大多是"止存故籍",来自所辖各县。也就是说,王阳明入闽平漳乱所率的江西籍士兵大部分是南安、赣州二府民众之子弟,而不是来自瓷都景德镇的饶州府。

2.王阳明所率入漳士兵因军情紧急返赣州,而非留在平和。明正德十二年(1517)春,"漳南战役"初期,"各官顿兵不进,致此败衄",且闽粤两省领兵意见相左,各呈己见诉于远在虔台的王阳明。为理清责任,王阳明"即于当日选兵二千,自赣起程,进军汀州",亲临漳南战役一线督战。之后,鉴于"南(安)、赣(州)盗贼猖獗,方奉钦依敕谕来剿,师期紧迫,军马钱粮,必须调度"③之因,匆匆忙忙于当年(1517)四月十三日班师回军上杭,四月二十九日经瑞金回赣,并将时任汀州知府的唐淳带到江西,率兵投入"平横水、桶冈诸寇"之役。可见,当时的王阳明奉谕征剿闽、粤、赣、湘四省交界的盗贼,存在兵力不足、捉襟见肘的现实情况,乃至于汀州知府也得随王阳明入赣统兵平乱。可以推断,王阳明"将入闽平漳寇的江西籍士兵留在平和生产瓷器"的可能性不大。

① (明)王守仁著,吴光、钱明、董平、姚延福编校:《王阳明全集》卷16《别录八》,上海古籍出版社,2011年,第602页。

② (明)王守仁撰,李贽编,张山梁、张宏敏点校:《阳明先生道学钞》,厦门大学出版社,2021年,第100~101页。

③ (明)王守仁著,吴光、钱明、董平、姚延福编校:《王阳明全集》卷16《别录八》,上海古籍出版社,2011年,第599~600页。

此外，王阳明正德十二年初就任南赣巡抚时，面对"势急乃动调狼兵"的困境，发出"岂以一州八府之地，遂无奋勇敢战之夫"①的感叹。可见，王阳明就任南赣巡抚之时，亦是其入闽平漳寇之际，"兵力脆寡""势急乃动调狼兵"是其平定山民暴乱遇到的最大问题。在其刚刚打完南赣巡抚的第一仗之后，面对汹汹的江西横水、桶冈，广东三浰，湖广郴州等地的"盗贼"，"兵力脆寡"困局依然未解，是不可能选留兵众在平和的。

三、从地方志的产瓷记载线索分析

既然"南胜窑瓷"的生产技术并非由王阳明所率江西籍制瓷能工巧匠的士兵传授的，那又是源自哪里？我试图从《漳州府志》《平和县志》等相关地方志对瓷器条目描述记载的变化，来了解平和窑瓷的发展，探究"南胜窑瓷"的生产技术来源。

明正德癸酉《大明漳州府志》卷之十《诸课杂志》记述："白瓷器出漳平县永福里。黑瓷器出南靖县河头。青瓷器出南靖县金山。"②至少在明正德八年癸酉（1513）年之时，也就是王阳明正德十二年（1517）入闽平漳寇之前的一段时期，南靖县金山就已经生产青瓷器了，而在南靖县河头（今平和县九峰镇）亦有瓷器生产，只是生产的是黑瓷器，非青瓷器而已。这一记述，提供了这样一个瓷器生产信息：在王阳明尚未入闽平漳寇时，漳州先民就已掌握制造青花

① （明）王守仁著，吴光、钱明、董平、姚延福编校：《王阳明全集》卷16《别录八》，上海古籍出版社，2011年，第585页。

② （明）陈洪谟修，（清）周瑛纂，张大伟、谢茹芃点校，福建省地方志编纂委员会整理：《大明漳州府志》卷10《诸课杂志》，中华书局，2012年，第211页。

瓷的生产工艺了,并熟练生产青花瓷,不存在"王阳明入闽平漳寇留下士兵传授"一说。倘若之前南靖金山青瓷器的制瓷技术是源自景德镇,也非王阳明所率江西籍士兵所传授。

再过一个甲子,万历元年癸酉(1573)《漳州府志》依然这样描述:"白瓷器出漳平永福里。黑瓷器出平和河头。青瓷器出南靖金山",[①]"黑瓷器出(平和)城东"。[②] 从中可见,在王阳明入闽平漳寇之后的近60年岁月里,平和,乃至整个漳州地区的瓷器生产格局、工艺技术都没有发生变化,也还没有出现"南胜窑瓷"生产的盛况。假如王阳明曾留下江西籍士兵传授新的瓷器生产技术,历经几十年的实践,定将对平和的瓷器发展产生重大影响,生产有别于之前"黑瓷器"的新产品。在此期间,邻近的安溪,却有生产青花瓷的记载:

磁器,色白而带浊,昔时只做粗青碗,近而制花又更青,次于饶磁。出崇善、龙兴、龙涓三里,皆外县人做之云。[③]

明嘉靖八年(1529),安溪县已在生产青花瓷,且技术日渐成熟,故有"制花又更青"一说,而那时平和县,仍然以生产黑瓷为主。可见,平和黑瓷生产技术较为成熟,且所产瓷器销售甚好,有

① (明)罗清霄修纂,陈叔侗点校,福建省地方志编纂委员会整理:万历《漳州府志》卷13《龙溪县·舆地志》,厦门大学出版社,2010年,第413页。

② (明)罗清霄修纂,陈叔侗点校,福建省地方志编纂委员会整理:万历《漳州府志》卷28《平和县·舆地志》,厦门大学出版社,2010年,第1093页。

③ 《嘉靖安溪县志·地舆卷之一·土产》,地舆卷第33页,《天一阁藏明代方志选刊》本,上海古籍书店据宁波天一阁藏明嘉靖刻本影印,1963年。(按:此县志开始修纂于嘉靖八年,首稿完成一、二卷,后因防倭战略而停顿,事隔二十四年后又继续完成。)

一定的知名度。

过了40年后的万历四十一年(1613),漳州的瓷器生产格局发生了重大变化,南胜窑得到迅速发展,成为当时漳州瓷器的主要生产地之一。明万历四十一年(1613)的《漳州府志》记载:"瓷器,出南胜窑者,殊胜他邑,然亦不甚工巧。"①究竟是什么原因促使漳州瓷业在这段时间里产生裂变的呢?不妨看看当时的社会背景。"明景泰到天启年间(1450—1627),月港从一个民间贸易自由港口发展成为我国东南沿海外贸中心,兴盛持续近200年之久。"②特别是万历年间,月港贸易吞吐量出现了"井喷"现象,达到一个鼎盛时期。明万历十七年(1589)之前,由月港出航的海外贸易船仅限数而未定其航行地点;到明万历十七年(1589),开始限额,每年限船88艘,后来又增加到117艘;明万历二十五年(1597),再增加20艘,达到137艘。贸易物种也激增,据《陆饷货物抽税则例》所载,明万历三年(1575)仅55种,明万历十七年(1589)增至83种,明万历四十三年(1615)达到116种。在内河航道上,开辟了一条从月港起航,经石码、福河进入九龙江西溪,向上游航行至平和县小溪的"西溪航线"。在贸易量激增的同时,作为漳州对外贸易主要物产之一的瓷器,需求量自然而然相应增加,但作为漳州瓷器主产地的南靖金山窑、平和河头窑所产的瓷器满足不了贸易客户的需要,加上平和河头窑址距"西溪航线"码头小溪还有一段较长的陆路,不利于大量货物的运输。这时,平和先民顺应月港兴盛、出口瓷器激增的经济发展态

---

① (明)闵梦得修:万历《漳州府志》卷27《风土下》,厦门大学出版社,2012年,第1836页。

② 郑云:《海丝申遗话月港》,厦门大学出版社,2015年,第134页。

势,吸收了南靖县金山窑青瓷器、平和河头窑黑瓷器的生产技术,利用南胜、五寨沿溪两岸丰富的瓷土原材料,融合创新发展制瓷工艺,生产出"殊胜他邑"的南胜窑瓷,大量出口海外,成为漳州窑的主产地。当然,至编修万历癸丑《漳州府志》之际,南胜窑瓷的生产时间并不长,存在"不甚工巧"的问题。

从以上三部不同版本的《漳州府志》对"瓷器"条目的记述,可以看出,南胜窑兴起于1573—1613年之间,制作工艺并非王阳明所带之兵所传,而是平和先民顺应朝廷对外贸易政策的天时、月港兴盛以及沿溪瓷土资源丰富的地利,学习吸收了周边先进的制瓷技术,融合创新发展的。

到了清代,南胜窑的制瓷工艺已炉火纯青,不存在"不甚工巧"的问题。正如清光绪三年丁丑(1877)《漳州府志》记载:"瓷器,出南胜窑者,殊胜他邑"[1],不再有"不甚工巧"的描述。说明,从明万历年间开始到清末时期,南胜窑瓷始终是漳州瓷器的主要代表之一。在清康熙五十八年己亥(1719)《平和县志》中也记载:"瓷器,精者出南胜、官寮,粗者出赤草埔、山隔。"[2]从中,我们不难看出,南胜窑经过一百年的发展,到了不晚于清康熙年间,南胜窑瓷就屡出精品。

四、余 论

2021年底,在厦门参加福建省闽南文化研究会换届大会期间,

① 《宓庵手抄漳州府志》,漳州市图书馆影印本,2005年,第929页。
② (清)王相修、(清)昌天锦等纂、福建省地方志编纂委员会整理:康熙《平和县志》卷10《风土》,福建人民出版社,2016年,第199页。

恰遇国内研究漳州瓷方面的专家、暨南大学金国平教授,与之交流请益。其赞同"南胜窑兴起于 1573—1613 年之间,制作工艺并非王阳明所带之兵所传,而是平和先民顺应朝廷对外贸易政策的天时、月港兴盛以及沿溪瓷土资源丰富的地利,学习吸收了周边先进的制瓷技术,融合创新发展"之观点。同时,他认为:当时因颜料受限,朝廷限制景德镇青花瓷的出口,导致出口海外的青花瓷出现大量缺口,于是南胜窑顺应这一市场需求,大量模仿生产青花瓷,一批与闽南商人关系甚笃的葡萄牙商人在闽南商人的牵线之下,转向闽南地区采购类似景德镇青花瓷的南胜窑瓷,从而促进了南胜窑的迅速发展。金教授的这一观点,从另一个侧面呼应了拙文的看法,有着异曲同工之妙。

注:本文收录于《第二届月港海丝文化论坛论文集》。

第四篇　王阳明研究

王阳明的方志观

修志编史是中国悠久的文化传统，也是中华文化特有的文化基因。方志始于周秦，历代传承接续，连绵不断，内容由简单到复杂，体例由不完备到比较完备，有一个逐渐定型化的过程。

古代的方志或志，是记录四方风俗、物产、舆地以及故事传说等的簿册。起初没有独立的地方志，志最早存在于史中。据说黄帝时期，仓颉为左史，沮诵为右史，二者都是史官。此后历代均有设置史官一职，主要职能是记录当时发生的有意义的事件，兼有舆论监督功能。经过不断演变，方志逐渐从史书中分离出来，但与史仍有千丝万缕的联系。从某种意义上说，史与志"难舍难分"，彼此相互依存。据史料记载，方志的编纂机构最早建于周代。《周礼·春官·外史》记载："外史掌四方之志。"《周礼·地官·诵训》记载："诵训，掌道方志，以诏观事。"外史、诵训等都是方志的管理、编修机构。但那时的地方志只是志书的雏形，组织形式、名称、内容、体例等都与实际意义上的志书有很大差别。后世的地方志则是详细记载一地的地理、沿革、风俗、教育、物产、人物、名胜、古迹以及诗文、著作等的史志，起到"存史资政，教化育人"的作用。

从古至今，凡志书编纂付梓之前，总是要邀请一些社会贤达作序，既假名人之笔墨，又借名人之社会影响力向社会介绍、推荐或评价该部书，让人通过序言对志书有个大概了解，起着引导或佐读志书和用志的作用。如平和县明崇祯九年（1636）出版的《平和县志》①就邀请了时任大理寺正卿王命璿、都御史王志道、宫詹学士黄道周、谏议何楷、吏部侍郎卢化鳌以及知县朱统鈗撰写的序。这些作序的人，除知县自己外，都是当时闽籍较有威望的官员。

一代旷儒王阳明在少年时就显露出文采出众的一面。11岁时，随其祖父海日翁赴京途中登金山所作的《游金山寺》《蔽月山》两首诗，气概不凡，让人感叹"先生真天授哉"。② 青年时期的王阳明更是博览群书，"遍求考亭遗书读之……乃随世就辞章之学"，阅尽历代史书，熟读诸家方志，考究古今朝序更迭之律，沉溺于辞章之中。据《年谱》记载："明年（明弘治六年，1493年）春，会试下第，缙绅知者咸来慰谕。宰相李西涯戏曰：汝今岁不第，来科必为状元，试作来科状元赋。"先生悬笔立就。不难看出，年少的王阳明，其文采已是名满京城、誉满姚江。

明弘治八年（1495），时年24岁，尚在北京国子监求学的王阳明应友人、高平（今山西高平市）知县杨明甫"走京师，请予序"③之邀，而作《高平县志序》。王阳明后来与杨明甫同朝为官，交谊甚厚。明正德五年（1510），王阳明贬谪贵州龙场期满，任江西庐陵知县，赴任途中经辰州（今湖南沅陵）寓居虎溪龙兴寺，闻故友杨明甫前来，赋

① 《平和县志》（明崇祯九年版）是平和县第二次编修县志。由知县朱统鈗主修，编纂人不祥。历经数月完成。该部志书分舆地、建置、赋役、秩官、宦政、选举、人物、恩宠、艺文、杂览等十卷。在清道光十三年（1833）编修的第五部县志中已载明该部志书佚失。目前已无法寻找。

② （明）王守仁原著，（明）施邦曜辑评，王晓昕、赵平略点校：《阳明先生集要》文章编卷4，中华书局，2008年，第957页。

③ （明）王阳明：《王阳明全集》卷29《续编四》，民主与建设出版社，2014年，第773页。

诗《辰州虎溪龙兴寺闻杨名父将到留韵壁间》一首："杖藜一过虎溪头，何处僧房是惠休？云起峰头沈阁影，林疏地底见江流。烟花日暖犹含雨，鸥鹭春闲欲满洲。好景同来不同赏，诗篇还为故人留。"①20年后，也就是明正德十年（1515），时年44岁、已是南京鸿胪寺卿的王阳明应曾经同为南京礼部同僚、被贬为金坛知县的刘天和之邀，"志成，使来请序"②，而作《金坛县志序》。

无论是在《高平县志序》，还是在《金坛县志序》中，王阳明都阐明了以志观政思想。他指出，修志的目的是经世致用的"王者之事"，而不仅仅是作为"具文书，计岁月"的工具。这一修史修志观，与当今"修志问道，以启未来"的观念是何等相似？在《高平县志序》中，王阳明指出：

今天下一统，皇化周流。州县之吏，不过具文书，计岁月，而以赘疣之物视图志。不知所以宜其民，因其俗，以兴滞补弊者，必于志焉是赖。则固王政之首务也。今夫一家，且必有谱，而后可齐，而况于州县。天下之大，州县之积也。州县无不治，则天下治矣。③

在《金坛县志序》中，王阳明又进一步指出：

---

① （明）王阳明：《王阳明全集》卷29《外集一》，民主与建设出版社，2014年，第527页。

② （明）王阳明：《王阳明全集》卷29《外集四》，民主与建设出版社，2014年，第646页。

③ （明）王守仁原著，（明）施邦曜辑评，王晓昕、赵平略点校：《阳明先生集要》文章编卷1，中华书局，2008年，第848页。

夫经之天文,所以立其本也;纪之地理,所以顺其利也;参之食货,所以遂其养也;综之官政,所以均其施也;节之典礼,所以成其俗也;达之学校,所以新其德也;作之选举,所以用其才也;考之人物,所以辨其等也;修之宫室,所以安其居也;通之杂志,所以尽其变也。故本立而天道可睹矣;利顺而地道可因矣;养遂而民生可厚矣;施均而民政可平矣;俗成而民志可立矣;德新而民性可复矣;才用等辨而民治可久矣;居安尽变而民义不匮矣。修此十者以治,达之邦国天下可也,而况于邑乎? 故曰:君子可以观政矣。①

家是最小的国,国是最大的家。从小接受儒家"格致诚正修齐治平"思想熏陶的王阳明,深刻领会"齐家与治国"的关系,在两篇县志序文中都能以小见大,从一家之谱推及州县之志,又从州县之志反观治国之政。"州县治,则天卜治",皆因"志焉是赖",将编纂方志与治国理政联系起来,阐明了"可以观政"的"修志资政"思想,讲清了方志与王事、方志与治国的辩证关系。

应邀作序者通常会多写一些溢美之词、褒奖之语,以歌颂执政者、赞扬编修者。但王阳明的《高平县志序》却不落俗套,一反常规,以纵横古今的大气概,点评以往历代志书之不足,直指其弊端,但也赞赏明朝修编《一统志》"叙而不议,实而不华"。其曰:"《禹贡》《职方》之述,已不可尚。汉以来《地理》《郡国志》《方舆胜览》《山海经》

① (明)王阳明:《王阳明全集》卷29《外集四》,民主与建设出版社,2014年,第646页。

之属,或略而多漏,或诞而不经,其间固已不能无憾。惟我朝之《一统志》,则其纲简于《禹贡》而无遗,其目详于《职方》而不冗。然其规模宏大阔略,实为天下万世而作,则王者事也。若夫州县之志,固又有司者之职,其亦可缓乎?"

在序文的开头,王阳明直陈旧志书的不足,褒扬《一统志》,以"一抑一扬"的对比方式,阐述"纲简而无遗,目详而不冗"是编纂方志的基本要求,"为天下万世而作,则王者事也"是编纂方志的根本所在。从这段叙述来看,王阳明的编纂方志理念与今天"编纂地方志应当做到存真求实,确保质量,全面、客观地记述本行政区域自然、政治、经济、文化和社会的历史与现状"①的要求是何等相近。

接着,王阳明以战国时期发生在高平古地的秦国将领白起攻打赵国,坑杀40万名投降士兵的史实悲剧为例,以史为鉴,剥茧抽丝进行深层次分析,论证了典籍图志对于治乱安稳的作用,进一步阐述了典籍图志与治国理政的关系:

予惟高平即古长平,战国时秦白起攻赵,坑降卒四十万于此,至今天下冤之。故自为童子,即知有长平。慷慨好奇之士,思一至其地,以吊千古不平之恨而不可得。或时考图志以求其山川形势于仿佛间。予尝思睹其志,以为远莫致之,不谓其无有也。盖尝意论赵人以四十万俯首降秦,而秦卒坑之,了无哀悯顾忌,秦之毒虐,固已不容诛,而当时诸侯,其先亦自有以取此者。夫先王建国分野,皆有一定之规画经制。如今所谓志书

---

①　《地方志工作条例》,第六条。

之类者,以纪其山川之险夷,封疆之广狭,土田之饶瘠,贡赋之多寡,俗之所宜,地之所产,井然有方。俾有国者之子孙世守之,不得以己意有所增损取予,夫然后讲信修睦,各保其先世之所有,而不敢冒法制以相侵陵。战国之君,恶其害己,不得骋无厌之欲也,而皆去其籍。于是强陵弱,众暴寡,兼并僭窃,先王之法制荡然无考,而奸雄遂不复有所忌惮。故秦敢至于此。然则七国之亡,实由文献不足证,而先王之法制无存也。典籍图志之所关,其不大哉?①

王阳明在这段序文中指出:秦王在灭六国而一统天下的过程中,毒虐残暴,令人发指,固然天理不容。然而,当时的各国诸侯也都因一己之私,将先王告诫"子孙世守,不得以己意有所增损取予"的志书,"皆去其籍",以至于"建国分野,皆有一定之规画经制"的立国根基荡然无存,最终导致"强陵弱,众暴寡,兼并僭窃",六国灭亡。王阳明以"白起攻赵,坑降卒四十万"为例,论述了六国灭亡的一个主要原因是典籍图志被诸侯随意篡改甚至有意毁灭,也就是"文献不足证,而先王之法制无存"。王阳明这一史志观论出有据,言之确凿,将修志存史的意义提高到关乎国家存亡的高度,立论高特,独树一帜。

正因为此,阳明后学施邦曜在辑评《高平县志序》时,做出"凡志邑者,不过叙其山川,纪其物产,表其风俗,美其人才,以相夸耀而

---

① (明)王守仁著,吴光、钱明、董平、姚延福编校:《王阳明全集》卷29《续编四》,上海古籍出版社,2011年,第1157页。

已。从此立论，即扬历甚功，亦淡然无味。惟从白起坑卒一事发端，归咎于诸侯之去其籍，方见邑志大有关系。笔下有以隐戢奸雄兼并僭窃之志。此等意见议论，非文人所可及"①的点评。

注：本文发表在《福建史志》2018 年第 2 期。

---

① （明）王守仁原著，(明)施邦曜辑评，王晓昕、赵平略点校：《阳明先生集要》文章编卷 1，中华书局，2008 年，第 849 页。

王阳明的讲学授课方法

　　教学育才,无论是对于一个人、一个家庭,还是一个民族、一个国家来说,都具有极其重要的意义。也正因为如此,无论是上古时代的孔子周游列国,传道授业不息,还是今天实施的"科教兴国"战略,无不说明教育是兴国安邦之基,也是修身齐家之本。

　　儒家一以贯之强调的是经世致用,追求的是"内圣外王""修齐治平",其学说可谓是一门入世之学。作为一代大儒、文化巨擘的王阳明自然熟知教育、教化的重要性,以为世之不治,在于学之不明。为此,他"每念斯民之陷溺,则为之戚然痛心",便不自知其量,有如"见其父子兄弟之坠溺于深渊者,呼号匍匐,裸跣颠顿,扳悬崖壁而下拯之",希望通过教育、教化等"明学淑人"之举,使得"天下之人皆知自致其良知,以相安相养,去其自私自利之蔽,一洗谗妒胜忿之习,以济于大同",真正实现儒士所期盼的"大同社会"。①

　　正是基于如此心系天下的儒者情怀,王阳明认为,由于"圣学晦而邪说横,教者不复以此为教,而学者不复以此为学"②,而产生了"功利之毒沦浃于人之心髓而习以成性也,几千年矣""记诵之广,适以长其敖也;知识之多,适以行其恶也;闻见之博,适以肆其辨也;辞

---

　　① (明)王阳明著,叶圣陶点校:《传习录》中卷《答聂文蔚》,北京时代华文书局,2014 年,第 173、175 页。

　　② (明)王守仁著,吴光、钱明、董平、姚延福编校:《王阳明全集》卷 2《语录二》,上海古籍出版社,2011 年,第 62 页。

章之富,适以饰其伪也"①等各种各样的弊端。为此,他一生讲学不辍,始终以昌明"圣学"为己任,所到之处,大力倡办"社学"、义创"书院",广收门徒,聚众讲会,注重颁教条、致良知,将开启民心,教育民众作为治理社会之密钥,做到讲学随时随地,教化愚夫愚妇,以求实现"人人皆可成为圣人"的目的。据钱德洪②编修《王阳明先生年谱》(下简称《年谱》)记载:

> 是年(明弘治十八年,1505年)先生门人始进。学者溺于词章记诵,不复知有身心之学。先生首倡言之,使人先立必为圣人之志。闻者渐觉兴起,有愿执贽及门者。至是专志授徒讲学。③

这是《年谱》中最早记录王阳明招收门生、授徒讲学的信息。这一年,王阳明34岁。从那一刻起,无论是受贬贵州,赴谪途中的"随地兴起,与学者讲授";还是困居夷地构筑龙冈书院、受聘贵阳书院讲学,开讲"知行合一";或是巡抚南赣地方征剿"山贼"、平定"宸濠之乱"战事间歇的"军中讲学",揭示"良知之旨";乃至晚年姚江广纳弟子、倡导圣学,创立"四句教";抑或是广西南宁创办敷文书院,延

---

① (明)王守仁著,吴光、钱明、董平、姚延福编校:《王阳明全集》卷2《语录二》,上海古籍出版社,2011年,第63页。

② 钱德洪(1496—1574),名宽,字洪甫,号绪山,世称绪山先生,浙江余姚人。明朝嘉靖十一年(153年)进士。王阳明的学生,是王阳明的主要教学助手,为王阳明之后儒家心学的重要代表人物之一。著有《绪山会语》《平濠记》《王阳明先生年谱》等。

③ (明)王守仁著,吴光、钱明、董平、姚延福编校:《王阳明全集》卷33《年谱一》,上海古籍出版社,2011年,第1352页。

师授业,以救治人心之"陷溺";甚至到了生命的最后一刻,"南安推官门人周积来见,先生起坐,咳喘不已,徐言曰:'近来进学如何?'"①,无不是孜孜以求地讲学授课。可见,王阳明穷其一生,不论是贬谪受难,还是战事缠身,或是弥留之际,都始终不忘"教学"一事。其讲学事迹也散见于赣州等行经地的各种民间谱牒之中,如《崇义县刘氏四修族谱》中的"刘镤"条目记载:

> 明正德十三年(1518),阳明公召诸生讲学濂溪书院,与堂弟(刘)铿同赴赣集讲堂听受旬余,自是学业益进。②

这从一个侧面印证了王阳明在巡抚南赣期间,除了征剿"山中贼",以绥靖地方安宁之外,很重要的一件事就是召集学生,在书院讲学,破除"心中贼",以求明人伦。在长期的教学实践中,王阳明总结了自己教学心得,并以《箴一首》阐述:

> 古之教者,莫难严师,师严道尊,教乃可施。严师维何?庄敬自持;外内若一,匪徒威仪。施教之道,在胜己私;孰义孰利。辨析毫厘。源之弗洁,厥流孔而。毋忽其细,慎独谨微;毋事于言,以身先之。教不由诚,曰惟自欺;施不以序,孰云匪愚?庶予知新,患在好为。凡我师士,宜鉴于兹。③

---

① (明)王守仁著,吴光、钱明、董平、姚延福编校:《王阳明全集》卷35《年谱三》,上海古籍出版社,2011年,第1463页。
② 江西省崇义县思顺乡的《刘氏族谱》,民国刻本,没有编页码。
③ (明)王守仁著,吴光、钱明、董平、姚延福编校:《王阳明全集》卷28《续编三》,上海古籍出版社,2011年,第1138页。

此外，从《年谱》之中，还多有记述其为学生订立学习规章，规范学生行为规范，从思想品德方面加以约束的相关内容。如居夷期间，为龙冈书院学生制定《教条示龙场诸生》，提出"立志、勤学、改过、责善"①的谆谆教诲。又如将赴广西平乱之际，依然不忘为弟子拟定《客座私祝》，以"德业相劝，过失相规"②来诫勉弟子门生。可见，"教学育人"是王阳明一生从不间断、孜孜以求的毕生事业，即使在明嘉靖六年（1527）赴两广征战的途中，心中依然挂念着"教书育人"一事，留下了"仗钺非吾事，传经愧尔师。天真泉石秀，新有鹿门期"③的诗句。从这个意义上说，王阳明不愧是一代伟大的教育家。

近年来，伴随着国内一股"阳明热"的兴起，学界对王阳明教育思想的探微思索也是百花齐放，拓展丰富了阳明学的研究范畴。如浙江省儒学会会长吴光教授在 2016 年贵阳第五届国际阳明文化节上的主旨发言中指出："王阳明教育思想的四点启示，一是成大材必先立志；二是立身必先修德；三是学以致用；四是知行合一，重在力行。"④而陕西师范大学丁为祥教授认为，王阳明教育思想表现为"寓教于乐"，并通过"各适其性"与"随材成就"的途径，从而凸显儒家"成己成人"的关怀；其所倡导的教育方法是"自然适性"。⑤ 江西

① （明）王守仁著，王晓昕、赵平略点校：《王文成公全书》卷 26《续编一》，中华书局，2015 年，第 1120 页。

② （明）王守仁著，王晓昕、赵平略点校：《王文成公全书》卷 24《外集六》，中华书局，2015 年，第 1063 页。

③ （明）王守仁著，吴光、钱明、董平、姚延福编校：《王阳明全集》卷 20《外集二》，上海古籍出版社，2011 年，第 875 页。

④ 吴光：《王阳明教育思想的基本内涵与当代启示》，《2016 中国·贵阳（修文）第五届国际阳明文化节暨"阳明心学·龙场悟道"文集》（中），第 157 页。

⑤ 丁为祥：《王阳明的教育思想》，《贵州文史丛刊》2017 年第 4 期，第 1～11 页。

师范大学李丕洋教授认为王阳明坚持"以德为本、知行合一"的教育理念和"圆融活泼、不拘一格"的教学方法，其教育思想是一种人文主义的"大学之教"，富有创见和个人特色，对当代教育事业具有重要启示。① 贵州省阳明书院张绪元教授总结了王阳明施教的"重德立志、学要自得、因材施教与各成其才、循序渐进与量力性、注重知行合一"五种方法。② 衡水学院魏彦红曾梳理总结，认为当前对王阳明教育思想的研究主要集中在知行合一、致良知、道德教育、蒙学、心理教育等思想研究，存在选题较为集中，研究深度不够等问题。③ 可见，对王阳明教育思想的研究更多是从宏观上着眼入手，其对当代教育事业的发展具有很好的启示意义。然而，从微观上来看，王阳明的讲学授课方法，也很是讲究技巧，值得一学的。

纵观王阳明几十年如一日的讲学、教学实践，我们不难看出，王阳明自始至终不忘以"良知"开启本心，认为"致良知之外无学矣"，④重在开导、启迪、得悟，不断积累经验，并形成了"启迪童蒙""学不躐等""解化悟得""因人而异"等讲学授课的方法。这些，值得当下发展素质教育借鉴参考。

---

① 李丕洋：《略论王阳明的教育思想及其特色》，《井冈山大学学报（社会科学版）》2016年第4期，第131～136页。

② 张绪元：《王阳明教育思想的现代意义》，《贵州大学学报（社会科学版）》2015年第3期，第38～43页。

③ 魏彦红：《近三年来王阳明教育思想研究现状》，《衡水学院学报》2018年第1期，第65～72页。

④ （明）王守仁著，吴光、钱明、董平、姚延福编校：《王阳明全集》卷8《文录五》，上海古籍出版社，2011年，第312页。

一、启迪童蒙

古话说:"三岁看大,七岁看老。"千古以来,从小教育培养孩童的人格品质始终是一件头等大事。王阳明十分重视孩童的教育、培养,注重从小教人伦、习礼仪、学做人。这从其在赣州所作的《训蒙大意示教读刘伯颂》①《教约》中便可窥见一斑。在他看来,"童子之情,乐嬉游而惮拘检。如草木之始萌芽,舒畅之则条达,摧挠之则衰痿"。② 针对孩童"喜欢玩乐而害怕约束"这一习性特征,他认为在孩童的启蒙教育上,应该顺应其天性而为,"使其趋向鼓舞,中心喜悦,则其进自不能已。譬之时雨春风沾被卉木,莫不萌动发越,自然日长月化;若冰霜剥落,则生意萧索,日就枯槁矣"。③ 如此这般,以"时雨春风化育万物"为喻,将孩童的学习比作草木初萌,把教师的教学比拟为春风化雨,如果反其道而行之,必将摧残儿童身心的健康成长,从而说明启迪童蒙的教育方式是"重在开导",强调必须似和风细雨般滋润孩童心田,实施诱导式启发,让孩童在潜移默化中接受教育,达到"顺导其志意,调理其性情,潜消其鄙吝,默化其粗

---

① 《训蒙大意示读刘伯颂》:明正德十三年(1518年)4月,王阳明平定闽、粤、赣、湘四省交界之乱后,班师回到赣州,一方面是四方学子来问学,讲聚不散,另一方面是下令"八府一州"各县兴办社学,并以此文谕之。其间,向王阳明问学的刘姓弟子颇多,刘伯颂未考。

② (明)王守仁著,吴光、钱明、董平、姚延福编校:《王阳明全集》卷2《语录二》,上海古籍出版社,2011年,第100页。

③ (明)王守仁著,吴光、钱明、董平、姚延福编校:《王阳明全集》卷2《语录二》,上海古籍出版社,2011年,第99页。

规,使之渐于礼义而不苦其难,入于中和而不知其故"①的教育功效,渐渐化解愚蒙,打开心智。这样的教学方法,类似于今天的"快乐教学"。

为进一步阐明启迪童蒙的重要性,在《训蒙大意示教读刘伯颂》中,王阳明又从反面指出:

> 若近世之训蒙稚者,日唯课以句读课仿,责其检束而不知导之以礼,求其聪明而不知养之以善。鞭挞绳缚,若待拘囚,彼视学舍如囹狱而不肯入,视师长如寇仇而不愿见,窥避掩复以遂期嬉游,设诈饰诡以肆其顽鄙,偷薄庸劣,日趋下流,是善趋之于恶,而求其为善也,何可得乎?②

严厉批评了一些教师未能遵循孩童的心理规律,采取以拘束防范、威迫体罚为主的"日唯课以句读课仿""责其检束""鞭挞绳缚"等错误的教育方法,导致孩童幼小的心灵受到创伤,"视学舍如囹狱",③从而产生终其一生的心理阴影,最后的结果必将是教育的失败、人才的淹没。

有了正确的教育理念,还得有科学的教学计划。王阳明在行军征战中,不忘制定训蒙《教约》。在平衡学习时间上,他反对"填鸭

① (明)王守仁著,吴光、钱明、董平、姚延福编校:《王阳明全集》卷2《语录二》,上海古籍出版社,2011年,第99~100页。
② (明)王守仁著,吴光、钱明、董平、姚延福编校:《王阳明全集》卷2《语录二》,上海古籍出版社,2011年,第100页。
③ (明)王守仁著,吴光、钱明、董平、姚延福编校:《王阳明全集》卷2《语录二》,上海古籍出版社,2011年,第100页。

式"教学,提出:

> 凡授书不在徒多,但贵精熟。量其资禀,能二百字者,止可授以一百字。常使精神力量有余,则无厌苦之患,而有自得之美。①

强调读书学习,重要的是"贵在精而不在多",让学生始终保持一股旺盛的精气神,以轻松自如的心态投入紧张的学习之中,不致因量多而产生厌烦情绪。久而久之,学生自然就会喜欢学习。

在检验学习效果上,反对"唯分数"定优劣,提出:

> 每日工夫,先考德,次背书诵书,次习礼或作课仿,次复诵书讲书,次歌诗。凡习礼歌诗之类,皆所以常存童子之心,使其乐习不倦而无暇及于邪僻。教者知此,则知所施矣。虽然,此其大略也,神而明之,则存乎其人。②

将童蒙的每日课程分为考德、背诵、习礼或习字、讲读、歌诗五个步骤,逐一检视,以求"德智美"综合发展,达成"明人伦"的目的。考德是以"师问生答"的形式,对学生日常行为的检查,让孩童自幼就能时时"内心省察",体现了王阳明培养孩童"诚心之德"的育人目的。

---

① (明)王守仁著,吴光、钱明、董平、姚延福编校:《王阳明全集》卷2《语录二》,上海古籍出版社,2011年,第101页。

② (明)王守仁著,吴光、钱明、董平、姚延福编校:《王阳明全集》卷2《语录二》,上海古籍出版社,2011年,第101页。

背诵、讲读是检查学生的功课,考察学习的"工夫",用力的程度。练习礼、吟歌诗是为了存养孩童天真无邪的本性,让学生"乐习不倦,而无暇及于邪僻",①在"快乐教育"中达成"精神宣畅,心气平和"。为此,鉴于当时受科举考试影响而兴起一股"记诵辞章之习",使得"陶冶情操明人伦"为目的启迪童蒙的教育方法荡然无存,王阳明严厉抨击科举制度"不复知有明伦之意"的弊端。在《万松书院记》一文中认为:

> 自科举之业盛,士皆驰骛于记诵辞章,而功利得丧分惑其心,于是师之所教,弟子之所学者,遂不复知有明伦之意矣。②

时光跨越 500 多年,以今天现代的教学理念来看待、审视王阳明当年"以陶冶性情为主的启发式"启迪童蒙的教育方法,其不失为一种科学、积极的教育方法,依然值得学习借鉴。

二、学不躐等

"随人分限所及"③是王阳明的又一个教学原则。在其看来,教学应该根据每个学生的身心发展程度,量力施教,特别强调为学"须

---

① (明)王守仁著,吴光、钱明、董平、姚延福编校:《王阳明全集》卷 2《语录二》,上海古籍出版社,2011 年,第 101 页。

② (明)王守仁著,王晓昕、赵平略点校:《王文成公全书》卷 7《文录四》,中华书局,2015 年,第 307 页。

③ 陈荣捷:《王阳明〈传习录〉详注集评》卷下《黄直录》,重庆出版社,2017 年,第 245 页。

从本原上用力,渐渐'盈科而进'",①却"不可躐等"。② 好比给树苗浇水一样,"若些小萌芽,有一桶水在,尽要倾上,便浸坏他了"。③

在回答陆澄④"知识不见长进,如何是好"时,王阳明以婴儿作为比喻,指出:

> 婴儿在母腹时,只是纯气,有何知识? 出胎后方始能啼,既而后能笑,又既而能识认其父母兄弟,又既而后能立、能行、能持、能负,卒乃天下事无不可能。皆是精气日足,则筋力日强,聪明日开,不是出胎日便讲求推寻得来。⑤

说明人们的知识储备是一种"日渐式"增长,而非"跳跃式"跨越。就像婴儿脱离母体之后,从咿咿呀呀的一啼一笑开始,到认识父母兄弟的感知萌发,再到能站能走、能拿能背的茁壮成长,最后达到无所不知、无所不能的成年人一样,是一步一个脚印的逐步见长过程,并非一蹴而就。哪怕是走路,也得是走一段而认得一段,遇到叉口,还得询问,方能到达目的地,否则将误入歧途。学习亦然,也得一点一

---

① (明)王守仁著,吴光、钱明、董平、姚延福编校:《王阳明全集》卷1《语录一》,上海古籍出版社,2011年,第16页。

② (明)王守仁著,吴光、钱明、董平、姚延福编校:《王阳明全集》卷2《语录二》,上海古籍出版社,2011年,第98页。

③ 陈荣捷:《王阳明〈传习录〉详注集评》卷下《黄直录》,重庆出版社,2017年,第245页。

④ 陆澄(生卒年不详),字原静,湖之归安(今浙江吴兴)人。明正德九年(1514)就学于王阳明,十二年(1517)考中进士。

⑤ (明)王守仁著,吴光、钱明、董平、姚延福编校:《王阳明全集》卷1《语录一》,上海古籍出版社,2011年,第16页。

滴逐渐积累。在与陆澄讨论"（学习、认知）如何用得克己工夫"时，就以走路为喻来阐述：

> 如人走路一般，走得一段，方认得一段；走到歧路处，有疑便问，问了又走，方渐能到得欲到之处。①

在他看来，即使是"位天地，育万物"的圣人，也需要"从喜怒哀乐未发之中上养来"，②更何况是贩夫走卒的平常人。王阳明还以"种树培根"为喻：

> 立志用功，如种树然。方其根芽，犹未有干；及其有干，尚未有枝。枝而后叶，叶而后花、实。初种根时，只管栽培灌溉，勿作枝想，勿作叶想，勿作花想，勿作实想。悬想何益？但不忘栽培之功，怕没有枝叶花实？③

强调指出：只要时时不忘栽培浇溉之功，何愁枝叶不繁、花蕊不开、硕果不挂？王阳明以"婴儿脱胎""行走道路""种树培根"如此这般形象的比喻，向人们阐述了每一位学者的进德修业，都必须循序渐进、渐积而前，着眼于当下；先求充实、重在过程，不妄图未来，方能

---

① 陈荣捷：《王阳明〈传习录〉详注集评》卷上《陆澄录》，重庆出版社，2017年，第76~77页。

② （明）王守仁著，吴光、钱明、董平、姚延福编校：《王阳明全集》卷1《语录一》，上海古籍出版社，2011年，第16页。

③ （明）王守仁著，吴光、钱明、董平、姚延福编校：《王阳明全集》卷1《语录一》，上海古籍出版社，2011年，第16页。

通达成功。如果不顾"分限所及",不切实际地拔苗助长,最终只能以失败告终,或是误入歧途,毁了一生。

明正德十年(1515),门生郭庆①在学成即将告别师门、回归故里之际,向先生"请一言以为夙夜勖"。② 王阳明又以"种田"为喻相赠:

> 君子之于学也,犹农夫之于田也,既善其嘉种矣,又深耕易耨,去其螟莠,时其灌溉,早作而夜思,皇皇惟嘉种之是忧也,而后可望于有秋。③

王阳明如此生动地指出:学问思辨而笃行之,就像农夫种田一样,需要深耕细作,除虫拔草,时常灌溉,才会享受"春播秋收"的喜悦。

学不躐等、盈科而进,就必须顾及每个学者知识基础和水平的差异,做到量力施教。王阳明认为"圣人之才力,亦有大小不同",所以在施教的内容、方法、课量等方面都应该各不一样,做到"狂者便从狂处成就""狷者便从狷处成就",④因人而异方可收到最佳效果。

---

① 郭庆(生卒年不详),字善甫,号一坡,凤凰镇(今武汉新洲)人,明代著名儒师。郭庆闻王阳明讲学东南,遂与同邑吴良吉徒步前往求学。在学三年,充然有得,为王阳明得意门生。

② (明)王守仁著,吴光、钱明、董平、姚延福编校:《王阳明全集》卷7《文录四》,上海古籍出版社,2011年,第265页。

③ (明)王守仁著,吴光、钱明、董平、姚延福编校:《王阳明全集》卷7《文录四》,上海古籍出版社,2011年,第265页。

④ 陈荣捷:《王阳明〈传习录〉详注集评》卷下《黄省曾录》,重庆出版社,2017年,第261页。

即使是同一个人，也应该根据年龄、阅历的不同，而采取不同的教学方法："人的资质不同，施教不可躐等。中人以下的人，便与他说性说命，他也不省得，也须慢慢琢磨起来"，①主张根据受教育者的不同特点因势利导，循循善诱，不可超越其接受能力而施教，反对用一个模型去束缚学生。

通过"分限所及""渐积而前"的教学方法，让学生产生"乐学""好学"的心理情绪，激发人们学习的内生动力、好学冲动，更加积极进取，发奋向学。

在王阳明看来，人们的知识积累过程是一个由浅而深的过程，其间可析分出几个不同状态的发展阶梯，就像人的一生，都要经历"襁褓之孩""童稚之年""壮健之人"三阶段。对于襁褓之孩，只能使之扶墙傍壁，而渐学起立移步者也；待其长至童稚之年，便可使之学习步趋于庭除之间者也；而到了壮健之人，即能奔走往来于数千里之间者也。从中阐明了学习是一个历经时日，循序渐进的过程："既已能奔走往来于千里之间者，则不必更使之于庭除之间而学步趋"，"既已能步趋于庭除之间，则不必更使之扶墙傍壁而学起立移步"，"然学起立移步，便是学步趋庭除之始，学步趋庭除，便是学奔走往来于千里之基"，②特别强调循序渐进的起点乃是打牢行走千里之基——"学起立移步，便是学奔走千里之始"。③ 王阳明正是基于对

① 陈荣捷：《王阳明〈传习录〉详注集评》卷下《黄省曾录》，重庆出版社，2017 年，第259 页。

② 陈荣捷：《王阳明〈传习录〉详注集评》卷中《答聂文蔚二》，重庆出版社，2017 年，第 220 页。

③ 陈荣捷：《王阳明〈传习录〉详注集评》卷中《答聂文蔚二》，重庆出版社，2017 年，第 220 页。

循序渐进学习方法的认知,告诫学生"为学只循而行之是矣。殊不知私欲日生,如地上尘,一日不扫,便又有一层,着实用功,便见道无终穷,愈探愈深,必使精白,无一毫不彻方可",①必须一步一个脚印,踏踏实实用功,切不可好高骛远。

王阳明这种继承和发展了儒家传统的循序渐进、量力施教的"学不躐等""分限所及""渐积而前"的教学理念,充分遵循学习的客观规律,不失为一套合理、实用的教学理论,值得弘扬传承。

三、解化悟得

王阳明提倡学贵自得、解化悟得,注重培养独立思考与敢于自主的精神,教导每个学者要"各得其心"②,自得于心,反对盲目跟风,人云亦云。这是其教育思想的又一个重要观点。在《答徐成之(二)》中指出:

> 君子之论学,要立得之于心。众皆以为是,苟求之心而未会焉,未敢以为是也;众皆以为非,苟求之心而有契焉,未敢以为非也。③

王阳明还主张独立思考,追求真理,不迷信权贵,强调即便是像

---

① (明)王阳明著,叶圣陶点校:《传习录》上卷《陆澄录》,北京时代华文书局,2014年,第52页。

② (明)王守仁著,王晓昕、赵平略点校:《王文成公全书》卷7《文录四》,中华书局,2015年,第299页。

③ (明)王守仁著,吴光、钱明、董平、姚延福编校:《王阳明全集》卷21《外集三》,上海古籍出版社,2011年,第891页。

孔子这般圣人的话,也不可轻信盲从。在《答罗整庵少宰书》中,指出:

> 学贵得之心,求之心而非也,虽其言之出于孔子,不敢以为是也,而况其未及孔子者乎!求之心而是也,虽其言之出于庸常,不敢以为非也,而况其出于孔子者乎![①]

强调教学的目的就是要"学有自得",不可死守书本教条,主张坚守知行合一的信条,在实践中锤炼思想与意志,培养优良品质与行为习惯,从而激发每个人心中的良知,使自己得到亲身的体验与感悟。认为"学问也要点化,但不如自家解化者自一了百了。不然,亦点化许多不得"。[②] 自家解化,重要的是必须从"事上"的实践中去洞察学问、体悟解化而自得于心,而不是悬空谈学,更不可离了事物去所谓"为学"。唯有如此,才是王阳明教人"学有自得"的正确途径。曾经有一位基层官员,长期聆听王阳明讲学,认为"此学甚好,只是簿书讼狱繁难,不得为学"。王阳明对他说:

> 我何尝教尔离了簿书讼狱悬空去讲学?尔既有官司之事,便从官司的事上为学,才是真格物。如问一词讼,不可因其应对无状,起个怒心;不可因他言语圆转,生个喜心;不可恶其嘱

---

① 陈荣捷:《王阳明〈传习录〉详注集评》卷中《答罗整庵少宰书》,重庆出版社,2017年,第200页。

② 陈荣捷:《王阳明〈传习录〉详注集评》卷下《黄省曾录》,重庆出版社,2017年,第282页。

托，加意治之；不可因其请求，屈意从之；不可因自己事务烦冗，随意苟且断之；不可因旁人谮毁罗织，随人意思处之。这许多意思皆私，只尔自知，须精细省察克治，惟恐此心有一毫偏倚，枉人是非。这便是格物致知。簿书讼狱之间，无非实学。若离了事物为学，却是着空。①

关于"点化"，王阳明还用普通人向孔子请教的故事来阐释说明：

> 孔子有鄙夫来问，未尝先有知识以应之，其心只空空而已，但叩他自知的是非两端，与之一剖决。鄙夫之心，便已了然。鄙夫自知的是非，便是他本来天则，虽圣人聪明，如何可与增减得一毫？他只不能自信。夫子与之一剖决，便已竭尽无余了。若夫子与鄙失言时，留得些子知识在，便是不能竭他的良知，道体即有二了。②

世间茫茫，处处有是非，是者自是，非者自非，然而时常也会出现"是"者不被接受，"非"者却得以流行的现象。在圣人眼里，"是"与"非"始终都不会颠倒，"是"者便是，"非"者便非；但普通人却因为不自信，经常是非混淆，甚至是非颠倒，这就需要贤者给予"点化"，

———————

① （明）王阳明著，叶圣陶点校：《传习录》下卷《陆九川录》，北京时代华文书局，2014 年，第 202～203 页。

② 陈荣捷：《王阳明〈传习录〉详注集评》卷下《黄省曾录》，重庆出版社，2017 年，第 280 页。

讲清讲透道理，以激发启迪内心的那份灵明，才能使其一下子明白起来，让良知回归到主宰是非的位置。也就是说，"点化"是要由他人指点而后开化的，是一种被动的理解。这并不是王阳明所希望的"学贵自得、解化悟得"的结果。

王阳明又用"父慈子孝"的故事，来进一步说明"解化"：

> 舜常自以为大不孝，所以能孝；瞽瞍常自以为大慈，所以不能慈。瞽瞍只记得舜是我提孩长的，今何不曾预悦我？不知自心已为后妻所移了，尚谓自家能慈，所以愈不能慈。舜只思父提孩我时如何爱我，今日不爱，只是我不能尽孝，日思所以不能尽孝处，所以愈能孝。及至瞽瞍底豫时，又不过复得此心原慈的本体。所以后世称舜是个古今大孝的子，瞽瞍亦做成个慈父。[①]

面对父子争讼对簿公堂时，王阳明并没有用粗暴的刑罚手段，而是引用古人事例，悉心劝谕，开导父子两人都能认识到各自的错误与不足，不被一时一事的意气蒙蔽了父慈子孝的大义，不因小怨而失大爱，最终父子从"复得此心原慈的本体"中得到内心真挚的感悟，相抱恸哭而去。也就是说，"解化"不是硬邦邦的指指点点，而是引导每个学者通过独立思考来领悟而豁然开化、幡然醒悟的。这也正是王阳明所希望"学贵自得、解化悟得"的结果。如此这般"学贵

自得、解化悟得"的"开导式"教学,可收到事半功倍的教化功效。这对于今天的教学、育才,无疑也具有良好的借鉴价值。

四、因人而异

应该说"启迪童蒙""学不躐等""解化悟得"等教学方法,更多的是针对个体学生而言。然而王阳明一生讲学不辍,广收门徒,门生、弟子甚多,其中既有贩夫走卒、引车卖浆之流,也有官僚士绅、达官显贵之辈;既有聪明睿智之才俊,又有迟钝笨拙之鲁愚;甚至还有狂狷者泰州王艮①,聋哑人泰和杨茂②。彼此之间存在年龄、阅历、志趣、性格等等诸多不一。对此,王阳明采取"因人而异,因材施教"的教学方法。最为经典的莫过于明嘉靖六年(1527)九月初八晚上师徒三人在绍兴伯衙府天泉桥上的一段对话:

> 丁亥年九月,先生起复征思、田。将命行时,德洪与汝中③论学……先生曰:"我今将行,正要你们来讲破此意。二君之见正好相资为用,不可各执一边。我这里接人原有此二种。利根之人直从本源上悟入。人心本体原是明莹无滞的,原是个未发

---

① 王艮(1483—1541),字汝止,号心斋,明代哲学家,东台安丰场(今东台市安丰镇)人。38岁时远赴江西往游王阳明之门,下拜执弟子礼,后来转而治学,创立传承阳明心学的泰州学派,初名银,王守仁替他改名为艮。

② 杨茂,江西泰和人。明正德十五年(1520)六月,聋哑人杨茂等在门口等候,以求拜见阳明先生,入门后,彼此以文字对答的形式进行特殊交流,杨茂顿首俯拜。《王阳明全集》卷二十四《外集六》有文《谕泰和杨茂》,描述彼此交流过程。

③ 王畿(1498—1583),字汝中,号龙溪,浙江山阴(今绍兴)人。嘉靖五年(1526),五年会试中武,未参加延试,回乡与钱德洪共同协助王守仁指导后学,为王守仁最赏识的弟子之一,时有"教授师"之称。

之中。利根之人一悟本体，即是功夫，人己内外，一齐俱透了。其次不免有习心在，本体受蔽，故且教在意念上实落为善去恶。功夫熟后，渣滓去得尽时，本体亦明尽了。汝中之见，是我这里接利根人的；德洪之见，是我这里为其次立法的。二君相取为用，则中人上下皆可引入于道。若各执一边，眼前便有失人，便于道体各有未尽。"既而曰："已后与朋友讲学，切不可失了我的宗旨：无善无恶是心之体，有善有恶是意之动，知善知恶的是良知，为善去恶是格物，只依我这话头随人指点，自没病痛。此原是彻上彻下功夫。利根之人，世亦难遇，本体功夫，一悟尽透。此颜子、明道所不敢承当，岂可轻易望人！人有习心，不教他在良知上实用为善去恶功夫，只去悬空想个本体，一切事为俱不着实，不过养成一个虚寂。此个病痛不是小小，不可不早说破。"是日德洪、汝中俱有省。[①]

在王阳明看来，他所接纳的学生"有此二种"，即："一悟本体，即是功夫，人己内外，一齐俱透了"的利根之人，"不免有习心在，本体受蔽，故且教在意念上实落为善去恶"的其次立法中人。对于这两种人，王阳明既明确指出必须以不同的接引、教授方法，又告诫钱德洪、王汝中："二君相取为用，则中人上下皆可引入于道。若各执一边，眼前便有失人，便于道体各有未尽。"可惜的是，二君并未相取为用，而导致王学流派纷争。

---

① 　陈荣捷：《王阳明〈传习录〉详注集评》卷下《黄省曾录》，重庆出版社，2017年，第291页。

　　王阳明认为教育应该根据学生的具体情况,照顾到学生之间的差异,因人而异,实行差异化的教学,使其各成其才,终可同归于善。明正德六年(1511),在送别新科进士王道①的《别王纯甫序》一文中,在回答"刚柔淳漓之异质矣,而尽之我教,其可一乎"的提问时,王阳明指出:

　　　　不一,所以一之也。天之于物也,巨微修短之殊位,而生成之,一也。惟技也亦然,弓冶不相为能,而其足于用,亦一也。匠斲也,陶垣也,圬墁也,其足以成室,亦一也。是故立法而考之,技也。各诣其巧矣,而同足于用。因人而施之,教也。各成其材矣,而同归于善。仲尼之答仁孝也,孟氏之论货色也,可以观教矣。②

认为人与人之间虽有"刚柔淳漓之异质",教法不一,但应"因人而施之",就可达成"各诣其巧矣,而同足于用"的效果。成效是相一致的。同时借用孔子、孟子关于仁孝、货色的言论,进一步指出:因"质人人殊",只能"因人而施",以求"同归于善",所以"教无定法":

　　　　无定矣。而以之必天下,则弓焉而冶废,匠焉而陶圬废。圣人不欲人人而圣之乎? 然而质人人殊。故辩之严者,曲之致

---

　　① 王道(生卒不详):字纯甫,山东武城人。明正德六年(1511)进士,选为中秘。后为应天府教授。
　　② (明)王守仁著,吴光、钱明、董平、姚延福编校:《王阳明全集》卷7《文录四》,上海古籍出版社,2011年,第259页。

也。是故或失则隘,或失则支,或失则流矣。是故因人而施者,定法矣;同归于善者,定法矣。因人而施,质异也;同归于善,性同也。夫教,以复其性而已。自尧、舜而来未之有改,而谓无定乎?①

王阳明正是基于"夫教,以复其性而已",以明人伦为宗旨的教育思想,特别强调教学应当根据学生才能的不同,注重个性教育,因人而异,因材施教,断不可采取整齐划一的简单教学方法,否则将扼杀学生的特长,不利于成才发展。王阳明这一注重个性教育的教学理念,对于今天强调发展素质教育,具有积极的借鉴意义。

五、结　论

总之,在王阳明看来,教育、教化是治疗"世之不治"的一剂良药。从明弘治十八年(1505)"门人始进"到正德十二年(1517)奏请添设平和县"建立学校,以移风易俗",②再到横水"破山中贼易,破心中贼难"③,乃至嘉靖七年(1528)在广西南宁设立"敷文书院",倡导"诞敷文德",王阳明始终认为教育、教化既是摆脱"世之不治"的不二法宝,更是攻克"心中之贼"的一把利剑,并在实践中总结了重

---

① (明)王守仁著,吴光、钱明、董平、姚延福编校:《王阳明全集》卷7《文录四》,上海古籍出版社,2011年,第259页。
② (明)王守仁著,吴光、钱明、董平、姚延福编校:《王阳明全集》卷9《别录一》,上海古籍出版社,2011年,第354页。
③ 明正德丁丑(1517年),王阳明在给杨仕德、薛尚谦的信中,提及:即日已抵龙南,明日入巢,四路兵皆已如期并进,贼有必破之势。某向在横水,尝寄书仕德云:"破山中贼易,破心中贼难。"

在开导、启迪、得悟的经验，形成了"启迪童蒙""学不躐等""解化悟得""因人而异"等讲学授课方法。这些，对于我们今天实施"科教兴国"发展战略，推进全民素质教育，仍然具有积极的借鉴意义。

注：本文发表在《赣南师范大学学报》2021 年第 2 期（总第 243 期）。

王阳明巡抚南赣汀漳的执政实践与理政思维

　　王阳明(1472—1529),浙江余姚人,名守仁,字伯安,号阳明子,世称阳明先生,谥号文成。明代著名的思想家、哲学家、政治家和军事家。既精通儒、释、道,又能够统军征战,又是集心学大成者,是中国史上罕见的全能大儒,为"立德、立功、立言"真三不朽。《明史》评价他是:"终明之世,文臣用兵制胜,未有如守仁者。"纵观其一生,主要有巡抚南赣、平乱宸濠、征伐思田等三大事功,其阳明心学的主要内涵可概括为"心即理"的心本体论、"知行合一"的认知践履论、"致良知"的道德自觉论。

　　明正德年间,是明朝历史上最为黑暗的时期之一。武宗皇帝胸无大志,刚愎自用,继位之初重用刘瑾等一批宦官,沉湎于嬉戏宴乐,驱逐正直大臣,致使朝纲败坏,民不聊生,矛盾激荡,内忧外患。江西、福建、广东、湖南等边界地区相继发生多股规模较大、影响甚远的山民暴乱,形成分庭抗礼之势。朝廷曾多次派兵征讨,但屡剿屡乱,乱乱相承,成为危及朝廷的一大隐患。明正德十二年(1517)正月,王阳明莅赣履职,巡抚南、赣、汀、漳,剿匪平乱。

　　在巡抚南赣汀漳时,王阳明礼法刑政兼施,掌握利剑,破贼平乱,奏请设县,力推乡约,还朝廷一个清朗乾坤,体现了维序有法、治乱有方、安民有度的执政实践;与此同时,他规范伦理道德,手捧长卷,昌明心学,广设社学,教化移俗,圆百姓一个家国美梦,体现了宽

闽中王学研究

猛相济、恩威并重、德法兼施的理政思维。

一

王阳明在巡抚南赣汀漳期间,主要采取了推行牌法、保甲维序、添设县治、安民治贼,力举乡约、束民治乱,大兴社学、教化民俗等一系列执政举措,仅用了一年多的时间,就基本完成了戡乱靖绥的任务,让原本"地里遥远,政教不及,民众罔知法度"①的穷乡僻壤,变成"百年之盗可散,数邑之民可安"②的美好家园。

1.推行牌法,保甲维序

治理流民贼寇是王阳明巡抚南赣汀漳最为重要、也最为艰巨的任务。南、赣、汀、漳等处的"山贼",各自依据天险,举旗占山为王,具有驻点多杂、隐蔽度高、机动性强等特点,且互为犄角,彼此呼应,结成联盟,使得千里皆乱,"三省骚然"数载。王阳明到任巡抚伊始,面对"亦农亦贼、贼官勾结"的"山贼",不遗余力地推行"十家牌法"以治之,以群防群治的办法靖寇平乱,对乡民的性别、职业、社会关系进行详细登记,尤其严管流动人口,监视百姓举动,对窝藏"山贼"者,严加惩处,以此切断"山贼"与民众之间的辎重物资、信息情报往来,起到革弊除奸、防止通贼的作用。但仅凭"十家牌法",还是不能彻底阻断部分乡民与"山贼"之间的沟通联系,便再辅之以"保甲法",在各村推选一名德高望重者为保长,于各城郭坊巷立起鼓楼,

---

① (明)王阳明:《王阳明全集》卷9《别录一》,民主与建设出版社,2014年,第237页。

② (明)王阳明:《王阳明全集》卷9《别录一》,民主与建设出版社,2014年,第238页。

置鼓于楼,发现盗贼便击鼓报警,各甲居民闻鼓声便各执器械,听从保长指挥全力捕盗,如有藏匿不出或故意后出者,则告官惩处。从本质上讲,保甲法是"连坐法"的延续,是通过近乎军事化的管理模式治理山民暴乱,保甲与牌法的并用,彻底斩断了"山贼"对外联系的渠道,为民众的安居乐业提供了安宁稳定的外部环境,对维护乡村社会稳定发挥了积极作用。

2.添设县治,安民治贼

王阳明受命巡抚南、赣、汀、漳等处地方,领兵平靖漳寇,在社会动荡局势稍得缓和之后,便以一个政治家的敏锐眼光、思想家的内圣智慧,抽丝剥茧地分析了民众落草为寇、社会动荡不安的原因,并针对漳南地区"极临边境,盗贼易生"的现实,"亲行访询父老,诹咨道路",提出"析划里图,添设新县"的思路,探索了一条"添设县治,以控制贼巢,建立学校,以易风俗"①的长治久安理政之路,并两度上疏奏请朝廷,在闽粤交界的漳州南部添设了一个"平和县"。紧接着,王阳明又在用兵横水、桶冈,智取三浰之后,复制了平和置县立治的理政模式,相继设立了江西省崇义县、广东省和平县,从根本上消除了"山贼"掳掠乡村、攻劫郡县的乱象,有效解决了困扰朝廷多年的心腹大患。"自设县以来,此地冠盖相望,家诗书而户礼乐,盖彬彬称化国哉"②,"横水、桶冈之局始结"③,"三县之民欢欣鼓舞,如

---

① (明)王阳明:《王阳明全集》卷9《别录一》,民主与建设出版社,2014年,第237~238页。

② (明)王阳明著,(明)施邦曜辑评,王晓昕、赵平略点校:《阳明先生集要》经济编卷1,中华书局,2008年,第409页。

③ (明)王阳明著,(明)施邦曜辑评,王晓昕、赵平略点校:《阳明先生集要》经济编卷2,中华书局,2008年,第472页。

获重生"①。事实证明,王阳明顺应民情,添设县治的戡乱匡正之举,使"山贼"失去了藏身之所、盗抢之机,既巩固了地方政权,强化了基层治理,又让礼乐教化得到传播,曾经的荒蛮之地,风俗为之一变,礼制深入人心。正如阳明同邑后学施邦曜所称赞的:"先生此举,不特可以弥盗,亦可以变俗,允为后事之师。"②

3.力举乡约,束民治乱

在征贼平定"三省骚然"之后,王阳明深刻意识到南赣汀漳等处山民暴乱的一个重要原因是没有良好的德性熏染民众,"民俗之善恶,岂不由于积习使然哉?"③而仅凭武力征剿的一役之功,是无法除去山民暴乱的根源的,也是不可能从根本上建构良好的社会秩序的。于是,他制定并推行了《南赣乡约》的理政新举措,将"亲民""知行合一""致良知"等思想贯穿其中。《南赣乡约》一共有十六款,具体内容涵盖三方面:一是立乡约,规范乡民婚丧嫁娶、耕织生计、彰善纠过、民间礼仪等行为,规范乡民道德,化民成俗;二是建乡政,规范乡约组织体系、乡官职务设置、经费来源、开会制度、内部管理等措施,维系乡村秩序;三是办乡学,推行儒家仁爱为本的德治思想,将教育与政治贯通起来,教化乡民德性。《南赣乡约》有机结合了乡里体制、保甲制度,主张以儒家道德礼仪劝善改过,建构一个集政治、军事、教育功能于一体的乡村社区共同体,开创了

---

① (明)王阳明:《王阳明全集》卷10《别录二》,民主与建设出版社,2014年,第261页。

② (明)王阳明著,(明)施邦曜辑评,王晓昕、赵平略点校:《阳明先生集要》经济编卷1,中华书局,2008年,第409页。

③ (明)王阳明:《王阳明全集》卷17《别录九》,民主与建设出版社,2014年,第446页。

乡村自治的新模式。同时赋予约长、约副、约正、约史、知约、约赞在乡村治理中教化、劝谕、管理、监督乡民的绝对权力，对不思悔改的违逆者则采取强制措施，通过"呈官诛殄""呈官追究""告官惩治"乃至"请兵灭之"，严加惩治，体现教化为主、刑法为次的礼法刑政共治特点。《南赣乡约》有效融合了民众自制规约和国家法律，并将儒家忠厚、仁义、民本思想融入其中，从德与法两个层面浇灭了山民犯上作乱的意念和行动机缘，既体恤民众，又遏制恶行，对治理民乱、重构秩序、纯化民俗都产生了积极的作用。其乡村治理的执政实践与理政思维无论是在历史上，还是在今天都有重要的意义。

4.大兴社学，教化民俗

在王阳明的理政视域中，"治心"始终是第一要务，"治心"是"治世"的基础和前提，以"治心"实现"治世"。在平乱靖寇过程中，王阳明切身体悟到"破山中贼易，破心中贼难"①，认为山民之所以"乱乱相承"，是因为当时的书院、社学、乡馆均未能发挥教化易俗的应有作用，期许以儒家伦理道德和礼仪规范，敦风化俗，教谕乡民恪守孝悌忠信礼义廉耻等道德准则，去除私欲以恢复本然澄明的良知心体，以形成淳朴的乡风民风。正如他所说的"看得表扬忠孝，树之风声，以兴起民俗，此最为政之先务"。② 于是，在征剿"山贼"战斗正酣之时，就下发《兴举社学牌》《颁行社学教条》等告示，要求各道、

① （明）王阳明：《王阳明全集》卷4《文录一》，民主与建设出版社，2014年，第127页。

② （明）王阳明：《王阳明全集》卷18《别录十》，民主与建设出版社，2014年，第474页。

府、县官员必须着重培养学生的道德品行,以儒家孝悌忠信、礼义廉耻为教学内容,以诗歌启悟其意趣,以礼仪肃正其威仪,以知识开阔其知觉,兴办创建各类社学、书院,以此"兴起圣贤之学,一洗习染之陋"①;要选择"学术明正,行止端方"的"教读"(教师),并要"量行支给薪米,以资勤苦;优其礼待,以示崇劝",给予应有的待遇。同时要求家长要"隆师重教,教训子弟"②,共同完成教育好"童生"(学生)的责任,务求达到"人知礼让,户习《诗》《书》,丕变偷薄之风,以成淳厚之俗"③的境界。其间,王阳明还亲自讲学授课,"与该府县学师生朝夕开道训告""阐明正当,讲析义理",要求听者"务要专心致志,考德问业,毋得玩易怠忽,徒应虚文"④。通过兴办社学、书院,既使民众恪守礼仪、去恶从善、改善民风,又让民众学习礼仪规范和传播儒家道义,促进了良好社会道德风尚的形成,推动了地方文化教育事业的发展。

二

在巡抚南赣汀漳期间,王阳明不断完善"行牌法保甲、设县治规约、定乡规民约、兴社学书院"等一系列理政思维,构建了一个集道

---

①　(明)王阳明:《王阳明全集》卷 18《别录十》,民主与建设出版社,2014 年,第 472 页。

②　(明)王阳明:《王阳明全集》卷 17《别录九》,民主与建设出版社,2014 年,第 450 页。

③　(明)王阳明:《王阳明全集》卷 31《续编六》,民主与建设出版社,2014 年,第 854 页。

④　(明)王阳明:《王阳明全集》卷 18《别录十》,民主与建设出版社,2014 年,第 472 页。

德教化和刑罚惩治为一体的社会治理体系。从中,我们不难看到王阳明以心治世、以良知治政和以德治国的儒家治政治世情怀,其理政思维无不闪烁着阳明心学的智慧和光芒,对当今社会发展具有参考借鉴和批判吸收的作用。

1.德化与法治共治,体现了仁政德治的理政思维

王阳明坚持"知行合一"的理政思想,体民恤民、关心民生疾苦,展现了"仁爱""不忍"的儒家仁政德治执政理念。王阳明十分重视礼仪规范在社会治理中的作用,其乡约、牌法的主要内容都是以儒家礼仪制度为中心辅之以强制惩处措施,主德治礼治而辅之以刑罚惩戒,前者是本、为主,后者是末、为辅。在破"山中贼"的问题上,王阳明也是在劝谕无效的情势下,才不得已而采取强制措施,但刑罚强治并非其所愿。他曾无奈而痛心地说:"然欲杀数千无罪之人以求成一己之功,仁者之所不忍也。""呜呼!民吾同胞,不幸陷于罪戮,恻然尚不忍见。岂有追寻旧恶,必欲置之死地之理?"①此类言辞并非虚辞。在剿贼平乱中,王阳明的内心始终充满着纠结与矛盾,是不得已而为之。每每在平定叛乱后,他都屡次上疏恳求辞职而终未获批,最后积劳成疾,客死返乡途中,更留下了"此心光明,亦复何言"的千古绝唱。这就是他治理社会和心学理论建构的最佳注解。

2.民本与王权共治,体现了民本仁爱的理政思维

王阳明始终坚守儒家"民为邦本,本固邦宁"的民本仁爱执政理

---

① (明)王阳明:《王阳明全集》卷17《别录九》,民主与建设出版社,2014年,第444页。

念,将以民众切身利益为中心的治政治世、重民贵民、爱民安民、利民富民作为一贯的理政思维,主张"四民"平等、珍惜民力,取得了明显的治理效果,倍受民众尊崇。但其社会治理依然未能摆脱与封建王权相关联的束缚,而且很大程度上还依附和受制于封建王权,并多以成文的、规范性的规约践行于日常理政之中,做到约定性和强制性、自律性与他律性相统一。如在"乡约""牌法"中频繁使用"执送之官""呈官诛殓""告官惩治""请兵灭之"等措辞,甚至采取了近乎军事化的管制手段,为乡约、牌法以及保甲的顺利推行提供了强力后盾和有力保障。因而,王阳明的理政思维是道德教化辅之官方压制,体现了儒家民本仁爱与封建王权共治的特点。

3.乡绅与仕官共治,体现了民众自治的理政思维

针对南赣汀漳等地的风俗特点,王阳明推行乡绅与仕官共治的民众自治模式,既有针对性、因地制宜地制定相宜的个性化治理措施,保持地方社会的稳定和发展,又采取相应的强制监管措施,维护、保持地方与中央权力之统一。在颁行的乡约和牌法中,遴选的约长、约副、约正、约史、知约、约赞以及保长、族长等,皆来自当地德高望重、有声誉名望、善于管理的地方精英或儒生等乡绅。这些乡绅因知晓地方民情,能顺应民性,更具治理实效性和有效性,故在日常的社会治理中以乡绅自治为主。同时,王阳明也担心乡绅权力过度集中或权力滥用,横行乡里,藐视朝廷,还设置仕官以监督牵制乡绅。遴选地方精英管理社会,推行乡绅自治与仕官监管的双重制度,对减少地方贪腐、分散地方集团势力、稳定社会秩序都发挥了积极的作用。从这点看,王阳明推行的乡绅与仕官共治的民众自治的

治理模式,对当今的基层组织建设和村民自治依然具有一定的参考价值。

  注: 本文发表在《第十八届明史国际学术研讨会暨首届阳明文化国际论坛论文集》(下)。2017 年 10 月,在江西省崇义县举办的"第十八届明史国际学术研讨会暨首届阳明文化国际论坛"上发言交流。

第五篇 阳明后学研究

李贽及其《阳明先生道学钞》

　　闽籍阳明后学、泰州学派一代宗师李贽晚年所编的《阳明先生道学钞》(以下简称《道学钞》)是一部重要的阳明后学古籍文献,为后人了解闽籍阳明后学、弘扬传承发展阳明心学、研究李贽思想提供了重要的文献资料。尤其是在当代人们"为安顿心灵而寻找中国传统文化思想资源"的大背景下,更有其独特的意义。

一、李贽其人及其著述

　　李贽(1527—1602),字宏甫,号卓吾,别号温陵居士、百泉居士等,福建泉州人。明嘉靖三十一年(1552)举人,不应会试,历任河南辉县教谕、国子监博士、礼部司务、南京刑部员外郎、云南姚安知府等职。李贽是明代思想家、文学家,他信奉阳明心学,是王阳明亲炙弟子王艮①的第三代传人,成为泰州学派的一代宗师,建立了以"童心说"为核心的学说。在社会价值导向上,李贽批评重农抑商,扬商贾功绩,是明中后期资本主义思想的启蒙者。

　　历史上对李贽的评价,一直是褒贬不一。尽管《明史》上没有其本传,但却在《明史·耿定向传》中有明确记述:"(耿定向)尝招晋江李贽于黄安,后渐恶之,贽亦屡短定向。士大夫好禅者往往从贽游。

---

　　①　王艮(1483—1541),初名银,王阳明替其改名为艮,字汝止,号心斋,江苏东台人。一生以布衣传道,终生不仕。创立传承阳明心学的泰州学派。

赘小有才,机辨,定向不能胜也。赘为姚安知府,一旦自去其发,冠服坐堂皇,上官勒令解任。居黄安,日引士人讲学,杂以妇女,专崇释氏,卑侮孔、孟。后北游通州,为给事中张问达所劾,逮死狱中。"①明代名臣李廷机②称赞:"(李贽)先生博学宏览,贞心苦行……心胸廓八纮,识见洞千古,孑然置一身于太虚中,不染一尘,不碍一物,清净无欲。"汤显祖③撰写《叹卓老》一诗曰:"自是精灵爱出家,钵头何必向京华;知教笑舞临刀杖,烂醉诸天雨杂花。"德国汉学家福兰阁(Otto Franke)称其是一位"能为思想人格之自由作殊死战者"。④

　　自古以来,著书立说是表达与宣扬自己独特见识、思想的重要途径,特别是在资讯落后的古代,思想传播途径极少,著书就显得更加重要。作为一代狂狷的李贽当然也不例外,一生著书颇丰。主要作品有《藏书》《续藏书》《焚书》《续焚书》《史纲评要》《九正易因》以及《卓吾老子三教妙述》《阳明先生道学钞》《龙溪王先生文录钞》《批评忠义水浒传》《批点西厢真本》等。由于其著作中带有强烈的反封建、反礼教的思想意识和文字痕迹,为当时执政者所不容、不许,便以"敢倡乱道,惑世诬民"为由,强令尽行烧毁,毋令贻祸于后。如明万历三十年(1602),朝廷下令官司,将李贽已刊未刊的书籍,尽搜烧毁,不许容留,对私藏者更是课以治罪;明天启五年(1625),官府认

　　①　(清)张廷玉等撰:《明史》卷221《列传第一百九》,中华书局,1974年,第5817页。
　　②　李廷机(1542—1616),字尔张,号九我,福建晋江人。明万历十一年(1583)进士,官至礼部尚书。
　　③　汤显祖(1550—1616),字义仍,号若士,江西临川人。明万历十一年(1583)进士,明代著名文学家、戏曲家。
　　④　凌礼湖、李敏主编:《李贽其人》,香港天马图书有限公司,2002年,第279页。

为李贽诸书怪诞不经,命巡视衙门焚毁,不许坊间发卖;清乾隆年间,还将李贽的著作列入禁书目录。尽管如此屡次禁毁,李贽的著作依然禁毁不尽,流传不绝,各种版本一直在刊印之中,大有愈禁愈传之势。其弟子汪本钶①在《续刻李氏书序》中记述:"(李贽)一死而书益传,名益重。"②明代学者佘永宁③在《刻李卓吾先生遗书小序》中描述"(李贽)先生没,世争传先生书,不啻贵洛阳纸也。"④日本学者吉田松阴⑤甚至认为:"卓吾之论大抵不泄,谁不一读而不与吾同拍案叫绝者哉!"⑥李贽"自王氏问孔后二千年来,独树一帜,以遥相应对和","卓识伟论,自足述往古而开来"⑦的深邃思想,尽管与当时执政者的统治思想格格不入,但却不落媚俗,不同凡响,令人振聋发聩,起到启蒙思想、鼓舞斗志的作用。也正因为如此,李贽的著作才像顾炎武⑧所描述的"士大夫多喜其书,往往收藏,至今未灭"⑨,禁不止、烧不尽、传更远,为中华传统文化留下一抹光彩,成为中华文明的瑰宝。

---

① 汪本钶(生卒不详),字鼎甫,安徽新安人。李贽学生。

② 凌礼湖、李敏主编:《李贽其人》,香港天马图书有限公司,2002年,第245页。

③ 佘永宁(生卒不详),安徽歙县人。李贽学生。

④ 凌礼湖、李敏主编:《李贽其人》,香港天马图书有限公司,2002年,第241页。

⑤ 吉田松阴(1830—1859),日本江户幕府末期思想家、教育家,明治维新的先驱者。

⑥ 凌礼湖、李敏主编:《李贽其人》,香港天马图书有限公司,2002年,第274页。

⑦ 由云龙总编纂:民国《姚安县志》卷29《人物志之五·寓贤》,民国三十七年(1948)刻本,寓贤第5页。

⑧ 顾炎武(1613—1682),本名绛,字忠清,学者尊称为亭林先生,江苏昆山人。明代著名思想家、史学家、语言学家。

⑨ 凌礼湖、李敏主编:《李贽其人》,香港天马图书有限公司,2002年,第259~260页。

二、《道学钞》概述

近年来,作为中华传统文化瑰宝的阳明学得到持续弘扬、传承与尊崇,形成一股"王阳明热",这也推动了阳明学及阳明后学的各种古籍文献整理、点校、出版。李贽所辑编的《道学钞》就是众多阳明后学古籍中的一部重要文献。正是基于这样的文化背景,加上李贽是一位闽籍的阳明后学、思想大家,笔者对李贽《道学钞》的关注自然更多一些。在内心上,笔者渴望能站在李贽的角度,去了解其视域里的王阳明及其学说,再从李贽选择文章的角度,进一步认识和了解李贽及其思想。

《道学钞》是晚年的李贽以好友吴明贡家藏《王文公全书》为蓝本抄录而成的。明万历二十八年(1600),李贽被湖广金事冯应京逐出麻城,未应好友焦竑①的邀请避居南京,而是应工部尚书、总理河漕刘东星②邀请,与学生汪本钶等人,抵山东济宁,住在刘东星官署。刘东星还派人向吴明贡借取《王文公全书》一书,拿到济宁,供其抄录。李贽非常高兴,爱不释手,终日闭户读书、抄录,"每见其于不释手抄写,虽新学小生不能当其勤苦也"。功夫不负有心人。明万历二十八年三月廿一日(1600 年 5 月 3 日),李贽完成了一部"嘉惠后世之君子"的大作——《阳明先生道学钞》,流传至今 400 多年,堪称不朽之文献。

闽中王学研究

　　《道学钞》全书分为8卷,收录了116篇王阳明文稿、6篇有关王阳明的奏疏以及其年谱。卷一《论学书》16篇,主要是从《王文公全书》中的语录、文录中摘录,如选编《别三子序》《从吾道人记》《答徐成之》《答储柴墟》《客坐私祝》等文章,体现了阳明学的思想内涵,从中我们也看到李贽对阳明心学的认知与服膺。卷二《杂著书》22篇,内容较为丰富,时间跨度大,既有从《全书》中的文录、书、记、序中摘录的,也有从奏疏、公移中摘录的,选编了《谏迎佛疏》《寄杨邃庵阁老》《祭徐曰仁文》《答方叔贤》等文章,体现了王阳明在功业和人情上的良知本心。卷三《龙场书》6篇,选编了《瘗旅文》《象祠记》《答毛宪副》《与安宣慰》等文录及记、书,体现了王阳明在谪贬龙场、居夷困苦期间,不忘使命担当,知行合一,恪守人生尊严与良知。卷四《庐陵书》1篇,摘录了王阳明担任庐陵知县期间的1份公移,体现了王阳明明德亲民的执政理念。卷五《南赣书》28篇,主要摘录王阳明巡抚南赣期间的奏疏、公移,选取了《选练民兵》《兵符节制》《十家牌法告谕各府父老子弟》《横水桶冈捷音疏》等文章,体现了王阳明兵威武略、平贼定难的军事谋略,以及建构边界地区社会秩序的治理政策。卷六《平濠书》28篇,主要摘录王阳明在江西平定宁王宸濠叛乱期间的奏疏、公移及书信,选取了《抚安百姓告示》《擒获宸濠捷音疏》《乞宽免税粮急救民困以弭灾变疏》《再辞封爵普恩赏以彰国典疏》等文章,体现了王阳明临危不乱,倡义檄,起勤王,扶社稷于将倾的功业。卷七《思田书》15篇,主要摘录王阳明担任两广总督,平定思恩、田州,征剿八寨、断藤峡期间的奏疏、公移,选取了《奏报田州思恩平复疏》《处置平复地方以图久安疏》《处置八寨断藤

李贽及其《阳明先生道学钞》

峡以固久安疏》等文章,体现了王阳明绥怀向化之民,讨服梗化之贼,稳定民族边境地区的功业。卷八《年谱》分为年谱上、下及后录、后人等 4 个部分,提供了不少王阳明生平的新事迹、新资料,后录中选录了陆澄的《辨忠谗以定国是疏》、霍韬的《地方疏》、湛甘泉的《先生墓志铭》等 6 篇文章,从侧面反映了王阳明跌宕起伏的"三不朽"人生经历。

三、《道学钞》的特点

李贽在《道学钞·序》中,将讲学类的 38 篇文章归为"论学""杂著"2 卷,事功类的 78 篇文章则按照王阳明一生的主要行经地的人生履历顺序进行编辑,归为"龙场""庐陵""南赣""平濠""思田"5 卷。无论是在文章取舍,还是编排体例上,都不循旧体,将讲学与事功分开,按事功地域分卷的编辑方式,新颖别致,让人耳目一新,方便后人了解王明阳在不同地方的活动情况,有利于研究阳明地域文化。如此分卷设章的科学编辑,放在当下,仍值得学习借鉴。同时,从李贽在文章选取的数量上看,事功类的文章占三分之二,体现了明后期朝廷对王阳明的态度是"重事功轻学说",更加看重其在事功方面的成就。这与明崇祯年间施邦曜①辑编的《阳明先生集要》如出一辙。施邦曜辑编的《阳明先生集要》,分为理学、经济、文章 3 篇 15 卷,其中理学 4 卷、经济 7 卷、文章 4 卷,经济类的篇目近半,同样

---

① 施邦曜(1585—1644),字尔韬,号四明,浙江余姚人;万历癸丑进士。官至左副都御史,赠太子少保,左都御史,谥忠介。《明史》称:"邦曜少好王守仁之学,以理学、文章、经济三分其书而读之,慕义无穷。"

也看重其经世济用。

李贽在辑编《道学钞》时，不是简单地照搬照抄，而是注入了自己的情感，揭示了王阳明与李贽两人在思想上的同异，从而使《道学钞》不仅有文献版本价值，也具有思想史料价值。如在抄录《处置平复地方以图久安疏》时，了解王阳明采取以抚为主的办法，平定思田之乱，并提出五个方面的社会治理举措，以求思、田地区久安长治之后，他感叹道："仁人君子，千载生气！"反映出李贽对王阳明明德亲民思想、社会治理政策的赞同与肯定。又如在编辑《年谱》时，他抄录到王阳明在江西大余去世时的场景，既有别于钱德洪的描述，又感慨而言："予亲笔到此，犹泪下不能挥，而彼当不啻口出者，反挤排不遗力，何其妒贤嫉能若是也。彼桂氏无足言，数称相知，如杨一清、乔宇辈，反视若寇仇，小人肝肠。至此卒难掩矣。吾以谓湛甘泉、黄久庵、霍渭涯、林见素诸公可敬也。"让人看到李贽因王阳明英年早逝与遭到谤议而伤心欲绝、泪流不止、无比哀痛的心情与形象。当然，在辑编过程中，李贽对王阳明的一些做法也提出批评。在编辑《年谱》时，抄录到明正德十五年（1520）八月，王阳明咨部院雪门生冀元亨冤状时，感慨而言"呜呼！冀元亨岂用间之人哉，先生多矣。此李卓吾所以不取也。"认为冀元亨是不可胜任"说服宁王"之责的人，批评王阳明有用人失当之嫌。又如抄录到明嘉靖七年（1528）二月思、田平定之后，王阳明为文勒石时，李贽说："此碑石若出他人手，则字字皆金石矣。惜哉！先生自为之耳，劳而伐，功而德，非九三君子之终也。中间干羽事虽不妨比拟，但世人眼目小。世人如小儿成群，见一巨人大吼其旁，即飞魂丧魄哭欲死。先生宁

李
赟
及
其
《
阳
明
先
生
道
学
钞
》

不知邪！事只管做绝,口不言功劳,乃是经纶千古好手,且姚镆是先生同乡,既代其任而为之。莫说他罢,事亦罢了。"明显是批评王阳明此举不妥,认为他不应该亲自为文勒石。

四、结 论

《道学钞》是闽籍阳明后学、泰州学派一代宗师李贽晚年所编的一部重要文献,文章选取独特,分卷设章科学,且注入李贽丰富的情感与个人的见解。无论是对研究闽籍阳明后学典籍,还是研究李贽思想,都具有积极意义。可以说,《道学钞》不失为一部具有文献版本、思想文化价值、史料价值的珍贵文献。

注:本文发表在《福建史志》2019 年第 4 期。

从《迪吉录》看颜茂猷的思想倾向

颜茂猷（1578—1637），字壮其，又字光衷，号宗璧居士，漳州平和县人（准确地说是：平和学龙溪籍人），是明末天启崇祯年间著名的劝善思想家，一生著作颇丰。《平和县志》开列其所著的书目有《经史类纂》《四书宗说》《五经宗说》《迪吉录》等 4 部。① 然而，从目前尚存于国内外图书馆的其遗著来看，主要有《迪吉录》《云起集》《颜壮其集》《合锓纲鉴通纪今古合录注断论策题旨大全》《五经四书讲宗》《新镌举子六经纂要》等 23 部，可谓著作等身。正如顾锡畴②在其《迪吉录》序文中所言"其书梓于闽漳者，已不下千卷"。③

《迪吉录》可以说是一部较为集中体现颜茂猷思想的著作，提出了一套以"果报"观念为基础的劝善思想，认为人的幸福或灾祸是可以根据善恶报应的因果规律来决定的，宣扬"为善由己，报应在天"的劝善思想。

---

① （清）黄许桂主编，（清）曾沣水纂辑，福建省地方志编纂委员会整理：道光《平和县志》卷 9《典籍志》，厦门大学出版社，2008 年，第 452 页。

② 顾锡畴（生卒不详），字九畴，号瑞屏，今江苏昆山人。明万历四十七年（1619）进士。天启朝典试福建，策有讥刺魏忠贤，党指为东林，削籍。崇祯朝复故官。与杨嗣昌忤，告归。福王立，进尚书，又与马士英不合，致仕。南都失守，乡邑亦破，赴闽。唐王命以官，力辞。居温州江心寺。总兵贺君尧，挞辱诸生，锡畴将论劾，君尧夜使人杀之，投尸于江。温人觅之，三日乃得，棺殓。

③ （明）颜茂猷撰：《迪吉录》卷首，国家图书馆藏明刻本，序文第 3 页。

一、颜茂猷其人及其《迪吉录》

关于颜茂猷的生平事迹,史书并未留下诸如行状、墓志铭之类的常识性资料,志书亦鲜有着墨为其记传留名。作为明季劝善思想家,在当今学界几乎不为人们所知,[①]其人其事也几近湮没无闻,甚至在其家乡漳州,也几近无人提及,无人知晓。但他毕竟是从平和这块热土上登科的进士,志书上多少还可寻找到些许蛛丝马迹。清康熙壬戌《平和县志》卷六《选举志》分别在"甲第""登科"的条目中记述:

> 崇祯甲戌(1634)科刘理顺榜,颜茂猷,清宁里人,五经钦取,礼部主事。
>
> 天启甲子(1624)科,颜茂猷,清宁里人,甲戌(1634)钦取五经进士。[②]

而清康熙己亥《平和县志》卷八《选举志》的记载,与康熙壬戌《平和县志》几近相同,只是其籍贯描述为:"颜茂猷,龙溪籍,甲戌进士。"[③]《乾隆龙溪县志》卷十三《选举志》对条目编修做了一番解释

① 目前,国内对颜茂猷及其思想的研究,主要是复旦大学教授吴震,氏著有《颜茂猷思想研究》一书。最早研究研究颜茂猷的要数日本的酒井忠夫、荒木见悟、寺田隆信,以及美国学者 C. J. Brokaw。本人在写作拙文过程中,多有参考吴氏《颜茂猷思想研究》,在此表示感谢!

② (清)金镳修,(清)游瀛洲纂:康熙《平和县志》,平和县地方志编纂委员会翻印。该书属内部资料,没有编页码。

③ (清)王相修,(清)昌天锦等纂,福建省地方志编纂委员会整理:康熙《平和县志》卷8《选举上》,福建人民出版社,2016年,第133页。

性说明：

> 举人。凡举贡本县人由外学中式者，则注明某学；外县人由本学中式者，则注明某县人。①

依此编修体例，该志"举人"将其记为"颜茂猷，平和学，甲戌进士"，而同科中举的其弟则记为"颜茂行，茂猷弟"②，从中说明其兄弟是龙溪籍人，只是在不同的县学中式而已。

颜茂猷"五经中式"及第进士的经历颇具传奇，成了当时的一大社会话题，其中式经历、意义，《明史·选举二》记曰：

> （明崇祯）七年甲戌（1634），知贡举礼部侍郎林釬言，举人颜茂猷文兼《五经》，作二十三义。帝念其该洽，许送内帘，茂猷中副榜，特赐进士，以其名另为一行，刻于试录第一名之前。五经中试者，自此接迹矣。③

明代选举所定科目，基本沿袭唐、宋之旧例，"专取四子书及《易》《书》《诗》《春秋》《礼记》五经命题试士"。"初场试四书义三道，经义四道。"④而颜茂猷却有悖此规，改为"五经题全作，每经四道"，

① （清）吴宜燮修，（清）黄惠、李畴纂：《乾隆龙溪县志》卷13《选举志》，上海书店出版社编：《中国方志集成·福建府县志辑》第30，上海书店出版社，2000年，第145页。
② （清）吴宜燮修，（清）黄惠、李畴纂：《乾隆龙溪县志》卷13《选举志》，上海书店出版社编：《中国方志集成·福建府县志辑》第30，上海书店出版社，2000年，第152页。
③ （清）张廷玉等撰：《明史》卷70《选举二》，中华书局，1974年，第1707页。
④ （清）张廷玉等撰：《明史》卷70《选举二》，中华书局，1974年，第1693～1694页。

加上"四子书"三道,计答二十三道题,即"二十三义"。这一违制的做法,得到时任礼部侍郎、同邑林釬的照顾、推荐,并获得崇祯皇帝的认可、赏识,取得"赐进士出身"的殊荣,名列二甲第二名。颜茂猷以"五经中式"而成"特赐进士"一事,轰动一时,海内翕然。清代乃至民国期间,我国通识教育使用的《四书》《五经》教材,大部分假托颜茂猷之名,在其课本开卷的卷首注明"特赐进士颜茂猷壮其较正"的字样,以证明其教材的规范严谨。从中可见,学者、世人对颜茂猷学识的认可、尊崇与景仰。

作为颜茂猷劝善思想代表作的《迪吉录》,初稿撰于明天启二年(1622),初刻刊行于明崇祯四年(1631)[①],历时近十年,之后又经多次翻刻刊发,被誉为"救世之宝书",是清代各种道德实践手册的重要蓝本之一,还被《四库全书》所收录。其不同版本的成书,现分别藏于中国国家图书馆、上海图书馆、日本内阁文库以及中国人民大学、香港大学、东京大学等高校图书馆。我国目录版本学专家王重民所撰的《中国善本书提要》(子部·杂家类)记载:

【迪吉录八卷卷首一卷】

十册(《四库总目》卷一百三十二)(北大)

明崇祯间刻本[九行二十字(20.7×183.2)]

原题:"古吴顾锡畴九畴甫评定,闽漳颜茂猷光衷甫编辑。"

按《福建通志》卷二百十四《文苑传》云:"茂猷字光衷,天启甲子

---

① 林釬在《迪吉录》的序文中提及:"壬戌岁(即天启二年),(颜茂猷)持稿帙示余。"序文末署"崇祯四年冬季十日也九皋居士林釬书。"由此推断而知《迪吉录》的初稿撰成、初刻刊行时间。

举乡试,崇祯甲戌知贡举。礼部侍郎林釬言茂猷文兼五经,作二十三义,帝念其该洽,许送内帘,中副榜,诏特赐进士,以其名别为一行,刻于试录第一名之前,五经中试者,自此接迹矣。"《存目》载是书作九卷,此本依"一心普度兆世太平"分八卷,原本自是八卷。《提要》(指:《四库全书总目提要》)云:"茂猷平湖人",《漳州府志·选举表》谓茂猷龙溪人,而《通志》谓平和县人。考平和在龙溪西南,自王守仁平定象湖、流恩等之后,始置县,则《提要》之平湖,应是平和之误。是书为顾锡畴之父筍洲老先生所赏识,锡畴因为评定刊行。书封面题:"吴郡顾府藏板;陶兰台梓。"卷内有:"金印吉金"等印记。

顾锡畴序。

自序。①

《四库全书》所收录的《迪吉录》版本,删剔了林釬所作的序文,共八卷,分别以"一心普度兆世太平"命卷名,加上卷首一卷,计九卷。"一心普度"四卷为"官鉴",以历史故事为背景阐发为官之人在执政当中的行为规范,而"兆世太平"四卷为"公鉴",则阐述普通公民在公共社会及家庭生活中的行为准则。卷首除序文、目录外,还有"七辨""六祝""三破"等三篇"自问自答"体例的文章,阐明了《迪吉录》的立旨要意,强调人们应当树立信心,持续为善,才可以得到善报,试图扭转日益颓堕的世风。

---

① 王重民撰:《中国善本书提要·子部》,上海古籍出版社,1983 年,第 345 页。

二、颜茂猷思想体现了折中朱王的圆融

一个人的思想形成,是一个不断积累完善修正的过程,但无不受制于其成长的社会环境,特别是从小生活其间的家乡社会气息、文化底蕴。颜茂猷亦然。颜茂猷出生的福建省龙溪县,是漳州府治所在地,朱熹曾经在这里担任知府一年零六天,兴学教化,刊刻《四书集注》,对漳州人的思想意识产生极为深远的影响。而其求学地平和县,则是王阳明奏请设立的县份,当地的百姓始终感念阳明先生的肇建之功,立祠而祀,岁以尸祝。加上明中后期的漳州,学者崇尚王学成为一时风尚,诚如《漳州府志》所记:

> 明自成化以前,姚江之说未兴,士皆禀北溪之教,通经明理,躬修实践,循循乎上接乎考亭,无异师异说以汩之,不亦乐善乎。正德以后,大江东西以《传习录》相授受,豪杰之士翕然顾化,漳士亦有舍旧闻而好为新论者。①

从小生活、学习在家乡漳州的颜茂猷自然深受朱学、王学的共同影响,尤其是"良知之学"。他非常肯定地指出,致良知是圣学嫡传,与儒学的道统精神是完全一致的。② 正如他自述那样:

---

① (清)沈定均修,(清)吴联薰增纂、陈正统整理:光绪《漳州府志》卷30《人物三》,北京:中华书局,2011年,第1338页。

② 从颜茂猷在《云起集》中的一段记录可见。朋石云:"足阳明良知之说甚有功后学。"茂猷曰:"信然。"

吾凡事俱从苦心得来。如文艺一路，潜心顿志亦已多年，无途不走，无弊不经，始粗有见心性内修之法。亦竭平生气力参证先觉，探讨诗书，弥岁弥月，缘性命事切，故不复置其初为也。皆觉其快，继日辄病，盖不得其窍，故往往动火，亦缘太苦故也。尝观《阳明年谱》，得致良知法门，半月无梦，神甚快乐。①

可见，王阳明"良知之学"对颜茂猷一生思想的演变产生了深刻的影响，这是毋庸置疑的。正因如此，他与其他闽中学者一样，试图在折中朱王的道路上，寻找突破口，以求圆融发展。也正基于如此认知，他对阳明心学始终持以正面、肯定的评价态度，在他看来，阳明心学之所以"豪杰之士翕然顾化"，主要原因是当时的朱学已然"流为义学"，而王学的兴起正好可以"救其弊、破其支"。是故在《迪吉录》卷之六的"大度人门"中，颜茂猷以"王阳明性学开关"为题进行叙述：

阳明之学，以万物一体为宗。其《答聂文蔚》一书，曲尽俗学之弊，备写公善之则。且曰："人皆病狂矣，吾得而不病狂乎？人皆丧心矣，吾得而不丧心乎？"所以毕世叫呼，委身度人，愿重力猛，无时休歇也。人但怪其排击朱子，不无胜心，此亦是火气未净处。孟子而下，不能无之，安可掩其开天辟地之功也哉？自陆子静以德性立教，于义利王伯最为吃力，而学者多不紧严，

① 吴震：《颜茂猷思想研究》，东方出版社，2015年，第282页。

故朱子引绳切墨，救其狂。自朱学流为义学，见解日渐纷歧，操履日渐傀儡，故阳明剖肝析胆，破其支。皆是圣贤不得已苦心，其于师世淑人，各有攸当也。①

在肯定阳明心学的同时，颜茂猷对朱子的学术、文章乃至人格同样给予高度赞誉，认为儒学传统之所以能够得以维持而不失，且呈现"如日中天"之势，皆赖于"朱子之教"。在《迪吉录》卷之六的"大度人门"中，以"朱子弘毅持世"为题，对朱子学进行评判：

朱子力行规矩甚严，为后学所不便，故今时显然骂为迂阔。不知当理学大明，摸心拟性之世，而旷脱厌弃机关即伏于此，非朱子撑持一番，则溃裂久矣。当时禁道学、籍伪学、指邪气，其群闹者有韩侂胄之优人，有林粟之伐异，有王淮、陈贾之修怨，六经孔孟，为世大禁，正心诚意，为上厌闻。绳趋矩步之士屏气伏息，趋炎软节之徒自名他师。而熹独以身担道，不黩不竦，表章无遗书，汲引无虚日。札子封事，抉髓洞胸；社仓荒政，救焚拯溺。处进退则一步不苟，撄谗谤则百折自如，淑后学则多贤竞出，严律身则四勿不违。故虽攻击者众，而德望犹足以弹压之。屈于一时，伸于后世。邹、鲁、濂、洛之学，如日中天，固朱子之教也。②

---

① （明）颜茂猷撰：《迪吉录》卷6《公鉴二》，国家图书馆藏明刻本，公鉴二第10页。
② （明）颜茂猷撰：《迪吉录》卷6《公鉴二》，国家图书馆藏明刻本，公鉴二第9页。

从中，我们不难看出，在颜茂猷"度人劝善"的认知中，无论是王阳明的"师世淑人"，还是朱熹的"救焚拯溺"，是相通、一致的，他既充分肯定王学的价值，又力图维护朱学的尊严。正因如此，他在自己设问"朱王同异"的自答中，如是说：

> 今不问朱王同异，但求实有入手处，可修可证，又须以二尊师之心为心，然后于读书为无负耳。①

认为学界不应刻意去追问"朱王异同"，重要的是"须以二尊师之心为心"为要，调和圆融，才能不负对圣学道统的追求。也唯有如此，才不至于发生"顾指失头，杀牛放蚁"的谬误。可见，颜茂猷的学术主张、思想立场是倾向于折中朱王，但同时不忘对朱王各自流弊提出批评意见，认为二者应当相辅相成，切不可相互诋诽，甚至提出"致良知之说以辅佐朱子则可，以之攻朱子则同室操戈，是断不可"②的观点。因此，颜茂猷的劝善思想，源自于阳明心学，同时他又对王学进行批评、反省、吸收，特别是对晚明心学末流的"宽于收流俗，而苛于求圣贤"③进行批判。

三、颜茂猷思想突出了儒学宗教化的建构

任何一种得到社会普遍认可、尊崇的主流意识形态，都不是先

① （明）颜茂猷撰：《迪吉录》卷6《公鉴二》，国家图书馆藏明刻本，公鉴二第10页。
② 吴震：《颜茂猷思想研究》，东方出版社，2015年，第161页。
③ （明）颜茂猷撰：《迪吉录》卷6《公鉴二》，国家图书馆藏明刻本，公鉴二第16页。

验形成或是上天赋予的，而是人们在特定社会环境条件下的生活实践锻炼中所培育的传统与习俗，并历经日复一日的不断修正，而逐渐升华形成的一种社会普遍认同的良俗公序，也就是所谓的社会道德秩序。明中后期，随着阳明心学日渐成为"显学"，加上明世宗朱厚熜尊崇道教，笃信善恶报应的理念，从而催生了一股"以道德立说，劝人为善"的思想运动，而且打破了儒家伦理一统天下的格局，呈现儒释道三教混合的趋势，其中既有儒家的伦理说教，也有佛家的轮回报应，还有道家的阴府冥司等观念的融合。加之不少儒家士人积极参与其间，撰写书籍，大肆宣扬"转祸为福之道"的劝善思想，从另一个侧面推动了劝善思想运动的持续发展，并打破了士人精英与凡夫庶民的阶层界限，成为一股覆盖普罗大众的新思潮。"五经进士"颜茂猷就是这批儒士的突出代表之一。

应该说，劝善思想并非明末才创新产生的。溯源追本，"劝善"一词，最早出现于儒家经典《左传·成公四十年》的"《春秋》之称，微而显，志而晦，婉而成章，尽而不污，惩恶而劝善，非圣人谁能修之"。善恶相报应的观念也时常散见于《周易》《尚书》等先秦儒家的经典中。换而言之，善恶相报早已为人们所认识，并一直存在于中国传统文化的认知体系之中，只是到了明末清初，这一观点尤为凸显而已。因此，在《迪吉录》一书中，颜茂猷基于坚信天堂、地狱等鬼神世界的存在是"实有此理"，而对"善恶相报"这一观点又进一步扩充、阐发，将其"令流俗惊觉""使民惧罪"的社会教化功能，与儒家神道设教的政治策略，视为具有同样效应的教化作用。于是，他便"更多的汲取道佛两教的思想资源，将'趋吉避凶''天地一气'之观点与佛

道的'冥司'理论、'因果轮回'之思想糅合在一起,形成了一种以三教之信仰为基本形态的劝善理论"。① 可见,正是宗教化的儒学支撑起以道德劝善观点为基础的《迪吉录》一书的轮廓。

作为"五经中式"的儒士,颜茂猷对儒家学说可谓是熟稔于心,应用自如,于《迪吉录》中处处可见,甚至可以说,是借由道佛两家的"话头"来推动劝善运动,以求达成治国平天下的儒士"外王"之目标,构建儒家万物一体的理想社会。鉴于此,本文就不开列《迪吉录》中所引用儒家的思想要义。书中,颜茂猷不时引用一些荒诞鬼怪的故事来叙述善恶相报的观点。如,在《迪吉录》卷之二《官鉴二》的"权要门"中,颜茂猷列举了"王鉷害杨慎矜被诉族诛":

> 唐监察御史王抡为朔方节度判官,乘驿,在途暴卒,而颜色不变,犹有暖气,惧不敢殡。凡十五日复生,云:至冥司,与冥吏语,冥吏悦之,立于房内。吏出,抡试开其案牍,乃杨慎矜于帝所讼李林甫、王鉷也,已断王鉷族灭矣,于是不敢开,置于旧处而谒王。王庭前东西廊下皆垂帘,坐抡帘下,慎矜兄弟入,见王称冤。王曰:"已族王鉷,即当到矣。"须史,锁鉷至。兼其子弟数人,皆械系面缚,七窍流血,王令送讯所。于是与慎矜同出,乃引抡即苏。月余,有邢鉷之事,王鉷死之。②

此则故事在《太平广记》卷一百二十《报应(冤报)》中亦有记述,

---

① 吴震:《颜茂猷思想研究》,东方出版社,2015年,第109页。
② (明)颜茂猷撰:《迪吉录》卷2《官鉴二》,国家图书馆藏明刻本,官鉴二第18页。

而颜茂猷却将这则古代鬼怪小说历史故事,以正儿八经的态度引之。在他看来,一个掌管因果相报、扬善惩恶的"冥司"世界是"实有此理"存在于人们的精神家园之中,并且相仿人世间的种种社会、政治、司法生态,规范行为准则,让人听闻起来,无不竦然,从而起到"使民惧罪"的社会教化功能。正如其在这一事例之后的按语评述所言:

> 未及李林甫,何也?岂林甫仙官降世,报犹未艾耶。人臣当其舞权弄势,炙手可热,孰知冥冥之中已先褫其魄哉。观此能不竦然?①

这一惩恶的事例,确实令人"观此无不竦然"。颜茂猷同样通过描述"冥司"世界的官吏裁断,以案释理,以案扬善。如,在《迪吉录》卷之一《官鉴一》的"奏疏门"中,列举了"卫仲达疏谏工役塞其恶业官至尚书":

> 仲达初为馆职,被摄至冥司,冥司命吏具呈善、恶二录,比至,则恶录盈庭,善录才如筋小。官色变,索秤称之,既而小轴,乃能压起恶录,官喜曰:"君可出矣。"仲达曰:"某未四十,安得过恶如是之多?"官曰:"不然。但一念不正,即书之,不待其犯也。"曰:"然小轴中所书何事?"官曰:"朝廷尝大兴工役,修三山石桥,君上疏谏止之。此谏稿也。"曰:"某虽言之,朝廷不从,何

---

① (明)颜茂猷撰:《迪吉录》卷2《官鉴二》,国家图书馆藏明刻本,官鉴二第18页。

益?"官曰:"朝廷虽不从,然念之在君者已是,向使听从,则君善力何止如是,将见乘此而获度世矣,安得而摄君邪? 奈恶念太多,力已减半,不可复望大拜。"后果止于吏部尚书。[1]

颜茂猷依旧应用"冥司"世界官吏以"一念不正即为恶,正念之在即为善"的法则来判断是非,以"善力分量"来衡量因果相报的"福祸",并将这一报应的结果反映在"现实"世界之中,使得"冥司"世界与"现实"世界彼此交叠、相互影响,从而达成启迪人心、教化社会的功效。

四、结 论

漳州籍进士颜茂猷是明季一位劝善思想家。从他的著作《迪吉录》中,可以洞察其思想倾向:在批评性地吸收阳明心学中,试图折中朱王而圆融发展,又不忘对朱王各自流弊进行批评;同时以儒学宗教化的手段,糅合儒释道三教,依托一个与真实世界彼此交叠、相互影响的"冥司"世界,借助历史事件来阐述善恶相报的观点,宣扬"为善由己,报应在天"的劝善思想,从而扭转堕落的世俗人心和重整混乱的社会秩序,达成治国平天下的儒士"外王"之目标,构建儒家万物一体的理想社会。

颜茂猷还以知行合一的态度,将《迪吉录》的劝善思想作为救赎乡村社会的抓手,付诸实践。在家乡漳州成立了一个以"培育善人"

---

① (明)颜茂猷撰:《迪吉录》卷 1《官鉴一》,国家图书馆藏明刻本,官鉴一第 9 页。

为目标的地方性讲会组织"云起社",开展学问切磋,强调行善实践,改变地方风俗,着力推动劝善运动。云起社还建立了一套非常严密的组织架构,不仅制定了"会约""会规",并在总社之下,设有树品会、经济会、修真会、善缘会、博雅会等五个分会,由当地一些有名望的乡绅来担任。颜茂猷试图通过组建"云起社",希望将儒家齐家治国平天下、重整社会秩序的"外王"理想置于劝善运动中来落实,体现了一种儒士的"心怀天下"家国情怀。在重视弘扬传承中华传统优秀文化、创建新时代文明实践中心的今天,颜茂猷的劝善思想及其《迪吉录》中的不少观念,依然值得我们参考借鉴。

注:本文发表在《福建史志》2020年第3期。

李增功绩及其与王阳明关系考

《王阳明全集》中,王阳明在奏疏、公移中多次提及一位漳州籍部将李增。李增于明正德年间执掌广东乐昌,是王阳明在南赣平乱期间的部将,因有功而官民立祠祀之。鉴于目前学界对王阳明的闽人部将事迹少有挖掘,本文以李增为个案,期望对拓展福建阳明地域文化的研究视野有所助益。

一、李增其人

李增(生卒不详),字君受,号南波,福建漳州府海澄县七都(今漳州市龙海区东泗乡渐山村)人。明弘治十三年(1500)龙溪学岁贡[1],正德十年(1515)任广东乐昌知县。著有《易经折中》。

据《渐山李氏族谱引》的《渐山世泽考》记载:

> 八世三房正加,讳增,字君受,号南波。由龙溪庠应弘治十三年贡。文林郎,广东乐昌县知县。扫除猺贼,辨黄圊民之冤,全活其众,县人追思,置田立石塑像,崇祀《韶州志》传,为名宦。有《易经折中》传世。[2]

---

① (清)吴宜燮修,(清)黄惠、李畴纂:《乾隆龙溪县志》卷14《选举志》,上海书店出版社编:《中国方志集成·福建府县志辑》第30,上海书店出版社,2000年,第155页。《志》载:"贡生。李增,十三年,乐昌知县,有政声。"
② 《渐山李氏族谱引》,清光绪年间修撰,龙海市图书馆藏本,第57页。

由此可知,李增系龙海渐山李氏八世三房人氏。其祖上李氏一世肇基祖李永福于宋景定初年(1261)从海澄县月港南溪太江村迁徙至此定居,繁衍生息。渐山自龙溪九龙岭数折而来,巍峰特耸,雄钜中倍呈森秀,"山下人民辐辏,李氏其著姓者,自国(明)朝以来文物最盛"①。可见,渐山是一个人杰地灵的地方,而繁衍于斯的李氏一族,人才辈出。李增便是其中一员,《乾隆海澄县志》记曰:

> 李增,七都人,龙溪学,(弘治)十三年岁贡,乐昌知县。徭贼作乱,亲入其巢抚平之。祀名宦。②

除了县志有所着墨缕述之外,光绪《漳州府志》也更为详细地介绍了其生平功业:

> 李增,字君受,海澄人。由岁贡生任乐昌令,时九峰贼高快马等啸聚,环其地,数千里莫不被其毒。广东、江西、湖广为之骚然。增单骑诣贼垒招抚之。知不可,即练兵为防御计。正德间,流寇围攻邑城,增开门迎敌,追至覆船岗败之。明年,贼造大车载五十人,凭城而登,功邻邑乳源告急,增赴救,又败之。越岁,三省会剿,楚兵执平民诬为盗,增白兵备道王大用亲验,省释者数百人。守御征剿俱有法,贼亦旋为扑灭焉。初增之未

———————

① (明)罗青霄修纂,福建省地方志编纂委员会整理:万历《漳州府志》卷30《海澄县·舆地志》,厦门大学出版社,2010年,第1184页。

② (清)陈锳、王作霖修,(清)叶廷推、邓来祚纂:乾隆《海澄县志》卷9《选举》,上海书店出版社编:《中国方志集成·福建府县志辑》第30,上海书店出版社,2000年,第499页。

仕也,奋志力学,湛于《易》理,时或聚徒讲明礼教,思以移风易俗,而建义学、筑石堤、盖邮亭,则又能为德于乡云。①

同样,李增仕宦地的广东乐昌,其《韶州府志》《乐昌县志》亦均记载其相关业绩,如同治《韶州府志》载述:

> 李增,龙溪人。正德十年由岁贡知乐昌县,先是邑东西诸山猛寇啸聚,流毒三省。增至,训兵缉捕,所向皆克。后流贼千余攻城,增开门迎敌,败走之。明年,三省合兵会剿,湖兵执黄圃民诬以为贼,增白兵备王大用。令至营中亲验,民一见相持痛哭,乃俱得释放。后大用迁学于城内,增竭力相之。民为大用立生祠,以增配享,祀名宦。②

无论是李增的出生地,还是仕宦地的志书记载,几近相同。均称赞其为官为民,剿贼平乱安民、甄别平反冤民、诞敷礼教乐民三功,民皆感念,立祠为祀。

二、李增其功

李增为官任职期间,兢兢业业,勤于立政安民,取得不少功业,主要表现有三:

---

① (清)沈定均修,(清)吴联薰增纂,陈正统整理:光绪《漳州府志》卷31《人物四》,中华书局,2011年,第1363页。

② (清)林述训、额哲克、张作彦、段锡林总修,(清)单兴诗总纂:同治《韶州府志》卷28《官绩志》,韶城万竹园,清同治甲戌(1874)年,第28卷第22页。

(一)剿贼平乱安民

面对汹汹的"猺寇啸聚",李增非常清楚征剿平乱是"头等大事"。上任伊始,李增就俯身倾听民声,摸清乱情底细,洞察到所谓的"山贼",更多的因为官府管控不力,被迫而为之,并非心甘情愿与贼为伍。于是,李增便积极谋划靖寇息乱的策略,先是以过人的胆识,单枪匹马深入山贼巢寨,与贼交流,欲以招抚的形式,规劝山贼自食其力,改良从善。经过几番的努力和试探,结果是"蒙抚谕,将贼首高仲仁(高快马)、李宾(李斌)给与冠带,重设瑶官。未宁半月,仍前出劫"①,李增彻底看清贼首"豺狼之心,贪噬无厌;阳虽听招,阴实肆毒"②的真面目和贼徒"瞻前顾后,患得患失"的无奈,冥顽不化,招抚不了,当即转变平乱策略,加紧操兵训练,修葺器械战具,为长远安定而早做备战之务实。之后的实践证明,李增之所以取得征剿的胜利,与其提早备战不无关系。

明正德十一年(1516),乐昌贼首高快马、李斌等与江西上犹庞文亮、湖广郴州龚福全等"猺寇"联络纠合,并自恃有巢穴险固之势,肆意聚众行劫,为害一方。李增缜密运筹、协调多方,取得湖广郴、桂等处官府的支持,彼此配合,调度兵力,围剿征讨,虽有一时息乱之成效,但仍多有漏殄未除。

明正德十二年(1517)二月,贼首高快马纠集一批山贼,攻打劫掠城南外围村庄,李增当即召集乡兵、打手以及民壮,兵分两部,一

---

① (明)王守仁撰,吴光、钱明、姚延福编校:《王阳明全集》卷9《别录一》,上海古籍出版社,2011年,第349页。

② (明)王守仁撰,吴光、钱明、姚延福编校:《王阳明全集》卷10《别录二》,上海古籍出版社,2011年,第361页。

部坚守城池,以防不测;另一部则伺机出击,奋勇与贼交锋,杀伤贼徒30多名,夺回被虏群众32名,逼退山贼的围攻,纾解贼患。同时,还侦探得知贼首高快马等纠合600多名强盗、贼徒出劫害民的警讯,先下一手,即刻召集打手、兵壮等精兵强将,主动出击,率部前去追截抓捕,在云门寺与山贼正面交锋,鏖战多时,最终斩获贼级24颗,生擒贼徒2名,夺获马7匹,打倒了山贼的嚣张气焰。

恰在这时,王阳明奉命巡抚南赣,首战便兵次福建漳州地区,平定漳南之后,旋即谋划征调三省官军,夹剿以横水、桶冈为中心的赣、粤、湘三省交界的山贼,其中包括李增所任职的乐昌县。明正德十二年(1517)九月,乐昌山贼高快马、龚福全等纠结邻县乳源山贼,围攻乐昌县城,知县李增分兵、民为两部,左右出城与贼作战,击之大捷。王阳明在上奏朝廷的《三省夹剿捷音疏》中,亦表:

知县李增(等),或领兵督哨,或追剿防截,类皆身亲行阵,且历艰难,均合甄收,普加旌擢。伏望皇上既行大赏于朝,复沛覃恩于下,庶示激奖,以劝后功。①

明正德十三年(1518),山贼高快马延请师傅设计、制造可承载50多人的大型吕公车②,欲以设备之优势,攻打乳源县城。广东兵备金事王大用及时排兵布阵,围剿追击,山贼只得败逃到乐昌云门

---

① (明)王守仁撰,吴光、钱明、姚延福编校:《王阳明全集》卷11《别录三》,上海古籍出版社,2011年,第417页。

② 吕公车,古代一种巨型攻城战车,车高数丈,长数十丈,车内分上下多层,每层有梯子可供上下,配有破坏城墙设施的器械。相传是由吕公姜尚发明的一种战车。

寺,被早已设伏于此的李增所率民兵四面突击围歼,一时间礌石滚动,呼声震天,撼摇山谷,高快马等山贼被击溃而息。乐昌贼患之乱象,自李增于云门寺一仗而平息,民且安居乐业。故《志书》赞曰:"训兵缉击,患始息","亲提劲兵击之,斩数级,贼惊溃"[①],其靖寇安民之功,载入史册。

(二)甄别平反冤民

明正德十二年(1517)九月,乐昌高快马、蓝友贵等山贼,勾结乳源山贼,纠集贼人上千名之众,攻打乐昌县城,掠官侵民,气焰嚣张,致生灵涂炭。官兵竭力反击,逼退攻城之贼,山贼只得撤退而外逃至粤、湘交界的穷乡僻壤之地——黄圃。黄圃地处乐昌北部,与湖广郴州府宜章县相接连,历来就是兵家必争之地。早在唐代,这里就建有山寨等防御设施:

> 白虎嶂,嶂与香炉峰对峙,上各有石寨,互相犄角。相传唐末流贼滋扰邑人,康护自连州刺史归里,倡建此寨,以护乡人。山有康公庙,黄圃人至今祀之。[②]

山贼选择黄圃山区一带,还有一个重要原因:两省接壤,彼此之间有间隙,难以形成合力。可见,山贼早已做好退守藏身的准备,意图以深山密林、险峻巢寨为屏障,与官府继续周旋。巡抚王阳明识

---

① 民国《乐昌县志》卷 14《职官志》,广州市西湖街广益承刊,1938 年,职官下第 2 页。

② 民国《乐昌县志》卷 2《地理志》,广州市西湖街广益承刊,1938 年,地理二,山水第 1 页。

破山贼的计谋,着令韶州府、郴州府集合粤、湘二省之兵力,左右夹击,以求全胜。知县李增在兵备佥事王大用的指挥下,率领乐昌官兵奋力追击,兵临黄圃。

在此期间,发生了一起令人痛心的事,所幸李增坚持实事求是,视民如伤,谨慎稳妥处理,以致救民数百人。当广东乐昌、湖广宜章两地官兵以夹攻之势,对山贼实施碾压式的有效包围,山贼们已然成为"困兽之斗",只需逐步缩小包围圈,即可完胜。然而就在这时,湖广宜章县官兵一方面听信宜章莠民的挑拨离间,挟嫌嫁祸,认定黄圃为贼寨穴巢;另一方面邀功心切,认定被围困的千余名黄圃乡民有通匪之嫌,皆为贼党,应与山贼同罪而诛。而湖广领军也听信宜章方面的意见,未加辨明事实,便下令将数百名未登户籍的黄圃乡民全部诛杀。

对于湖广方面的处置办法,李增认为黄圃乡民未必皆为山贼,不可轻率处置,一杀了之,遂及时向广东兵备佥事王大用陈情禀告,以取得广东领兵的支持。为慎重起见,王大用委派乐昌知县李增务必亲自到黄圃实地走访甄别清楚,不得有误。李增以乡人邓朝瑛为向导,率兵攻入贼巢,生擒数百名山贼以及被胁乡民。通过一一审问辨别,确认真正为贼者仅有 26 人,余者皆是被诬蔑为山贼的无辜者,当场释放,还以黄圃乡民一个清白。乡民无不感激流涕,群相颂曰:

> 诬者弗释,不如为贼,民何以白?黠者弗杀,地竟为贼,民何以息?释之、息之,是公德、公功,在民宜享血食祠。①

---

① 民国《乐昌县志》卷 23《金石志》,广州市西湖街广益承刊,1938 年,金石下第 12 页。

李 增 功 绩 及 其 与 王 阳 明 关 系 考

朴素的黄圃百姓,感念其视民如伤之德,在黄圃的高粟坝下兴建一座生祠,并塑王大用、李增之像,置有祠田十余亩,"岁以李公诞为鼓乐尸祝之用"①,香火绵延不息。

(三)诞敷礼教乐民

无论古今,主宰一方的执政者的最大业绩,莫过于教化一方,化民成俗。这也是世上最难的事业,正如阳明先生所言"破山中贼易,破心中贼难"。李增执宰乐昌之际,面对日益张狂的汹汹贼情匪患,一方面,组织官兵积极靖寇平乱,以破"山中贼";另一方面,不忘移风易俗,高度重视倡明教化,诞敷文德,以破"心中贼"。

《阳明先生年谱》有记:

> (明正德十二年)九月,先生于是抚谕贼巢,示以未忍一时剿灭之意。盖是时漳寇虽平,而乐昌、龙川诸贼巢尚多哨聚,故先犒以牛酒银布,而深谕之。读谕辞真,令人出涕也。②

深谙"用兵之道,攻心为上"之道的李增,极力发动官府士绅行走乡村间巷,进入山寨巢穴,广泛发布王阳明拟制的《劝谕文》,先设身处地同情山贼之痛苦:"人之所共耻者,莫过于身被为盗贼之名;人心之所共愤者,莫过于身遭劫掠之苦",以"人同此心"的情感,无不怜悯山民"当时去做贼时,是生人寻死路"的无可奈何;再进一步

---

① 民国《乐昌县志》卷23《金石志》,广州市西湖街广益承刊,1938年,金石下第13页。
② (明)王守仁著,(明)李贽编,张山梁、张宏敏点校:《阳明先生道学钞》,厦门大学出版社,2021年,第327页。

晓之以理,规劝山贼们"改行从善,是死人求生路",视同为良民,不追旧恶;同时也正言警告山贼,如不听规劝,一意孤行,官府必将"亲率大军,围尔巢穴",纵是"有翼之虎,谅亦不能逃于天地之外矣",必遭官兵歼之[①],让一时误入歧途的山贼幡然醒悟,部分山贼投诚官府。明正德十二年(1517)九月,乐昌歧田山贼犯龙贵等 12 名、天塘贼犯陈满等 10 名,各自举家赴县衙自首谢罪,同时自动请缨,表示将擒拿同伴的山贼,解押到官府,以示归降投诚之真诚。于是,知县李增以熟悉贼情的龙贵、陈满等投诚新民为向导,先后于同年十一月二十八日、十二月初二日,率兵督战,两次用计诱杀贼犯萧缘、李廷茂等 86 名,收到"以礼劝贼",又"以贼制贼"的双重功效。

明正德十三年(1518),经过一段时间的平乱实践,知县李增通过对山民"因受害而误入歧途,再到为贼而侵害百姓"的深层次探究,洞悉山民暴乱原因的根源在于官府礼教不力,民众教化不及,顽劣不化。于是,在征讨贼寇事务极其繁重之时,李增还是尽全力取得佥事王大用的支持,千方百计筹集资金,动员乡绅出钱出力,于明正德十三年(1518)"迁(乐昌)学宫于北城内"[②],让莘莘学子得以在一个安全、舒适的环境中安心求学,赓续乐昌文脉。每每政暇之余,李增还不忘到学宫讲学明礼,倡明学道,尽力扭转日益颓废的社会风气。

三、李增与王阳明

纵观李增所取得的三大功业,无不与王阳明有着千丝万缕的关

---

① 参考(明)王守仁撰,吴光、钱明、姚延福编校:《王阳明全集》卷 33《年谱一》,上海古籍出版社,2011 年,第 1372~1373 页。

② 民国《乐昌县志》卷 19《大事记》,广州市西湖街广益承刊,1938 年,大事记第 5 页。

联。李增于明正德十年(1515)执掌乐昌县。那时,乐昌隶属广东韶州府(今乐昌市为广东省辖县级市,由韶关市代管,素有"广东北大门"之称),与湖广郴州宜章县接境,邻近江西南安府,壤地相接,山岭相连,乃是粤、赣、湘三省交界地。

　　明代中叶,由于藩王割据、内阁争权、宦官专制等政治腐败现象愈演愈烈,加上商业经济崛起、土地兼并加剧、百姓赋税加重等多种因素叠加,进一步促进社会阶层的分化和矛盾的激化。特别是在闽、粤、赣、湘四省交界的连片山区,由于地理遥远,县治不及,教化无力,以致出现官绅肆意为政,横征暴敛,百姓苦不堪言,许多本是心存善良的民众被逼沦为"山贼",走向与官府为敌的一面。这既是民众的不幸,更是朝廷的悲哀。正德初,福建漳南的詹师富、广东乐昌高快马、江西横水谢志山、湖广郴州龚福全等贼首,时常率众起事,攻城略地,且又彼此勾连,互为犄角,一时狼烟四起,警讯常发,成为朝廷的一大心患,其至《明史》有记:

　　　　当是时,南中盗贼蜂起。谢志山据横水、左溪桶冈,池仲容据浰头,皆称王,与大庾陈曰能、乐昌高快马、郴州龚福全等攻剽府县。而福建大帽山贼詹师富等又起。前巡抚文森托疾避去。志山合乐昌贼掠大庾,攻南康、赣州,赣县主簿吴玭战死。①

　　如此乱象,在李增执宰的乐昌县,有过之无不及。王阳明在《攻

---

① (清)张廷玉等撰:《明史》卷195《列传第八十三》,中华书局,1974年,第5160页。

治盗贼二策疏》中明确指出,其时"广东之乐昌,巢穴相联盘据,流劫三省,为害多年",正德十一年(1517)正月,"一起八百余徒处劫乐昌县,虏捉知县韩宗尧,劫库劫狱";七月,"千数余徒,出劫乐昌及江西南康等县,拒敌官军"。次年(1518)二月,"东山贼首高快马等八百余徒,在地名柜头村行劫","乐昌县山峒苗贼二千余众出到九阳等处搜山捉人,未散;又报东西二山首贼发票会集四千余徒,声言要出桂阳等处攻城";四月,"上犹贼首谢志珊纠合广东贼首高快马,统众二千余徒,攻围南康县治,杀损官兵"……①乐昌山贼勾结相邻的粤、赣、湘贼徒,频繁围攻城池,敌杀官兵,焚烧屋庐,奸污妻女,气焰嚣张日甚,百姓深受其荼毒,以致烽火连天,乱象遍地,社会动荡,民不聊生。

对此,《虔台续志》略述介绍乐昌县一文中,指出:"乐昌县……高胜、黄圃及九峰、罗家渡巡检司四所,弓兵各如制……旧为贼首高快马、龚福全、李斌、雷伯全等巢穴。"②当地的《韶州府志》《乐昌县志》亦有所记载,如:

> 明正德九年(1514),东莞贼袁周等入乐昌,与高快马合。
>
> 明正德十二年(1517)九月,九峰贼高快马等攻乐昌城,知县李增击败之。时乳(源)贼结高快马、龚福全、李斌、蓝友贵等千余人寇昌攻城,知县李增分兵、民两部击之,大捷。

---

① 参考(明)王守仁撰,吴光、钱明、姚延福编校:《王阳明全集》卷9《别录一》,上海古籍出版社,2011年,第346～349页。

② 黄志繁主编,刘敏点读,刘松校对:《虔台续志》卷1,江西高校出版社,2018年,第26页。

明正德十三年(1518),是年,山贼高快马攻乳源,王大用剿平之。①

可见,漳人李增是在乐昌乱象丛生的特殊艰困时期担任知县的,可以说是受命于危难之时。李增执宰乐昌的六年期间(1515—1521),恰逢王阳明任都察院左佥都御史,奉命巡抚包括广东韶州在内的"八府一州"②地方,乐昌即为其中一县。明正德十一年(1516)十月二十四日,朝廷给王阳明的敕谕曰:

> 尔前去巡抚江西南安、赣州,福建汀州、漳州,广东南雄、韶州、惠州、潮州各府及湖广郴州地方。抚安军民,修理城池,禁革奸弊。③

直到明正德十六年(1521)六月十六日,王阳明"奉世宗敕旨,以'尔昔能剿平乱贼,安静地方,朝廷新政之初,特兹召用。敕至,尔可驰驿来京,毋或稽迟'。先生即于是月二十日启程,道由钱塘"。④ 由此结束了其四年多巡抚"八府一州"的经历。可见,王阳明总制韶州

---

① 民国《乐昌县志》卷19《大事记》,广州市西湖街广益承刊,1938年,大事记第5页。

② "八府一州"是指:江西南安、赣州,福建汀州、漳州,广东潮州、惠州、南雄、韶州各府以及湖广郴州。

③ (明)王守仁撰,吴光、钱明、姚延福编校:《王阳明全集》卷9《别录一》,上海古籍出版社,2011年,第330页。

④ (明)王守仁撰,吴光、钱明、姚延福编校:《王阳明全集》卷34《年谱二》,上海古籍出版社,2011年,第1414页。

军政事务的四年多期间,李增都在其管辖的属县担任知县。换言之,李增于乐昌所立之功业,都是在王阳明麾下取得的事功。"一切行动听指挥"是战争取胜的永恒铁律。李增作为王阳明的一名部将,始终十分忠实、不走样地执行王阳明所推出的一系列征寇战术策略。如明正德十二年(1517)五月,以弭盗为本,在乐昌全境全面推行"十家牌法",既切断山贼与民众之间的联系,又能查明社情民意。此外,李增还积极配合王阳明的进剿策略,在三省官兵未集合完毕之时,采取以抚为主的策略,以缓其势,以待军兵,为靖寇平乱赢得时间。

王阳明对李增执掌乐昌平息贼乱的业绩亦是颇为满意。正德十二、十三年(1517、1518)期间,王阳明在给朝廷的《攻治盗贼二策疏》《类奏擒斩功次疏》《三省夹剿捷音疏》等三份奏疏及《批将士争功呈》中,先后有9处提及乐昌知县"李增",并多有褒奖,上疏奏请"旌擢"。此外,在《虔台续志》中也对这段大事记曰:

戊寅十三年(1518)会兵剿乐昌诸寇,平之。

乐昌县巨寇高仲仁、李斌、吴王氘等攻劫郡县。先此镇巡等官上疏三省会兵夹剿,守仁乃议先诱其腹心以为我用,次剪其羽翼,以孤其党。既而贼党龙贵、陈满果挈家赴招,知县李增因之遂擒萧缘、李廷茂等八十三名……①

---

① 黄志繁主编,刘敏点读,刘松校对:《虔台续志》卷3《纪事二》,江西高校出版社,2018年,第101～102页。

由此可言,李增是王阳明巡抚南赣、征寇平乱时期的一名属下"悍将"。

王阳明一生始终坚持随地随时讲学不辍的作风,在南赣平乱军情紧急的情况下,依然如此。正因如此,在其麾下任职的李增自然多有受教,也受益良多。明正德十三年(1518),王阳明还曾就"广东乐昌县知县李增缉获大贼首李斌,与湖广永州府推官王瑞之间争功"一事,发文《批将士争功呈》,告诫广(粤)、湖(湘)二省官兵:

> 看得迩者大征之举,湖广实首其谋,江、广亦协其力,既名夹攻,事同一体,湖兵有失,是亦广兵之罪,广人有获,斯亦湖人之功。况今贼首既擒,则湖广领哨之官亦复何咎;虽云因虞得鹿,而广东计诱之人亦非无功;但求共成厥事,何必己专其伐,矧各呈词,亦无相远;就如湖广各官所呈,即广人乘机捕获之功居然自见;就如广东各官所呈,则湖官运谋驱逐之劳亦自不掩;获级者匹夫之所能,争功者君子之大耻。[①]

王阳明在给广东、湖广等官员的批复中,要求"彼此同心易气",双方应当同心协力,相互消除怨气。同时批评李增"共成厥事,何必己专其伐?"更进一步点醒李增等部将必须清楚"获级者匹夫之所能,争功者君子之大耻",以实际案例言传身教,让李增在灵魂深处自省反思,深受教诲。其教化弟子的用心之良苦,可窥见一斑。从

① (明)王守仁著,(明)李贽编,张山梁、张宏敏点校:《阳明先生道学钞》,厦门大学出版社,2021年,第158页。

这个意义上说,李增不仅是王阳明麾下平乱的一名"悍将",也是王阳明门下虔诚的一名弟子。

四、余 论

黄宗羲认为:"闽中自子莘(马明衡)以外无著者焉"①,所谓的"粤闽王门",其实只有"粤中王门","闽中王门"几近空白,然这并非真实反映闽地学术思想发展的状况,也与王阳明所言"莆中故多贤"②相抵牾。《漳州府志》亦言:"(明)正德以后,大江东西以《传习录》相授受,豪杰之士翕然顾化,漳士亦有舍旧闻而好为新论者。"③同样,王阳明巡抚南赣期间,对包括福建汀州、漳州一带的社会治理做出重大贡献,特别是漳南地区成为王阳明"立功"的第一站。因此,福建地区有着诸多与王阳明及其阳明学说有关的人、物、事。近年来,随着国家重视弘扬中华传统优秀文化,阳明学成为"显学"。而作为王阳明"两次半"行经的福建,对阳明文化的挖掘、传承、弘扬,却远不如邻近的浙、赣、粤等省份。通过李增这一个案,期许更多学者挖掘闽籍王阳明部将、门生、后学的相关事迹,进一步丰富福建阳明地域文化的内涵。

注:本文发表在《闽台文化研究》2022 年第 2 期。

---

① (清)黄宗羲著,沈芝盈点校:《明儒学案》卷 30《粤闽王门学案》,中华书局,2016 年,第 655 页。

② (明)王守仁撰,吴光、钱明、姚延福编校:《王阳明全集》卷 6《文录三》,上海古籍出版社,2011 年,第 243 页。

③ (清)沈定均修,(清)吴联薰增纂,陈正统整理:光绪《漳州府志》卷 30《人物三》,北京:中华书局,2011 年,第 1338 页。

参考文献

一、文献史料

1.（明）王守仁撰，吴光、钱明、董平、姚延福编校：《王阳明全集》，上海古籍出版社，2011年。

2.（明）王阳明：《王阳明全集》，民主与建设出版社，2014年。

3.（明）王阳明：《王阳明全集》，中国社会科学出版社，2017年。

4.（明）王守仁原著，（明）施邦曜辑评，王晓昕、赵平略点校：《阳明先生集要》，中华书局，2008年。

5.（明）王守仁著，（明）施邦曜辑评，刘宗碧点校：《阳明先生集要三编（黔南今本）》，西南交通大学出版社，2019年。

6.（明）王守仁著，王晓昕、赵平略点校：《王文成公全书》，中华书局，2015年。

7.（明）王阳明：《阳明先生珍稀文献二种》，西泠印社出版社，2018年。

8.（明）王阳明著，王力、孙玉婷点校：《新刊阳明先生文录续编》，孔学堂书局，2020年。

9.（明）王守仁著，（明）李贽编，张山梁、张宏敏点校：《阳明先生道学钞》，厦门大学出版社，2021年。

10.（宋）朱熹、吕祖谦撰，斯彦莉译注：《近思录》，中华书局，

闽中王学研究

2011 年。

11.（明）王阳明著，萧无陂校释：《传习录校释》，岳麓书社，2012 年。

12.（明）王阳明著，叶圣陶点校：《传习录》，北京时代华文书局，2014 年。

13.（明）王守仁撰，王晓昕译注：《传习录译注》，中华书局，2018 年。

14.（明）王时槐撰，钱明、程海霞编校：《王时槐集》，上海古籍出版社，2015 年。

15.（明）李材：《见罗李先生正学堂稿》，北京大学《儒藏》编纂与研究中心编：《儒藏》精华编二六二，北京大学出版社，2010 年。

16.（明）张元忭撰，钱明编校：《张元忭集》，上海古籍出版社，2015 年。

17.（明）薛侃撰，陈椰编校：《薛侃集》，上海古籍出版社，2014 年。

18.（明）聂豹著，吴可为编校整理：《聂豹集》，凤凰出版社，2007 年。

19.（明）马思聪、马明衡、马朝龙著，王传龙、何柳惠编校：《莆田马氏三代集》，武汉大学出版社，2018 年。

20.（明）黄道周撰，翟奎凤、郑晨寅、蔡杰整理：《黄道周集》，中华书局，2017 年。

21.（明）林希元撰，何丙仲校注：《林次崖先生文集》，厦门大学出版社，2015 年。

22.(明)李廷机著,于英丽点校:《李文节集》,商务印书馆,2019年。

23.(明)谈迁著,张宗祥校点:《国榷》,中华书局,1958年。

24.(清)邵廷采著,祝鸿杰点校:《思复堂文集》,浙江古籍出版社,2012年。

25.(清)黄宗羲著,沈芝盈点校:《明儒学案》(修订本),中华书局,2016年。

26.(清)谷应泰撰:《明史纪事本末》,中华书局,2015年。

27.(清)李清馥著,徐公喜、管正平、周明华点校:《闽中理学渊源考》,凤凰出版社,2011年。

28.(明)郑善夫著,郑宜恺主编:《郑少谷先生文集》,1995年重刊。

29.(元)脱脱等撰:《宋史》,中华书局,1977年。

30.(清)张廷玉等撰:《明史》,中华书局,1974年。

31.薛国中、韦洪:《明实录类纂(福建台湾卷)》,武汉出版社,1993年。

32.(明)陈洪谟修,(明)周瑛纂,张大伟、谢茹芃点校:《大明漳州府志》,中华书局,2012年。

33.(明)闵梦得修,政协漳州市委员会整理:《万历漳州府志》,厦门大学出版社,2012年。

34.(明)罗清霄修:《漳州府志》(万历本),厦门大学出版社,2010年。

35.(清)沈定均修,(清)吴联薰增纂,陈正统整理:《光绪漳州府

闽中王学研究

志》,中华书局,2011 年。

36.《宓庵手抄漳州府志》,漳州市图书馆影印本,2005 年。

37.(清)张琦修,(清)邹山、蔡登龙纂:《康熙建宁府志》,上海书店出版社,2000 年。

38.黄剑岚主编,黄超云校注:《镇海卫志校注》,中州古籍出版社,1993 年。

39.(清)王相修,(清)昌天锦等纂:《平和县志》,福建人民出版社,2016 年。

40.(清)黄许桂主编,(清)曾洋水纂辑:《平和县志》,厦门大学出版社,2008 年。

41.平和县地方志编纂委员会:《平和县志》,群众出版社,1994 年。

42.《乾隆龙溪县志》,上海书店出版社编:《中国方志集成·福建府县志辑》,上海书店出版社,2000 年。

43.《乾隆海澄县志》,上海书店出版社编:《中国方志集成·福建府县志辑》,上海书店出版社,2000 年。

44.南靖县地方志编纂委员会整理:乾隆《南靖县志》,南靖县印刷厂承印,1992 年。

45.南靖县地方志编纂委员会整理:民国《南靖县志》,南靖县印刷厂承印,1994 年。

46.(清)方履篯、巫宜福修纂,福建省地方志编纂委员会整理:《道光永定县志》,厦门大学出版社,2012 年。

47.(清)蒋廷铨纂修,唐鉴荣校注,上杭县地方志编纂委员会整理:《康熙上杭县志》,鹭江出版社,2014年。

48.黄恺元等修,邓光瀛等纂:民国《长汀县志》,长汀城区印刷合作社铅印本,1941年。

49.(清)陈汝咸修,林登虎等纂,陈梦林续纂,漳浦县方志委整理点校:《漳浦县志》,1986年。

50.(清)董天工编,武夷山市地方志编纂委员会整理:《武夷山志》,方志出版社,2007年。

51.漳浦县政协文史资料征集研究委员会编:《漳浦县志》(清康熙志·光绪再续志点校本),金浦新闻发展有限公司承印,2004年。

52.(清)张懋建修,(清)赖翰颙总辑,长泰县地方志编纂委员会:乾隆《长泰县志》(庚午版重印本),漳州市芗城区振兴印刷有限公司承印,2008年。

53.(民国)刘超然、吴石仙主修,郑丰稔、衷干修纂,武夷山市地方志编纂委员会办公室整埋:《崇安新县志》,鹭江出版社,2013年。

54.翁国梁:《漳州史迹》,福建协和大学书店,1935年。

55.黄志繁主编:《重修虔台志》,江西高校出版社,2018年。

56.黄志繁主编:《虔台续志》,江西高校出版社,2018年。

57.徐泉华点校,余姚市史志办公室编:《光绪余姚县志》,线装书局,2019年。

58.姚江书院弟子编,谢建龙点校:《姚江书院志》,宁波出版社,2020年。

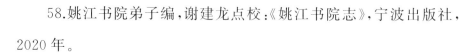

二、研究著作

1.梁启超:《王阳明传》,新世界出版社,2018年。

2.陈荣捷:《王阳明〈传习录〉详注集评》,重庆出版社,2017年。

3.吴光、张宏敏、金伟东:《王阳明的人生智慧》,中国方正出版社,2016年。

4.柯兆利:《阳明学案》,香港人民出版社,2005年。

5.束景南:《王阳明年谱长编》,上海古籍出版社,2017年。

6.钱明:《王阳明及其学派论考》,人民出版社,2009年。

7.李伏明:《江右王门学派研究》,江西人民出版社,2017年。

8.张宏敏:《台州阳明学研究》,上海古籍出版社,2021年。

9.诸焕灿:《阳明先生年谱引证》,浙江古籍出版社,2018年。

10.傅秋涛:《李卓吾传》,湖南人民出版社,2007年。

11.吴震:《颜茂猷思想研究》,东方出版社,2015年。

12.杨正泰:《明代驿站考》(增订本),上海古籍出版社,2006年。

13.史革新:《清代理学史》,广东教育出版社,2007年。

14.郑礼炬:《明代福建文学结聚与文化研究》,人民文学出版社,2015年。

15.邹建峰:《阳明夫子亲传弟子考》,中国社会科学出版社,2017年。

16.焦堃:《阳明心学与明代内阁政治》,中华书局,2021年。

17.王重民:《中国善本书提要》,上海古籍出版社,1983年。

18.郑晨寅:《黄道周与朱子学》,中国社会科学出版社,2021年。

19.张哲民:《从铜山到漳浦——黄道周入仕前经历考辨》,福建人民出版社,2021年。

20.张山梁:《心灯点亮平和》,中国文史出版社,2016年。

21.张山梁:《王阳明读本——"三字经"解读本》,福建人民出版社,2018年。

22.邱进春:《明代江西进士考证》,中国社会科学出版社,2015年。

23.陶道强:《明代监察御史巡按职责研究》,中国社会科学出版社,2017年。

24.郑云:《海丝申遗话月港》,厦门大学出版社,2015年。

25.杨征:《平和窑》,海峡书局,2014年。

26.张品端主编:《朱王会通:朱熹与王阳明比较研究》,厦门大学出版社,2018年。

27.南平市对外文化交流协会、武夷山朱熹研究中心、福建省环球标志文化研究中心编:《朱子文化大典》,海风出版社,2011年。

28.福建省政协文化文史和学习委员会编,周建华、刘枫编著:《王阳明与福建》,福建人民出版社,2020年。

29.李安军主编:《萧萧总是故园声——王阳明与余姚》,西泠印社出版社,2017年。

30.王程强编:《知行合一:王阳明咏良知手迹》,河南美术出版社,2016年。

31.平和县政协主编:《王阳明与平和》,中国文史出版社,2018年。

闽中王学研究

32.王茂芳、赖惠华主编:《王师若雨时》,中国文史出版社,2015 年。

33.凌礼湖、李敏主编:《李贽其人》,香港天马图书有限公司,2002 年。

34.方诗铭、方小芬编著:《中国史历日和中西历日对照表》,上海人民出版社,2007 年。

后　记

　　壬寅初春,窃借由多年积累之 40 余篇散文、随笔等习作汇总结集,分风物、风情、风俗三帧,付梓海峡文艺出版社,以《和风》为名刊印出版。心中暗自盘算筹划,延后若干春秋,再将这些年来探微索隐阳明文化的学术性文稿统合成册,对应取名为《心语》。这一鄙陋之想法,权为人生阶段性的一种设想与规划,虽谈不上志向,但也是一股激励不才不断前行的动力。

　　今年是阳明先生 550 周年诞辰。仲夏之际,恰逢一难得机缘,于是便提前将愚近年来的 20 篇论文结集成册,并采纳浙江省社科院宏敏道兄之议,取名《闽中王学研究》,分为五篇:阳明学与福建、阳明学与漳州、阳明学与平和、王阳明研究、阳明后学研究。岁结二果,吾心惶恐至极,只因文稿粗鄙,见识浅陋,观点陈旧,多有滥竽充数之嫌。然面对"(开展阳明文化活动),我们福建没人啊,这是我们福建的悲哀呀"之偏见与质疑,加上省、市、县委宣传部诸领导对挖掘、传承、弘扬福建阳明地域文化的重视与支持、鼓励与鞭策,遵循良知之发见,鼓起草根之勇气,与厦门大学出版社磋商相关事宜,以求年底出版发行。是的,以愚之鄙陋文稿,如若引来诸多道友的指教,乃至批评、批判,辨析明白闽中王学之要义,从而助推闽中王学的发展,绽放福建阳明地域文化之光彩,或许不失为一桩幸事。

　　如所周知,"闽中王学"一词源自《明儒学案》之"闽粤王门学案",然黄宗羲先生却认为"闽中自子莘以外无著者焉",闽中王门只以马明衡一人带过而已,"闽粤王门学案"实为"粤中王门学案"。尽管这一说法并不符合闽地阳明学发展之态势,然古有如此之见,今之大体亦循如是。于是乎,前之偏见自是无奇也。或许这是泛泛之见,无须究其细致吧。当是时,闽中王门除了马明衡之外,还有郑善夫、陈国英、丘养浩等门生子弟,之后有李贽及"漳州五贤"等阳明后学;现代更是群星璀璨,江夏学院、漳州职业技术学院等高校相继设立专门学术机构,成立朱子学会阳明学专业委员会……这些都是滋润吾心吾闻、吾见吾文的营养。

平和既是阳明先生经略、过化、存神之地,亦是其最早奏请添设的县份。阳明学与平和、与漳州、与福建的关系,是探究、了解平和历史文脉永远绕不开的课题。为此,愚以不惑之年激荡不惑之见闻、不惑之觉悟,始终围绕和邑、漳郡、闽地这一特殊区域,展开对阳明先生的行经、过化,及其门人、后学莅闽之经略、传播的考察,从中挖掘了一些鲜为人知的史实,引来学界的侧目关注,不少专家学者莅和邑漳郡闽地考察探微,进而阐发真知灼见,为"闽中王学"注入新观点、新论断。同样,愚也借以"他山之玉",对福建阳明地域文化再思考、再破题。文字是心志的流露和思想的表达,绝非满足耳目娱乐的陈述。正是自己多年以来坚持而成的读书、求证、省思、写作的习惯,经过累年经月的思辨与沉淀,加之职场磨砺与学海遨游,才有了与他人交流的感知。于是乎,就有了《闽中王学研究》的结集,这既是笔者执着良知之学的收获,也是传播阳明文化的本然。或许这是闽南后学表达对阳明先生景仰、追随的一种敬意方式,至少我是这样认为的。

作为阳明文化爱好者的我,最初涉足的便是王阳明与平和渊源关系的研究,便就有了第一部专著《心灯点亮平和》的出版,被钱明研究员誉为"福建省县域阳明学研究的首部论著",紧接着在恩师吴光先生的斧正之下,创作了《王阳明读本——"三字经"解读本》,点校了闽南先贤李贽的《阳明先生道学钞》,撰写的20多篇论文,同样凸显福建地域特色。愚之拙文之所以得于发表,自认为得益于闽地这片沃土的滋养,得益于阳明先生"两次半"的行经,得益于阳明后学莅闽的足迹。所以,感恩于闽地、漳郡、和邑。在这期间,既得到厦门大学、闽南师范大学、江夏学院等省内高校专家学者的指导,也得到浙、赣、黔、粤、陕等外省专家学者的鼓励,正是他们无私的教诲与诚心的呵护,使得《闽中王学研究》得于付梓。

感谢中国明史学会会长、厦门大学教授陈支平屈尊为文集作序,以添书重,同时他还在不同场合推荐拙作《王阳明读本——"三字经"解读本》,以增书香。感谢恩师吴光研究员、南京大学李承贵教授的评述与推荐。此书的刊印出版,离不开中共福建省委常委张彦、中共漳州市委常委吴卫红、中共平和县委常委李真等领导的鼓励与关照。山梁唯有感恩于心,真诚道声"谢谢"!

余出身于闽南农家草根,就学于工科中专学校,从事于基层党政机关,缺少专业知识训导,缺乏系统理论修养,自知文章见解浅陋、行文规范不准,且有所重复之缺陷,还请诸位先进、老师、道友不吝批评指正。

闽南后学　张山梁

岁次壬寅七夕前二日记于三和精舍